尤利西斯的自缚

增补版

冯克利 著

ZHEJIANG UNIVERSITY PRESS
浙江大学出版社
·杭州·

图书在版编目（CIP）数据

尤利西斯的自缚：增补版 / 冯克利著. —杭州：
浙江大学出版社，2023.8
ISBN 978-7-308-21642-5

Ⅰ.① 尤… Ⅱ.① 冯… Ⅲ.① 政治思想史－西方国家
－现代－文集 Ⅳ.① D095-53

中国版本图书馆CIP数据核字（2021）第159237号

尤利西斯的自缚：增补版

冯克利 著

责任编辑	伏健强	
责任校对	黄梦瑶	
装帧设计	宽 堂	
出版发行	浙江大学出版社	
	（杭州天目山路148号 邮政编码310007）	
	（网址：http://www.zjupress.com）	
排 版	北京楠竹文化发展有限公司	
印 刷	北京中科印刷有限公司	
开 本	880mm×1230mm 1/32	
印 张	8.75	
字 数	208千	
版 印 次	2023年8月第1版 2023年8月第1次印刷	
书 号	ISBN 978-7-308-21642-5	
定 价	68.00元	

自　序

　　收在这个集子里的文章，若从最早的一篇算起，时间跨度上有二十几年了，都是我在翻译过程中写下的介绍性文字。其中一些曾收入十年前出版的《尤利西斯的自缚——政治思想笔记》里，蒙出版社的朋友不弃，现在这个集子仍袭旧名。借这次机会，我把几篇与译事无关的文章删去，又补上了几篇近年写的类似文章，以求体裁的统一，也算对读者有一个新的交代。

　　我自幼喜读杂书，有一本好书可读的乐趣，一向是来者不拒的。从阅读中得到的感悟虽不能说没有，但因才情不逮，很长时间里只把自己当作一个思想的消费者，并不敢动著述家的雄心。可是读到后来，大体上是从20世纪80年代末开始吧，遇到自己特别喜爱的西学著作，不知不觉便有了译出来与人分享的冲动，萨托利的《民主新论》、韦伯的《学术与政治》、勒庞的《乌合之众——大众心理研究》以及哈耶克等人的著作，便都是这种心情下的产物。不过我最初确实未曾想到，此事会一发不可收拾。粗略统计了一下，如果把自己译的、与人合译的，还有一些为他人校订的都算上，竟已有二十多本。

　　译书虽然还算勤奋，在写东西上我却是个地道的懒人。这期间写的所谓论文不能说没有，但数量很少。然而即便只做一个译者，也承担着一定的义务，为求读者理解上的方便，在转换文字之外，还得写一点介绍导读性的东西，有时是逼着自己下笔，有时则是应媒体的朋友之邀。我不愿写文章虽是懒惰所致，但自忖读书尚不算愚钝，搭那些思想大师的便车，攀附于译作得以有略施文墨的机会，还能赚得一点儿文名，可以算是傻人有傻福。

这种搭别人便车的习惯虽不值得夸耀，但也反映着我希望摆脱某种思想状态的过程。我这一代人，或许还应算上比我们更年长一代的人，出于时代经历的缘故，关心政治几乎变得跟饮食男女一般自然。盖20世纪50年代到70年代，政治于社会几乎无孔不入，即使你不关心政治，政治常常也会找上门来，这给很多人留下了难以消弭的印记。我每每见到一些年龄与我相仿的人，无论受过何种教育、有何种职业背景，都喜欢议论时政，便是在那个时代被过度政治化的结果。

虽然不乏关心政治的热情，但至少以我个人的经历看，从那个时代的知识气氛中熏陶出来的人，不太明白什么是政治。中国旧的价值体系历经百年摧残，早已土崩瓦解，挥洒春秋大义的空间一时大乱，也导致整个价值体系的亏空，这使得人们关心政治的本钱很贫乏。在那个时代，思想的热情往往也变得畸形。强势的一方只欲置对手于死地，却不知对人可以求刑，观念却无法入罪。在这种强烈的对抗气氛中，无论贤与不肖，上下同求，观点貌似不两立，心态则如出一辙。人们热衷于臧否人物，不察世事之良窳，不在乎善恶的人格归属，而在乎程序能否对其有所增抑；不在乎理念之高远，而在乎如何让它无损体面地附着于人际。结果常如奥古斯丁所说，大家都成了"情不自禁的说谎者"。

为摆脱这种窘境，便需要一些重新认识和规范政治的话语，以完成

"再政治化"的过程。这是我愿意把一些著作译过来与人分享的动力之一。从学科归属上看，这些经我之手译过来的东西尚不算驳杂，大都属于比较偏保守的政经法一类。这既是我本人的阅读兴趣所致，也反映着近三十年来中国的文科重心转向重新认识西学的过程。马基雅维里自不必说，如韦伯、勒庞、斯蒂芬和哈耶克诸人的著作，并不是多么"前沿"的新学问，而是被我们一度视为与"人类进步"无涉，必欲扔出窗外而后快的东西。对于这种世风，我曾在《善善相争，无法不行》一文中，发过一番感慨。

若从更大的视角看，西方自20世纪60年代学生运动的燥热过后，便逐渐形成了一种回归保守与传统的思想氛围，我的阅读史大体上反映着自己是这股潮流不自觉的尾随者。中国人在70年代末搞改革开放时，面对的便是这样一个国际环境，与清末国门向世界开放时西学的错乱与乖戾相比，这大概是一件很值得庆幸的事。人谓卓有建树的改革运动，多是返本开新的结果，这于中国也不例外。所以我们看到，这三十年来的大趋势，便是有越来越多的人开始喜欢起故纸堆来了，先前被扔到窗外的东西，无论中西，现在又纷纷捡了回来。在今日的政治辩论中，以往贴有不正确类标签的东西，俨然又成了一支不可小觑的思想生力军。

但是，思想的热络往往与思想的深刻成反比。老子曰，不言之教，无为之益，天下希及之。换言之，炙炙之教，终归是等而下之的东西。所以埃德蒙·柏克说，太平世道，人是不喜欢讲理论的，有那么多人热衷于政治上的宏大叙事，乃社会危象的可靠征兆。近年来中国的政治学复兴的背后是对未竟之功的焦虑。当此之际，人也就无所逃于当个"'右'派"或"'左'派"。所以听到有人说我"右"时，我也淡然处之。我相信教养是既可见于"左"，也可见于"右"的。只要讲规矩，明事

3

理，"左""右"无须取消，更不必超越。言与行若能导之以规，这两造之争便能造福于国人，这大概是我读一些保守派经典时最深的感受。自由社会形成于双方的对台戏之中，一家独占，不能与全体国民一起分享的自由，是不能称为自由的。它或可为对抗提供道义的支持，但它最大也最正常的功用，是让各方通过竞争磨合，调适出一套公正的规则，以利于人们的相互理解与合作。如果自由精神被逼成治世的猛药，那属于无奈中选择的虎狼方，极易让政治变成"人不得不干的脏活"，就像它易于使人感觉到崇高与伟大一样。

其实，政治的崇高伟大，和作为脏活之间，往往也就一线之隔。错乱之中，罪恶横行，人世间的无端之祸莫不缘此而生。柏拉图曾把我们人类称为"有皮无毛的双足动物"。作为文明人，我们已不习惯于赤身裸体，总需要穿点什么。为免干脏活污了我们有皮无毛的身子，就得穿一点思想观念的外衣，而在保持精神卫生上，华服未必强过褴褛。希望透过以书中这些文字介绍的著作，对那些不得不干脏活的人，能够有所助益。

冯克利

2013 年 5 月识于雀巢书斋

再版补记：

蒙浙江大学出版社不弃，这本小书得以与读者再次见面。借此次再版的机会，做了一些文字错讹的订正。但除了补充上几篇新近译作的序言外，正文一仍其旧。

冯克利

2021 年 7 月 2 日

目　录

时代中的韦伯

"一个人得确信，即使这个世界在他看来愚陋不堪，根本不值得他为之献身，他仍能无悔无怨；尽管面对这样的局面，他仍能够说：'等着瞧吧！'只有做到了这一步，才能说他听到了政治的'召唤'。"

这段话，是韦伯在题为《以政治为业》的演说中收尾的文字。写完这段译文的最后一字，对照这些年来国内聒噪一时的"后现代"思潮，我不免想到，由"现代性"所引起的痛苦，实在不像许多人所说的那样，是从 20 世纪 50—60 年代才开始的。像二元对立、理性的乖张、真理的普适性等理念，也实在不是被德里达等人的"解构主义"摧垮的。韦伯在 1919 年向慕尼黑一批青年学子发表的两篇演说——《以学术为业》和《以政治为业》，再明确不过地显示，虽然作为一种理论形态的"后现代主义"在 20 世纪初尚未产生，它的问题却已毕露无遗了。这些问题，尽管还没有赋予当时的思想家们勇气去建立对既往价值秩序的消解体系，却也已经给一些心智敏感的人带来极大的麻烦。

科林伍德曾言："'科学知识'无不含有历史的因素。"当年读这两篇演说的台湾地区的译本时，虽然因两岸学术"话语"的差别不免有一些别扭感，但几页看下来我便深深着迷，想来主要是出于两个原因，其一自然是韦伯本人学识的魅力，用他的姨表弟奥托·鲍姆伽登（Otto

Baumgarten）的话说，那是演说者"长期吟咏斟酌的思考，以爆炸性力量当场成篇"造成的效果，相信每个对学术和社会有着双重关切的人，对此都会有所感受。原因之二包含在科林伍德那句话里，说起来就复杂一些。韦伯这两次演说的时间，也正处在七十多年前我们的现代化先驱们大力鼓噪科学民主的时代。将韦伯当年的所思，同中国五四时代的思想主流作一比较，不免会令我们感到几分尴尬。若从严复译《天演论》算起，到五四运动这段时间，可以说是中国吸收西方观念的"轴心时代"。当时非西方的知识受众面对欧洲的强势文化，既已几乎丧失了"说不"的能力，那么这种强势文化的思想质量如何，是否有利于"边缘地带"顺利进行社会和价值重组，应是个极紧要的问题。从这个意义上看韦伯的演说，除了可让我们再次领略他的思想魅力外，另外一项可能的收益，便是让我们对进入现代世界的历程，加深了一份对域外思想背景的了解——至少就韦伯提供的这个背景而言，我们实在不敢说，那是处在有利于"自由与繁荣"的状态。

韦伯生活的年代，从许多方面看，我们一定不会感到陌生。普法战争之后，德国奇迹般地迅速完成了工业化过程。韦伯从自己的童年开始，一直亲身经历着德国的经济如何赶超英法，终于在两个世纪之交成为第二号世界经济强国的过程。这种以国家主义的方式振兴民族经济的政策，导致了一系列相互矛盾的"德国特色"，它一方面严厉压制社会主义运动，另一方面又走在欧洲各国的最前列，实行了一系列的社会保障制度。由于工商业的迅速发展，以"数目字管理"为特征的工具理性，成了社会生活的通则。在政治领域，俾斯麦奉行的权威先于议会辩论的治国原则，使得德国的议会政治徒有其名，而高效率的官僚组织却迅速膨胀。在市民社会的层面，到处可见庸俗享乐主义的泛滥。用当年马克斯·舍勒（Max Scheler）十分刻薄的话说，一面是"官式文化群氓的支配范畴"，另一面则是"市民趣味的、下意识的奴化形式"。在那时的许多思想家看来，信念的颓败或许还在其次，更为严重的是思想本身也丧失了自信，它已没有勇气去说明生活在这个世界上为什么还有意义了。浪漫派诗人格奥尔格的一段话，在我们读来，既是历史久远的人类怀旧情结的又一次发作，也是追求"精神高尚"者对于物欲膨胀现象的必然反映："若把现代和历史作一比较，可从提供丰富、舒适安定的现代经济的社会关系加以考察。在听到人们把这些称为人类进步的同时，这种社会关系却牺牲了人类的精神价值，把所有的尊贵和美都牺牲了。人类的计算能力得到了相当的培养，有了很大的发展，但人类深刻的力量却被这种社会关系吞噬了。"

包括舍勒、鲁道夫·奥伊肯（Rudolf Eucken）和恩斯特·特勒尔奇（Ernst Troeltsch）在内的不少人，都在试图填充这一"价值"真空状态。不过新景观的主要特色，却不是信仰重建的自信，而是对科学和"现代化"的价值怀疑，用韦伯的话说，"今天还有谁会相信，天文学、生物学、物理学或化学，能教给我们一些有关世界意义的知识呢？"韦伯的问题，反映着当时德国人精神生活的一个突出特征——启蒙运动以来欧洲精神文明的主旋律，至此已遭颠覆。那些"很健康的"理性主义，实验精神，利用和"征服"自然力的可能，人类现世的生活秩序（包括政治和社会秩序）的可完美性，还有随之而来对"进步"的信仰，这一切都已开始动摇。不可避免的专业化和理智化的过程，虽主要作用于物质领域的进步，但也将精神的世界分割得七零八落；生活领域的被分割，进而使价值系统分崩离析，信仰的忠诚被来自不同领域的原则瓜分，统一的世界于是真正变成了"文明的碎片"。

韦伯演说的时代背景，大概如此。研究韦伯者，无一不深知这两篇演说的重要性。因为它们不但浓缩着韦伯的学术思想的精华，而且是当时的这位"精神贵族"式的德国知识界领袖对其身边的思潮做出的十分个性化的回应，而这是在韦伯其他著作中难得一见的。

韦伯首先提出的问题，来自托尔斯泰的沉思：在这个世界上，生命还有"终极意义"吗？他说，"一个文明人，置身于被各种知识、思想和问题不断丰富，进步永无止境的文明之中，只会感到'活得累'，他不可能有'尽享天年之感'"，因为"对于精神生活无休止生产出的一切，他只能捕捉到最细微的一点，而且都是些临时货色，并非终极产品"。既然人生已不可能达到一个完美的境界，"完美的死亡"便也成为不可能。"死"的无意义连带造成了"生"的无意义：人的生死皆被剥离了意义，文明也随之失去了价值。

不过韦伯本人的科学训练使他不易接受这样的思想立场。他生命后期对人类精神生活的研究告诉他，这个世界本来就是由不可化解的矛盾组成的：波德莱尔的《恶之花》教会了我们事物可以因不善、不神圣而为美，政治现实则昭示着在罪恶手段和美好目的之间存在无法调和的矛盾。我们也无法"科学地"断定法国人和德国人的价值观孰优孰劣。韦伯在洞察"价值统一性"的幻觉上看得甚至更为深远，他并不以为这种价值分裂只发生在近代，而认为这是一个一直伴随着人类的历史命运、"数千年来"从未间断的"除魅"过程。面对这样一个无论在物质上还是精神上都处于分裂的世界，韦伯不想在"拯救信仰"上做丝毫的努力，他以为这样的努力注定是徒劳的。相反，他要求年轻人本着"科学的诚实"，坦然接受这个矛盾的价值世界。他认为，任何没有勇气承认这一事实的人，都是自欺欺人的懦弱之辈。基于这样的立场，最令他感到厌恶的，并不是统一价值世界的解体，而是在这个无意义的世界里，出现了一些假冒伪劣的精神偶像："今天我们在每一个街角和每一份杂志里，都可以看到这种偶像崇拜。这些偶像就是'个性'和'个人体验'。……人们不惜困苦，竭力要'有所体验'，因为这就是'个性'应有的生活风格，如果没有成功，至少也要装成有这种天纵之才的样子。"我们考察当时德国文化界的风气，可知韦伯这里所指的是一些文人中流行的神秘主义思潮。在韦伯夫人所写的《马克斯·韦伯传》中，曾记录过一些这类场合。1917年韦伯参与了一次在劳恩斯坦堡的知识界聚会，会议组织者演出中世纪的神秘剧——为了唤起"共同的宗教体验"。在瑞士阿斯科那著名的"真理之山"的一群信徒经常举行狂躁的祭典仪式，在忘我、陶醉和兴奋之中追求一种"神秘的直觉"。对于这些现象，韦伯在《宗教社会学》的序言中表达了他的极度反感："当前时髦的热点是在文人身上，而无视专业的社会科学家。或者说，专业的社会科学家往往受到贬低，同'直观地把握世界的人'所做的工作相比，属于等而下之的职业。"

这些满怀怨愤的话，透露着韦伯对一个失去的时代的怀恋，也是李凯尔特将他比作文艺复兴时代那些伟大的自然科学家的缘由。如果说在韦伯的性格中，确实有几分宗教成分的话，那也多是以一种怀旧的方式表达出来的。他几乎是以羡慕的口气说，往昔一个自然法的信仰者，可以说出"我借解剖跳蚤，向你证明神的存在"这样的话，而在今天，"自然科学却总是倾向于从根底上窒息这样的信念，即相信存在着世界的'意义'这种东西"。中世纪的知识群体对神的理性抱有坚定的信念，这种理性"兼具耶和华本身的神力和希腊哲学家的理性。每一种细微的事物，都受着神视的监督，并被置于一种秩序之中。研究自然的结果只能是证实对理性的信念"。但是，这个信仰与理性统一的时代早已成为往事，信仰的世界既已遭到理性的"除魅"，一个以学术为志向的知识人，便绝对不可以再去充当新时代先知的丑角了。他应当做的，也唯一能够做到的，仅仅是力求保持"头脑的清明"并努力传播这种清明。我们若想信奉神，只能无条件地将理智作为牺牲献上。我们若想献身于学术，就必须勇于直面"令人不快的事实"，任何伦理的虚饰，不但是对现实的歪曲，而且意味着逃避承担行为后果的责任。基于这样的人生观，韦伯才做出了著名的"责任伦理"和"信念伦理"的区分。在韦伯看来，"信念伦理"是不问后果的，它所能意识到的唯一"责任"，是"盯住信念之火，不要让它熄灭"。而在这个充满利益冲突的世界上，只有"责任伦理"才能以审时度势的态度，不但要求为自己的目标做出决定，而且敢于为行为的后果承担起责任。韦伯强调在行动的领域里责任伦理的优先性，其用意是明显的，他希望提醒人们警惕浪漫主义和理想主义中暗藏的陷阱。但他为了造成一种充满戏剧性的紧张效果，却将"信念伦理"作为一种公共哲学来看待。这样的处理方式，使得它只能成为一种"无尊严的道德"。

其实，像他所说的"以爱抗恶"和"摩西十诫"一类的道德要求，是没有制度化的价值的，"信念伦理"同政治行为的准则本应分属于不同的领域，属于被自由主义视为个人信仰的事情。淡化这两者之间的分野，其结果只能是一种只应属于"公共领域"的"斗争哲学"："从生命本身的性质来理解，它所知道的只有诸神之间无穷尽的斗争。直截了当地说，这意味着对待生活的各种可能的终极态度，是互不相容的，因此他们之间的争斗，也是不会有结论的。所以必须在它们之间做出抉择。"而这样的抉择，会使得政治变成一种不可能获得理想支持的事业："这个世界上没有哪种伦理能回避一个事实：在无数的情况下，获得'善的'结果，是同一个人付出代价的决心联系在一起的——他为此不得不采取道德上令人怀疑的，或至少是有风险的手段，还要面对可能出现的，甚至是极可能出现的罪恶的副效应。"因此，以暴力为后盾的政治，同信念伦理之间的矛盾是难以克服的。因为这个世界上，并没有这样的道德，可以同时用来调节"性爱关系、商业关系、家庭关系和政治关系"，毕竟，"左右着我们生活的，是一些完全不同的善恶报应原则"。

这或许不仅是韦伯的矛盾，也是时代的精神使然。韦伯本人是处在一个古典自由主义趋于没落的时代。曾以自由贸易为主导思想的古典政治经济学，已变成了主要为民族国家服务的"国民经济学"；在国际政治的领域，用斯宾格勒的话说，生命所能做出的选择，只存在于胜利与毁灭之间，而不是在战争与和平之间（斯宾格勒：《西方的没落》卷二第十一章乙），精神分析学说也似乎为人类的行为揭示出"非理性的"基础。在国内政治方面，政党政治不过是寡头统治的另一种形式（罗伯特·米歇尔斯：《寡头统治铁律——现代民主制度中的政党社会学》，1911 年），群众则变成了只能听命于"英雄"的"群氓"（古斯塔夫·勒庞：《乌合之众——大众心理研究》），甚至工人阶级的"国际"也蜕化为民族主义的社会党。可以说，在当时居支配地位的政治思想，是好勇斗狠的社会达尔文主义，是令韦伯如此着迷的"权力政治"。他本人的科学头脑和实证主义精神，有很大一部分是花在这方面的思考上的。所以当我们看到韦伯断言"交易所不可能是个'道德俱乐部'，而大银行的资金就像来复枪和加农炮一样，根本就不是'社会福利'问题"时，我们是不必感到奇怪的。尤其值得注意的是，他在这里所表达的思想，与他的新教伦理与资本主义的亲和性的命题完全相反，是宗教伦理与商业逻辑和富国强民精神的对立（见哈特穆特·莱曼等编：《韦伯的新教伦理》，阎克文译，沈阳：辽宁教育出版社，2001 年，第 81 页）。

德国史学家弗里德里希·梅尼克（Friedrich Meinecke）称韦伯是"德国的马基雅维里"。他下这样的评语，自然是因为韦伯思想中有着太多实证政治学的成分。韦伯在他的演说中一再申述，科学最主要的功用，就是可以使人做到"头脑的清明"，这成了他对抗神秘主义和浪漫主义的最后防线，无论是他的一些令人着迷的概念，或是许多让人厌恶的语言，多是出自这种思想路线的指导。当谈及学者的操守时，他一再强调，一个教师所应当做的，不是去充当学生的精神领袖，不是立场鲜明地灌输信仰，而是尽力做到"知识上的诚实"，去"确定事实、确定逻辑关系和数字关系或文化价值的内在结构"，因为没有对手和不允许辩论的"讲台，不是先知和煽动家应待的地方"。而韦伯所确定的不少事实，看起来都是绝不考虑"价值"的。例如，八百年前教皇党派没收贵族财产的举动，同革命党派对资产阶级的侵夺并无不同——人类组成派别，无非就是为了利益的经营。世界各地的政治领袖和政治团体，纵然因制度的不同而多少具有地域色彩的不同，但确实有一些"通则"在制约着他们的活动。行政的物质工具的归属，政客的收入来源和社会身份，动员下属的组织方式，韦伯对古往今来这些从政要素进行的分析，确实是在极彻底地贯彻着"免除价值"的原则，对此他丝毫不想做任何意识形态的解释。因此，美国"高度民主"的真实面貌，并不能从华盛顿等立国先贤的理想中找到，而是要分析"党老大""塔曼尼厅""考科斯会"等这些由政党经营的机器。这种民主的价值，绝不在于它接替了以往教会派发圣餐的职能，可以为我们提供一个解决生活意义问题的场所。对于美国的老百姓来说，这样的民主不过是可以向官员脸上吐唾沫，而不是像德国人那样，让官员向他们脸上吐唾沫。沿着这种"思想清明"的路线走下去，韦伯得出的见识往往令人不寒而栗："我们提供给后人的，并不是人类的和平和幸福，而是为保持和塑造我们民族性格而进行的永恒斗争。……在历史面前，我们的后裔要我们负责的首先不是我们遗留给他们的经济组织的类型，而是我们为他们赢得并转交给他们的自由空间的范围。说到底，发展的过程也就是谋求权力的过程。"（阿隆：《社会学主要思潮》，葛智强等译，上海：上海译文出版社，1988 年，第 697 页）韦伯本人没有意识到，在写下这些话时，他在"价值中立"的道路上已走得太远：民族国家间的强权政治，已经成了政治生活的至高原则。

站在我们今天的立场上，就这些问题责怪韦伯，应是很容易的事情。但如上所言，对"科学"（从建立价值的意义上说）和"民主"（由平庸大众和官僚构成）感到失望的不唯韦伯一人，这种失望是他那个时代的特色。更加意味深长的是，中国开始标举"德、赛二先生"的"新文化运动"，正是发生在韦伯这两篇演说的同时。

韦伯的演说发表后，曾在德国引发了一场论战，而就在四年之后，中国也发生了由张君劢和丁文江引发的"科玄论战"，这场论战的发生，被许多参与者不约而同地归咎于国人因欧战而对西方文明的失望。但我们知道，西欧的精神危机并不始自一战，在这一点上当时的大多数人都无所意识，而张君劢先生倒是十分清楚："此一问题（科学能支配人生乎？），自 19 世纪之末，欧美人始有怀疑之者，今尚为一种新学说。"因为有了这一"新学说"，才使张君劢鼓起勇气要对科学"说不"。

绝望的时代气氛，"愚陋不堪的世界"，使韦伯自价值中立更进一步，深深陷入了"权力政治"的智力运作。我写此文时，恰好收到今年（1997 年）《读书》的第五期，韩毓海先生在《一九一五：复辟时期的文化界》一文中讲到，中国的"立宪思想是在当时世界范围内国家主义思潮的背景下提出来的，'权威主义'是当时的'改良派'在世界背景下回应中国现实的一种言说方式"。对于这种境况，康有为早在 1904 年游历德国时已有感慨，可视为一个中国重要目击者的最好见证："吾向以为中国微弱，动为欧人所凌侮……今乃知欧土诸强亦为至强之德所侮，其受凌忍气亦如我国，此皆就英、法、奥大国言之，若比、瑞、丹诸小国益顺受其侮，不足道也。盖强凌弱者，天道自然，人事自然，虽有圣者，只有自强发愤而已，无公理之可言也。"

这段逼使"圣者"也要服从弱肉强食定律的话，既彰明了一个救世儒者的思想困境，也反映了当时欧洲强权政治的现实。而韦伯的演说，则从思想者的角度，揭示出另一个极紧要的事实：在那时的许多欧洲人看来，中国"新文化运动"中最关键的价值科目——科学与民主，也已遭无情的除魅，成为最不具"精神品格"的货色了。因此，如果我们据此责怪五四时期自由派学子的空疏与苍白，其中的一份账，也应算在欧洲人的头上，才算是公道合理。

（马克斯·韦伯：《学术与政治》，北京：生活·读书·新知三联书店，1998 年，译序；原载《读书》1998 年第 1 期）

除魅世界里的公共哲学

——评《二十世纪的政治哲学家》

20世纪想来一定会是一个能引起人类十分复杂的记忆的世纪。在这个世纪之初，启蒙的乐观主义已然烟消云散，对理性主义和工业文明绝望的观念如寒流阵阵袭来。百年之后，进步的春光似乎重返大地。这个世纪以价值解体的凶险征兆为起点，以给人带来希望的"全球化"过程而结束，其间则充满了规模空前的惨烈热战、观念冷战、民族国家的骤增和对立、科技的飞速发展和环境问题的日益尖锐。

如何概括这种沧桑之变给人类造成的处境？有着古老传统的政治哲学，对此做出了什么回应？迈克尔·H. 莱斯诺夫（Michael H. Lessnoff）在他的《二十世纪的政治哲学家》一书中，用韦伯所言的"除魅"和"合理化"作为这个世纪的基本特征。我们对前者已十分熟悉：这个世界的精神生活已经失去了统一性，或者说，人们已经不再认为它有统一性——这个世界不再是"上帝的花园"，甚至连一座杂草丛生的花园也算不上，因为没有园丁（上帝）来照料它，它只是一片无主的土地。

自然法观念在20世纪政治哲学中的衰微，便是这种现象的反映。它所带来的结果是，政治合法性失去了一个最强大的来源：它无法再把维护信仰作为自己的任务，也不能再以某种神学目的论为自己辩护。也许

11

是一种根深蒂固的思维定式使然，上帝代用品的出现是必然的。各种意识形态的诱惑，各种集体主义的（种族的、民族的、阶级的）选择，生动地反映着这个世纪精神错乱的局面。

作为一枚硬币的两面，与这种信仰统一性的消失同时出现的，是人类所掌握的"理性化"手段大为增强。马克思曾把它视为建立未来理想社会最强大的武器：以科学技术为核心的生产力，会让我们进入一个人人得享真正自由的平等社会。而社会的演化过程并无物理学意义上的"必然性"可言，因此实质性的"自由"，即对社会必然性的掌握，成了一种反历史的形而上学。但是从另一方面说，"理性化"过程又使人类获得了达到各种往往相互冲突，并无客观标准可言的目标的更大能力。如何解决这两者之间的对立，成为人类近代以来面对的最为棘手的问题。

莱斯诺夫认为，既作为一种思想体系，又是一种制度安排的自由主义，是给韦伯的除魅困境提供的一个答案。因此《二十世纪的政治哲学家》一书对政治哲学家的选择范围是一定会引起争议的。他以人物分章，但入选人物却十分有限。他显然不想一览无遗地讨论20世纪政治哲学所有重要的思想流派，一度颇具影响力或广受欢迎的不少理论家，都在他的视野之外，因为在他看来，他们的影响"经常不只是来自思想的内在品质，而且还来自时尚"。所以我们在该书中找不到存在主义者、现象学家、后结构主义者、后现代主义者和解构主义者这一庞大军团的踪迹。那些把海德格尔、萨特、梅洛－庞蒂、福柯、罗蒂或德里达视为严肃政治哲学家的读者，难免要对此感到失望。

不过从另一方面说，我们可以把此书作为一本站在自由主义立场总结20世纪政治思想的著作来阅读。从他所选择的人物和表述的倾向性来看，这一点是十分明显的。

那么，作者眼中20世纪"最出色的政治哲学家"，包括哪一些人呢？

首先是韦伯，因为他是研究"现代性"最伟大的社会学家，他以超常的敏锐头脑，怀着对人生政治层面的关切，"无与伦比地揭示了我们这个时代关键的社会和文化趋势及其造成的各种问题"。当然，在政治行动的领域，韦伯所揭示出的最尖锐的问题，莫过于政治职责与绝对信仰之间的紧张。韦伯强迫我们在这两种相互深刻冲突的价值之间做出选择。韦伯认为，在一个日益功利化的政治世界里，坚持绝对伦理原则的宗教只能是"反政治的"，它只能表现为一种"莫以暴力反抗恶人"的不负责的伦理，它主张"基督徒行正义，上帝管结果"，而政治家的责任伦理却必须权衡"个人行为可预见的后果"。然而"凡是将自己置身于政治的人……都是同恶魔的势力订了契约"，除非给政治赋予一种"意义"，否则它不可能作为宗教世界观的替代品给人以"慰藉"。不妨这样说，政治生活的鲜活肌体一旦从坚硬的价值骨骼上剥离下来，难免会很快变成一堆腐肉——韦伯对这种景象充满恐惧。因此20世纪初的寒流，使他的价值中立说和对头脑清明的坚持，染上了一层阴暗而悲壮的色彩，虽然他从神授魅力的民主领袖和厉行法治的体制中，也看到人类尚有一线出路。

这一出路在20世纪的西欧和北美地区大获成功，于是出现了"消费社会"或"群众社会"的现象。对此做出批判性反应的，便是几位对"公共性的丧失"深感忧虑的理论家：马尔库塞、阿伦特、哈贝马斯和麦克弗森。他们在思想体系的归属上各有来源，却有一个共同的特点：面对战后资本主义在改善社会福利和调整政治上的成功表现，他们都做出了不同程度的负面反应。他们都是对"人生意义"有着强烈关切的思想家，对于技术理性支配下的消费社会，以及维持它运转的不同机制——

官僚体制、个人主义的价值观和私有产权——他们都采取批判的态度。今天我们已较易于理解，马尔库塞的思想显然是对古典马克思主义预言所做出的一种过激反应，因为他甚至否定了被马克思视为现代社会基础的技术文明。正是基于这种否定，他把 20 世纪的三种重要历史现象——法西斯主义、战后复兴的资本主义和苏联的制度统称为"极权主义"，其理由是它们都建立在技术理性上，其结果便是造成了他所谓的"单向度的人"。这既反映着马克思意义上的"历史"脱离正轨给他造成的思想混乱，也深刻表达了现代性中的意义失落（"沉闷的自由"）给他带来的焦虑。加拿大政治哲学家麦克弗森和马尔库塞的立场相似，但他更多地着力于对资本主义产权制度进行分析，从"占有性个人主义"、个人功利的"合理追求"的角度，展开了他对霍布斯和洛克的著名批判。他认为他们把人从本质上视为"占有者和各种功利的消费者"，是使人类生活过度商品化的根源，他对这种现象的批判，以及他对人性及其可能的展开，都会让人想起劳动价值学说——这中间既包含着麦克弗森的道德力量，也包含着他的理论弱点。

法兰克福学派在今天仅存的另一位传人哈贝马斯，可以说是以上马氏思想温和化的继续（或背叛）。就哈贝马斯与马尔库塞之间的连续性而言，他对"技术性社会科学"也大加批判。在他看来，脱离了"理解"的社会科学，会蜕变为一些人对另一些人运用权力的手段——科技官僚以唯一合理而正确的社会知识为由掌握权力，于是科学技术也变成了一种"意识形态"。但是他不认为暴力可以解决问题，而是提出了"交往行为理论"，这是他在当代为克服工具理性专制所做出的最有意义的理论贡献。他认为，从政治讨论中产生的多数决策，永远"有可能是错误的"，它的合法性在于它是"从原则上说可能恢复的"对话的暂时中断。少数同意授权于多数的先决条件是，他们自己仍有机会在未来用更好的论证赢得多数。为了达到这种对话交往的目标，就需要有一个在"制度"面前保持自己独立性的"公共领域"，只有这个遵守合理规范的对话领域，可以有效地阻止技术理性的专制。哈贝马斯对现代技术的进步也会使权力的控制如虎添翼有着深刻的洞识，然而他也像许多左翼思想家一样，经常把暴力控制和自然形成的话语控制混为一谈，这是其理论中最缺少说服力的地方。

在这种公共哲学方面更具建树的阿伦特，其思想有着复杂的海德格尔背景，这当然不是三两句话就能说清楚的。不过没有人会否认，她检讨现代政治问题尤其是极权主义的哲学基础，在很大程度上来自她对原子化个人主义的潜在危险所做的深思。在她看来，存在主义对个人的强调，在面对无可逃避的公共生活时，很容易蜕变为最残暴的集体主义选择。它的近乎唯我论的极端个人主义，在现实的政治世界没有任何可操作性。这也正是阿伦特转而强调个人之公共存在的原因所在。在存在主义的语境中，公共性在人性中没有位置，但是在她看来，这种个人的原子化所造成的"群众社会"，恰恰是20世纪极权主义的起因。她所提出的公共哲学或"古典共和主义"，把人类的活动划分为"劳动"（labour）、"工作"（work）和"行动"（action）这著名的三类。"劳动"是生物性的，其作用是满足消费需求。这一概念构成了阿伦特批判工业化消费社会的基础。"工作"则是指个人的创造性活动，它有孤立的一面，但必须和公共性结合在一起才能获得意义。而"行动"则是指人类之间的互动，它反映着人类最为人性的一面——多样性。这种多样性平等也要求差异的存在，两者的结合要求并且使人们能够相互对话。"如果人们不平等，他们就不能相互理解。……假如人们没有差别，每个人与现在、过去或未来的人无所区分，他们也就根本无须言说或行动以使别人理解他们自身。"显而易见，阿伦特这种有关人类多样性的精辟见解，是她打通存在主义与共和主义，在个体性与相互依赖性之间建立联系的关键所在。

比较而言，20世纪70年代崛起的自由主义，是一种在基本原则上最没有新意的思想体系，它在很大程度上只是向历史的回归。《二十世纪的政治哲学家》包括了六位皆有英美背景的自由主义思想家：奥克肖特、哈耶克、波普、伯林、罗尔斯和诺齐克。除奥克肖特之外，我们对这些人名已不感陌生，他们的著述乃是当代自由主义者不可缺少的思想资源。对理性有限的强调、历史的不确定性、多元生活的正面意义、开放知识交流对文明演进的作用，以及构成个人自由之保障的体制，历来就是他们共同的论说主题。今天已然十分普遍的一个共识是：对何为美好的生活已经不存在不容置疑的共同基础，是现代性最重要的标志之一，而这种状态的政治后果就是自由主义。那种认为是自由主义导致混乱的看法，其实是犯了因果颠倒的错误。

在这些自由主义者中间，不管他们对国家提供公共福利（落实平等权利、再分配制度等）的作用存在什么分歧，有一个共同点是显而易见的：那就是政府只能为公民提供追求幸福的手段（当然，对"手段"的定义也涉及复杂的分歧），它无权也无能力规定这种幸福的内容。这里我们不妨以国内读者最不熟悉的奥克肖特为例。

与罗尔斯甚至哈耶克相比，奥克肖特（1901—1990）属于更为保守的右翼，他和美国保守主义者列奥·施特劳斯一样，认为人类的道德实践是建立良好政治制度的前提。在涉及国家这一强制性机构时，他坚持人生目的之设定不属于国家的职能。与罗尔斯的"公共理性"相似，他关于"公民社团"的论述把政治家比喻为一个船长，他驾驶着一条既无起点也无目的地的船，他只能让船在海上安全地漂浮。显然，奥克肖特这个形象的比喻，反映着他对"公权力的无目标性"这一自由主义原则的基本认知。

在他看来，人类追求各种相互矛盾的终极目标是现代性无可改变的特征之一。有些人不满于这种混乱、浪费和无组织的状态，认为政府应当承担起把一个理想社会蓝图加以落实的任务。他用人类建立"巴别塔"的努力来形容那些想"抄近路"进入天堂却以失败告终的人的作为，以此暗示上帝乃人类多元境况的始作俑者。所以我们也只能接受上帝安排的命运，接受多变而又多样的"人类环境的当前状态"。

基于这种立场，奥克肖特也像哈耶克区分"组织"和"秩序"一样，区分出群体生活的两种基本形式，即"事业社团"和"公民社团"。事业社团是追求共同目标的团体，但它没有强制权，因此与人类的自由是相容的；公民社团则具有强制性，它要求公民合作者在追求各自选择的目标时，要服从一些公民进行合作所必需的规则或"公共条件"。由于它的强制仅仅是为了让人们遵守规则，不是推行任何特定的目标，因此不会危害个人的自由。由此得出的逻辑结论是，如果以事业社团的模式来建立国家，使它既有特定的目标，又掌握强制性权力，那么它和人类自由是不相容的。在一个"事业型国家"里，公民将被迫服务于违背他们个人意志的目标——不管是军事的、经济的、宗教的或别的什么目标，这难免会造成不自由的状态。

然而奥克肖特也认为，公民社团的行为必须建立在道德实践的基础上。这里的"道德实践"并不指有目的的人类行为，而是由一些"规则上的考虑"形成的。他用类似于康德的口吻说，道德实践是"一切实践之实践（the practice of all practices），行动者的再无进一步规定的实践"。

这种实践的特点在于它不是权宜的，不是"达到任何实际目标或满足任何实际需要的工具"。它创造着人类行为必须服从的责任或义务，构成了"对人类行为的一种强制性副词限制（adverbial qualification）"，如"守时、体贴、公民精神、守法、坦率"。它们没有规定任何具体的"表现"或行为，因此允许个人自由地选择自己的生活方向。例如，诚实可以是最好的策略，然而这并不是诚实的目的或关键。"道德关系不是为取得共同目标的合作关系。……它纯粹是追求满足任何需要时所要服从的条件。"由于它只规定了这些条件而不是任何具体表现，因此它是以"自由的行动者"为前提的。

自由的行动者自然要面对做出选择的要求。喜欢过挑战性生活的人，不仅要接受承担着无所适从和无可逃避的"自由"的人类条件，而且认为这种条件是人类尊严的象征，是使每个人都能够进行探索、发挥最大能力的条件，"而不是令人痛苦的负担"。和这种人相一致的国家，就是某种形式的公民社团。不过还有一些没有能力做出这种回应的人，他们由于物质上或精神上的贫困，或由于两者同时存在，更乐于结合成一种赋予其强制性权力的事业型社团，它的作用不是维护规则或道德实践，而是"为那些无力或不适应自己选择的人做出实际选择"。我们不难想见，以这种方式追求道德理想，其危险在于它的失败将不是英雄的个人不幸，而是整个公共生活的瓦解。

与当年韦伯的悲观看法不同，除魅后的公共领域也可以获得一种和谐状态；价值多元化非但不是现代性无法克服的困境，反而有着非常正面的积极意义——可以说，这是 20 世纪结束时人类的精神状态与世纪初最大的不同之处。这在很大程度上要归功于自由主义者从有节制的理性中给我们找回了不少自信。福山把这种全球自由化的进程说成"历史的终结"，未免太乐观了一些。

但无可否认的是，20 世纪的经历确实让人类认识到了追求宗教、道德、政治和经济的统一性所要付出的代价。凡是在只有一个立法者、一个权威的地方，凡是在个人被剥夺了自己的精神需求，失去了从家庭、邻友和在多元团体中找到归属感的地方，公共利益就失去了在道德实践中培养出来的个人神圣的责任、义务和正义观念的支撑。在一定的集体主义压力之下，人们也许会表示服从，却不可能产生为自己的行动承担责任的愿望和勇气。我们不妨说，与奥克肖特的那条船相反，登上这条船的人，也就是登上了一条有明确目标的战舰，他们在精神和物质上都没有能力支配个人生活，一切只能听命于船长的意志。在这条船上，弹药重于食粮，服从高于创造，纪律吞没了个性，倾听高于讨论；它旌旗高悬，乘风破浪，为了抵达至善的彼岸，它向一切阻止它前进的力量开战，无论是来自外部还是内部。

我大概不必多说了，我们都知道这样做的结果如何。

（原载《中国图书商报·书评周刊》2001 年 6 月 14 日）

打了折扣的民主

　　——从萨托利《民主新论》说开去

　　我曾将哥伦比亚大学教授乔万尼·萨托利（Giovanni Sartori）问世不久的两大卷《民主新论》（*The Theory of Democracy Revisited*，New Jersey: Chatham House，1987）从图书馆借来置于案头。起初只是瞧见背封上有耶鲁大学的 R. 达尔（R. Dahl）和加州大学的 A. 利日法特（A. Lijphart）两位美国政治学宿将的评语，盛赞该书"在（民主理论）这个领域里没有真正的对手"，"几十年内该书将保持清新与活力"云云，所以知道对它不可小觑，只恨抽不出时间去研读一番。

　　后念及呼唤"民主"者，于民主能知几何，大可怀疑。既如此，何不翻翻美国人积二百年的经验之谈？

　　历来言说民主者如过江之鲫，萨托利教授这部洋洋四十余万言的大作又能有何新意？由书名可知，他似乎是在做一次重游故里（revisit）。理论不是轻松有趣的观光，不避旅途的劳顿，便必有其不得已的理由。用萨氏自己的话说，他是要去清理一下民主学说这间老房子，因为几十年的风风雨雨，已使它残破不堪了。他一番苦心孤诣，要让民主这个概念恢复其本来的面貌，使民主下的西方人莫再像 20 世纪 60 年代那样自毁家财。但对于中国人来说，我们的任务只是去建，而建就需要蓝图。

从这个意义上说，萨托利要还民主以本来面目的努力，之于西方人和我们的价值是一样的。故而读毕之后，便也想向别人分享一下我的体会，其中有些言论也许保守的味道太浓，不合有些人的口味。但那并不是我的过错，因为以我的体会，萨托利本来就刻意不想讨他们的欢心，我只是代为表达一下他的意见罢了。

反民主的缘起

掩卷深思，脑子里不期然生出的第一句话便是：反民主之心不可有，防民主之心不可无。民主不可反，自不难理解。自从神权与君权被人挖倒了墙根后，唯一还能说得堂皇的权力来源，就只剩下"人民"了。但为何要防？我想这还得从近代民主的滥觞处说起。

自法国大革命后，虽然民主立国在世界范围内渐成压倒性的潮流，但因雅各宾党人借民主之刀砍下的头颅太多，故此后二百年里，一提民主就翻白眼的人也实在不少。国内学者鲜有论及的西方保守主义的开山鼻祖、英国人埃德蒙·柏克即属一例。在他眼里，权力只能同某种相沿成习的美德或高贵品质挂钩才让人放心，此断非只知饮食男女的平民所能具备。他那部至今仍堪称保守主义宝典的《法国革命反思录》，强调传统、权威、财产、习俗、法律程序和利益平衡对一个礼仪之邦的重要性，而法国那些"公民"们的决裂式民主革命，不啻是对文明的颠覆。柏克虽因鼓吹贵族政治而留下反民主的恶名，但传统自有其价值，理性不可过于乖张，统治的正当除数量外还需要质量的思想，也给后世留下深远的影响。

与柏克大为不同的是，马克思十分赞赏法国大革命，把它视为社会进步的一种典型模式。但他也不喜欢当时的民主，认为那不过是资产阶级掩饰分赃的一种手段。他亦不乐于谈笼统的"人民"，而是情有独钟地把实现民主理想的权柄授予了无产阶级。此论国人已耳熟能详，不再赘述。但是到了议会民主和党派政治渐趋成熟的世纪之交，政治思想界却又掀起一股反民主的浪潮。它的一个新特点，即更多地摘下形而上学和价值判断的眼镜，力求以经验科学的态度审视现实世界中的政治。以法国心理学家勒庞在名作《乌合之众——大众心理研究》中的看法，大众无疑是非理性的同义语，民主革命旗帜下的贩夫走卒都是文明的渣滓。狂热、偏见与仇恨，独处条件下受到压抑的邪念，使他们聚成一群时无所不为。至于他们所依从的领袖，虽可把集体行动镶进圣洁的光环，但集体虐待狂的心理基础并未因此有丝毫改变。勒庞因此得出的结论是，文明永远是贵族精英的业绩，而"群众"不过是一批难以驯化的野兽而已。

在政治学方面，给政治思想史后来的走向以持久影响的，当首推意大利的三位政治学怪杰：帕累托、莫斯卡和米凯尔斯。他们三人的精英论，均以科学精神为标榜，最令此后的民主派感到拙于应付。这三位学者以冷峻的眼光环顾欧洲的政治舞台，发现继神权、王权崩溃之后崛起的民权，不过是一大政治骗局。民主理想所乐道的人人平等，在他们的"科学方法"观照之下，成了事实上的人人不可能平等。无论是帕累托所说的轮流掌权的"狮子与狐狸"，还是莫斯卡的政治寡头集团，抑或米凯尔斯的精英，大都向人们指出一个事实：权力的分配永远不可能公正而平等；对社会人口不管做何分类，一涉及政治，唯一不骗人的分类就是统治阶级和被统治阶级的二分法："从文明刚刚起步的社会，到最发达强大的社会，只有两个阶层：一个是统治阶层，一个是被统治阶层。"（莫斯卡《政治学要义》，1896）此外，现代社会一个日趋强大的趋势，也使他们觉得民主如痴人说梦一般，这趋势即社会和政治生活的组织化过程，政治的任务日趋繁多而重大，便免不了要依靠组织，而组织的结果必然导致民主的不可能。米凯尔斯通过对当时德国社会民主党的考察告诉我们，权力与寡头集团的联姻，就如一条无法抗拒的"铁律"一样。任何组织，无论其意识形态多么民主，皆难逃蜕化为寡头制的官僚化组织。"组织的结果是，一切党派或职业团体，都会分化为领导的少数和被领导的多数"，因此所谓政治平等的理想，"将在它的支持者获胜的一瞬间寿终正寝"（《论政党》，1911）。

以上所论显然十分不合我们今人的口味，但若说它们是些处在政治学边缘的邪说，亦有欠公允。事实上，在西方那个时代，诚心鼓吹民主的大学者，我们几乎列不出一位，"唱反调"的倒是可以信手拈来，如尼采、克罗齐、桑塔亚那、斯宾格勒等等。即如大名鼎鼎的马克斯·韦伯，他虽然没有公然反对民主，但在他分析权力正当性时列出的三种基本权力形态——法制型（legal type，不是 rule of law ["法治"]）、传统型和克理斯玛型——中，我们也找不到民主的情影。他认为，在组织化日益复杂的现代社会，权力的主要来源并不是民意，而是科层制度。因为任何统治都要通过管理来表现自己，反过来说，一切管理又都需要统治，这就必使某种领导权操在某些人手里，从而造成韦伯所谓的"强制性协作"。

这里的意义在于，如果我们不想断然否认他们由观察得来的事实，则可称他们讲论精英政治亦存有一份学术上的真诚。过去建立在理念形态上的民主论，皆以理性演绎见长，却往往忽视现实上的可能性。每当应对现实而有所失时，它不是把理论打点折扣去调适现实，而是动辄求助于"应当如何"。结果使理念处在事实的真空之中，或是干脆把理念当作事实偷运进来。在此情况下，撇开上述那些实证论者的情绪化言论不谈，他们所昭示的事实，在信守主权在民的理想主义框架内，便很难解释得圆融。当初设想的民主，本是为驯化专横的权力之用，不料被驯化的反是民主本身；"民"（demo）与"主"（cracy）之结合为一种理想，并没有具体化为制度上获得保证的人民的权力，倒是成了政客欺世的又一块方便招牌。凡此种种，自然与民主的理想设计相去甚远。按照这种设计，人民结合为一个社会，绝非想要找一个发号施令的奴役者，而是要使自己的利益得到保护和实现。因此，一个人人得以分享公共权力的共同体，才是对人民最为有利的状态。由此而得出的逻辑结论便是，对人民统治最少的权力，才是最好的权力，还政于民的程度越大，民主的程度便越高。令人遗憾的是，以这样的信念去追求政治的进步，一旦遭遇现实主义者"实然"陈述中的事实，便只有两条出路了：或是将现世的一切政体皆视为非民主而寄希望于一个至善的未来，或是干脆认定民主永无可能而变成彻底的现实主义者。萨托利在书中对20世纪初克罗齐的心路历程的分析，最可说明此点。他说，克罗齐"对实然与应然不加区分，这使他将应然与价值论一笔勾销。唯一重要的是政治的'真实面目'。他不是用现实主义找出民主制度问题的解决方法，却把这种制度视为现实主义的对立面"（第44页；按：指原书页码，本篇下同）。这种民主的"应然"与"实然"之间的对抗，可以说造成了后来西方民主论最大的断裂。一方面，以伯纳姆的《管理革命》（1941）和加尔布雷斯的《美国资本主义》（1952）为代表，强调人民的权力必然要旁落到少数经济和政治精英手里；另一方面，又有法兰克福学派神采飞扬的社会批判理论，鼓吹超越体制的直接行动主义。两相激荡，已使萨托利所谓的

"西方主流民主学说"不知踪影。那么，是否能存在兼顾理想与现实的另一种民主理论呢？

管理理想的技巧

对这一问题，萨托利的解决之道首先是动用"奥卡姆的剃刀"（Occam's Razor），把民主条分缕析。在他看来，民主可以有"微型民主"和"巨型民主"（microdemocracy and macrodemocracy）之分，又可有"纵向民主"和"横向民主"（vertical and horizontal democracies，前者指统治者和被统治者之间的纵向关系，后者是指社会舆论、群众参政构成的横向政治）之分，民主理想可求之于前者的不可求之于后者，反之亦然。不过我以为，萨氏最基本的区分，应是作为一种有关理想政体的民主理论和作为对现实民主政体进行描述的理论，二者缺一不可，也不得相互取代。前者，萨托利称之为规范性的民主论，后者则是描述性的民主论。如果单以前者求民主，民主会像任何其他的乌托邦一样，不是实现不了的天堂，就是实现了的地狱。反之，如果仅仅满足于现实中的民主，则民主会变成一种没有价值维系的权术，它将因此失去进步的动力。就以马基雅维里而论，他是政治现实主义的奠基人，他说出了政治不是伦理学的名言，但是他并没有说明政治应是什么。沿着这一思路观察近代民主的学者，当其发现群众的无知和政客的玩弄权术时，往往会掉进权力政治学的窠臼，将一切政治关系纳入强权政治的模式。他们的错误在于遗漏了一个显而易见的事实：无论多么纯粹的政治人，都是不敢轻忽价值观念的力量的，总是要找点什么理由来取得权力的正当，不然他只能算是一个十分蹩脚的政客。诚如萨托利所言："纯政治同其对立面——完全理想化的政治一样，都是不切实际的。每一项政策都是理想主义和现实主义的混合物。……甚至可以这样说，政治越纯，它就越是献身于一项大事业。"（第41页）

不言而喻，理想主义的民主论者，则念念不忘"真正的民主"，每观察到现实中的种种反民主现象，总是感到难以下咽，但一提出如何从现实出发去贯彻民主的问题时，这类人便乏善可陈了。即以政治参与而论，理想主义者必会说此事多多益善，但参与是否还要讲求个质量，以及采取的参与方式等问题，却常被理想主义者视为等而下之的技术问题，纠缠进去未免有失理想的崇高。针对此一病症，萨托利开出了一剂"理想管理"的药方。古今中外，标举某种远大理想以改造社会的方案，可谓不绝如缕。然而理想常常是越崇高越不易兑现，甚至会变成潘多拉魔盒中出来的妖怪。这类悲剧的一再重演，其重要原因之一，就是怀抱理想之人缺乏对理想的管理能力。就拿民主理想来说，主权在民最生动的体现，可以说是在革命时代。那种万众一心、同仇敌忾的场面，再好不过地说明了"普遍意志"的存在。但革命也需要休息，人在大风大浪中游泳，无法做到永无止境。这时该怎么办？"不断革命"是一条出路，于是疲惫不堪的革命便会发起疯来。"群众民主"或可保住，但这种民主用托克维尔的话说，是一种"暴政式的民主"（democratic despotism）。那么，如果不再革命了，以煽动革命起家的理想如何实践才不至于死掉，或者，才不至于"被出卖"？此时的出路似乎只有一条，那就是不再一味强化理想，而是下点"优化理想"的功夫，使它具有稳定而持久的建设性。当然，在萨托利看来，这种建设性便具体体现在代议制民主中的精英政治。如果那些理想主义者看它不顺眼，亦属无奈。

民主：民不做主的方式

精英政治虽然无可逃脱，但它不一定有反民主的本性，只要这精英是"多元的"和"开放的"即可。萨托利不避精英论之嫌，将莫斯卡等人径与达尔的民主论相联系，正是基于这种观点。因为他们都认为，虽然政治权力命定是极少数统治阶级的专有物，但这个阶级并非唯一，亦非固定不变。统治阶级的地位，要以它为社会提供有效服务为前提，或（按帕累托所言）以它是否把握住了时代精神为前提。换言之，他们虽然都是精英论者，但又都认为精英不可成为一个封闭式的阶层。帕累托有民间精英与政府精英之分，在权力必使人堕落的规律下，两相循环不已。莫斯卡论及此事，则更像是一个老派的自由主义者，他虽断言一切政体万变不离其宗，骨子里都是寡头政治，但他也明白，若让任何一股社会势力在政治上独占鳌头，难免会使当权者的政策因不容置疑而僵化，财富的过度集中也会使权力变成最恶劣的暴政。这种多元精英论，几经演变，成了后来达尔所说的"多头政体"（polyarchy）。据萨托利的解释，达尔也是不愿以民主来称呼西方政体的人，"他……把民主一词留给'理想制度'，而用'多头政体'作为其在现实世界中的近似物"（第154页）。萨托利指出，包括米凯尔斯在内的许多人，总是错误地以存在着权力精英为由而否定民主，这实在是天大的误会。他们或是根据组织必然产生官僚，或是根据财富分配永难平等（读者不妨想一下《谁统治美国》一书）的正确前提，推演出了民主纯属骗局的错误结论。其原因之一是，精英集团内的假民主或非民主，并不能等同于全社会范围的民主。萨托利提醒他的读者，打着灯笼在黑暗的组织内部寻找民主虽常徒劳，但我们不妨看看组织的外边，看看它们之间的竞争关系："它们为什么竞争？这很清楚，它们是为争取支持者而竞争，因为它们的力量来自追随者的多寡。它们如何竞争？显而易见，是通过许诺给追随者以利益和好处而竞争。……这样一来，每个少数派组织从其内部看，不管有多少寡头政治的性质，它们之间竞争的合力依然导致了民主。"（第151页）这样产生出来的民主当然不尽如人意，但它同独裁或极权主义政治已相去甚远了。

使民主不得不屈尊的因素不限于权欲熏心的精英无法遏阻，这里还有一个规模问题。古希腊的城邦同今天的民族国家比起来，可谓小之又小，实行民主的条件自然好得多。召集几千人开个公民大会，事事付诸表决不难办到，但如果让几百万乃至数千万人做这样的事情，岂非戏言？即如卢梭所珍爱的民主典范日内瓦共和国，居民中有公民权的也不过四分之三（几千人），而且那里的民主首先要保障的，是"普遍意志"，而不是个人的自由。萨托利告诫人们，从小小的城邦到"巨型国邦"（megapolis）的转变，给实践民主带来的难题可谓既深且巨。按一般人的看法，参与是最重要的民主权利之一，但不可避免的是，参与的人数越多，每个参与者所能分享的权力就小。在规模还允许面对面地讨论时，参与者尚可感到自己的影响力，如果参与者有成千上万之众，人们还会看重自己分得的那一杯权力之羹吗？这在很大程度上解释了为什么西方社会在每次大选中都有大量选民乐得放弃自己那"神圣的一票"。从另一个方面说，让公民不是只选出决策人，而是统统参与决策，从技术上说也碍难实现。因为这里涉及参与行为的性质和决策成本问题。一般公民如果想做到积极参政，必得形成团体，但面对一系列问题而非单一问题，能够形成一个大多数人的团体，这样的情形是不常见的。多数派一般只会在某个具体问题上才会出现，并且它会随着问题的变化而聚散。相反，小团体却可以针对一大堆问题，持久地保持团结，因此只有少数派才是真正有效的参政团体，"而激烈的多数派只是暂时的联合。如果它们不是这样，人们也会发现它们是受着激烈的少数派的动员"（第226页）。

至于决策成本的问题，在萨托利的分析模式中，如想降低决策人数而减少非决策人，这很符合理想民主论的要求。因为人数的增加同时意味着决策成本的增加，最终它会达到使社会不堪负担的地步。因为人数越多，且不论全体一致的同意，即使形成绝对多数也不容易。在这种情况下，尤其是在政治整合程度较差的社会里，每一个少数派都可能拥有否决权，他们虽无力通过决策，却足以拖延决策，致使在外部风险（即非决策者利益受损）降低的同时，决策效率也降至最低。对此唯一可行的办法是，人民放弃决策权，只去选择决策人——这样我们便又回到了精英政治。萨托利相信，只有以多元精英政治为特色的代议制，才能够保证在不增加决策成本的同时，可以使外部风险降至最低。我们不难看出，论证到了这一步，问题已不在于如何把权力交给人民，而是成了人民如何交出权力的问题。

人民不得已把权力交给了代议机构，如果这个代议机构保持充分的透明度，凡事向委托人交代清楚，则仍离理想的民主不远。但萨托利却不作如是观。据他的观察，代议制政府的决策多是依靠一种"委员会制度"，而这种委员会一般是在低透明度下工作的。何以如此？对此他有如下精辟的解释："一个人在从低透明度环境进入高透明度环境时，他的行为会变得十分不同。……例如，当透明度是用来'推销形象'以至有损于'负责的行为'时，透明度就是起了歪曲的作用。进而言之，透明度即使不制造冲突，也能加剧冲突。因此，摆脱透明度是缓解紧张最常见最实用的办法。在冲突或深刻分化的社会里，只有当交易是在透明度极差的条件下达成时，才会避免出现僵局。"（第244页）这番话在我们爱面子的中国人听来，肯定颇为顺耳。矛盾张扬出去，难免把事情弄僵，"咱们还是私了了吧"，自然就是上策。不过萨托利提醒我们说，委员会的低透明度固然必要，却少不了自由选举这一环，不然的话，"私了"的决策将有可能导致巨大的外部风险。换言之，民主决策的透明度可以被委员会阻断，但其输出端，即决策结果，却必须面对选票，如此方能使相谋于密室的政客们一想到民意的反馈，不得不收敛一下一己的私利。

民主不是意识形态的垃圾箱

不过说到根子上，民主之所以不能臻于完美，决不单单是技术方面的原因。英美一派的哲学思想，总是不忘把理性与逻辑的世界同经验世界小心地加以区分，并且总是将理性在政治中的作用，严格限制在经验操作的有效范围之内。站在这一立场上，对于"完美的计划""实质性的自由"或自然法中的人权等等，势必时时怀有不信任的意识。通观萨托利全书，他显然深受这一思想传统的影响，宁取不完美的经验，也不攀附先验的完美原则。例如，他尤其强调作为经验载体的语言对维持理论之实践能力的重要，而对当代哲学中所宣扬的"语义约定说"十分反感。他说，把民主的含义随意延伸，是造成民主观混乱的最重要原因之一。如果认为"民主"一词的含义只是一种人为的"约定"，就会把它搞得像个垃圾桶一样，无论是独裁者的还是罗斯福的民主主张都可以扔进去，从而使它变得毫无用处。在萨托利看来，语言与其说是人类表达自由意志的工具，不如说是积累不完善的经验与智慧的一个条件。当然，大凡以经验主义立论的人，皆乐于坦然承认这个世界过于复杂多变，难以用一恒常的抽象原则或精神加以统摄。单纯用先验理性方法建立社会的社会观，如柏拉图的理想国或后来的"太阳城""法伦斯泰尔"之类，可以充当理念真理的掌门（只要大家都来约定其前提为真即可），却无力应对流变不居的现实世界。其实，所谓正义、平等、自由等价值，在政治的领域首先不是个观念问题，而是社会实践的问题。因此诚如萨氏所言，可以有许多在逻辑上能够成立的民主，却没有那么多从历史上看可能产生的民主（第265页）。

然而，萨托利并不主张像一些现实主义的观察家那样，在认定字面意义上的民主根本不可能存在之后，姑且弃"民主"一词而代之以其他，如达尔的"多头政体"。他的"规范性民主"一说，就如韦伯在社会学领域的一大建树"理想类型"（ideal type）一样，虽不是在描述现实，却大大帮助了在描述现实时的衡量尺度和定向问题的解决。民主的字面含义——人民进行统治，无助于人们了解民主"实际上是什么"，但出于规范的目的却是须臾不可离的。"民主是什么同民主应是什么是分不开的"，民主之所以能产生和延续，正因为它始终受着民主价值的压力，它只在它的价值和理想允许它存在的范围内存在。"因此可以说，尽管从描述的角度讲它是不正确的，它却可以使我们总是面对着理想——民主应是什么。"这样一来，民主便成了一个实践理想的永无止境的过程。这个过程所反馈回来的经验，可检验理想的实践能力，可积累实现理想的技巧，更可使民主在历史中不断完善与发展。

关于保守主义的一点附言

由以上论述看，我们是大可以把萨托利划入保守主义阵营的。他强调权威，坦然认可精英政治，力陈决策质量与效率的重要，尊重经验与历史，这都清楚地表明他同历史悠久的西方保守主义传统相去不远。那么，保守主义为何能在近代以来求新求变的时代潮流中始终立住脚跟，甚而在 20 世纪 80 年代能够大行其道？此问题之解，我们或可由观察启蒙运动之缺失得之。启蒙运动的信念是，基于理性与对自然法则的透悉，可以建立一个全新的社会，所谓人类一切事务皆要经理性法庭的审判，即典型地表达着一层意思。但是在保守主义者看来，这种信念是既违反经验世界的可能，也会贻害无穷的。守旧乃人的固有天性之一，新鲜事物固然可悦人心目，但全新的环境也足以破坏人们习以为常的生活方式，带来调适上的无尽痛苦。进而言之，理性主义对社会发展规律持乐观进取的态度，往往使它相信过去经验中的种种不平与丑恶，可以用"全面而合理的计划"铲除之。于是如何"结束过去，开辟未来"，便成了政治家处世立言的急务。但对保守主义者来说，成规不管多么不完善，一经被完全打破，取而代之的便十有八九是强权，其"全面计划"一旦实施，甚至会把人们已有的自由和权利也纳入操作范围。像隐私权、生活方式的自决、原有利益均衡的相对稳定等，都有可能在理性计划的名义下消失。这种保守主义给后世自由主义传统的重大启发就是，无限制的民主并不是保障个人自由的可靠手段。如果民主以多数人的意志为由践踏每一个人的自由（因为人人都有可能变成少数中的一员），这种民主便是没有价值的。

从这里我们又可以得出一点意味深长的认识：同一般人的看法相反，

现代民主的真谛并不是保护多数，因为民主制度下的多数永远是赢家，因此无须加以保护。倒是永远会输的少数，才是民主为自身的存在而真正要保护的对象，不然赢者全赢，输者全输，必将导致权力约束的消失，极端思想横行，多元社会的稳定难以为继，此乃民主政治博弈的大忌。早在一百多年前的经典之作《论美国的民主》中，托克维尔就曾向世人发出告诫：

> 民主国家的公民把自己同周围国家的人比较时，会自豪地感到他和他们每个人都是平等的。然而当他放眼全体同伴，就会马上被自己微不足道和软弱无力的感觉所压倒。……因此，公众在民主的人民中间有一种独特的权力，这种权力在贵族制国家是做梦也想不到的；因为它不是说服而是强迫别人接受某种观点，把全体的想法这种巨大的压力强加于每一个人的思想。（转引自罗素：《我为什么不是基督教徒》）

如想理解萨托利为何要给民主和多数原则施加种种限制，此番话或可作为一个最好的注解。

当然，我们切不可以为，保守主义是抗拒变革的同义词，严格说来，保守主义既不反对民主，也不反对变革。前面提到的保守主义大师柏克，就是当时一位为美国人反抗英王做有力辩护和捍卫政党民主最著名的人物。保守主义所反对的，只是切断同传统一切关系的"决裂式变革"。事实上，对于"社会在历史中成长"这种观念的形成，保守主义真可谓功莫大焉。成长即已蕴含着改变与进步，但这要在一个有机发展的过程中才算合理。柏克曾言："（我）决不排除办法的改变，但甚至当我改变办法时，我也应着眼于保存原有的优点。万一出现令人不满的严重情况，我也有补救的余地。"对待社会变革持小心谨慎的态度，本是一项古老的智慧。亚里士多德早就说过，经验乃是健全的政治最可靠的保证，民主发展到极致，便会同最坏的政体一样暴虐。萨托利自称花费十年心血撰成此书，其用心无非是要提醒人们，莫因当今科学、理性和消除贫困的巨大成就，而忘却这些古人的教诲。

（原载《法言》双月刊，1990 年 12 月号）

认识民主的利器

——萨托利《民主新论》2009 年再版书评

　　对一些古代艺术品的鉴定，譬如确定年代或是否为赝品等等，经常要用到一些复杂的检验技术。对于我们常用的一些来源甚为古老的"观念"，本来也可采用这种方法。但是这两件事却有着很大的不同。文物属于有形有价的财产，明确它的价值对所有者至关重要，因而也是人们十分在乎的事情；而观念却属于无形无价、人人可用的"公器"，对它的来源和真伪，甚至当下的真实性状，也就没有多少人真正关心。

　　然而，人类的历史也告诉我们，文明在很大程度上是靠创立或维持一些核心观念得以存续的。不论是历史上各种伟大的宗教，还是近代以来形形色色的乌托邦神话和意识形态，都要借助于这些观念才得以传播。各国历史上多少次无比壮丽或惨烈的大变局，也都是以它们为旗号而发动的。因此，有时看到人们在使用某些观念时，或面对别人使用的这些观念时漫不经心的样子，真的很替他们担心。

　　大概没有人会否认，在这些核心观念中，"民主"就是很需要费些工夫详加分析的一个。这个诞生于希腊古典时代的字眼，至今已被人类使用了两千四百多年。在这漫长的时间里，社会组织形态的变迁，人类为适应时代之需而做的变革，都给它留下深深的印记。因此它原初的含义，它所对应的经验世界中的事实，也已发生了很大的变化。尤其是近代以来，民主与攫取权力的关系越来越紧密，更使得这个概念变得歧义纷呈。权力这个东西，与作为观念的民主最大的不同，便是它很容易成为"私人物品"。这使得许多别有用心者也都挂起民主的招牌，但他们并不是为了还政于民，而是想把水搅浑，以得摸鱼之利。

那么，我们经常挂在嘴边上的民主，又有什么不同？搞清楚此一问题的一个比较简便的办法，便是去读萨托利的这本《民主新论》。至少就我所知，在目前的汉译文献中，还没有哪本讨论民主的书像它那样，对民主这一概念做了如此细致的研磨。萨托利在书中所采取的古典自由主义的立场，也许会使很多人对他表示异议，不过我仍然相信，就辨析的周全与深入而言，即使是那些反对他的人，肯定也可以从中获益。

一本洋洋五十万字的巨著，仅以三言两语当然很难交代清楚它的内容。简单说来，萨托利写此书的出发点是，在他看来，第二次世界大战之后在政治领域中产生的最大混乱，便是世界上几乎再没有哪个政权还公然反对民主。然而问题在于，这并不意味着民主已经取得了在全球的胜利——在许多地方，胜出的并不是"民主这件事情"，而仅仅是"民主这个名称"，"名与实"之间依然差距甚大。产生这种现象的原因何在呢？

我以为萨托利这本书可以带给我们的最大益处，就是他对民主观念作了抽丝剥茧式的说明，为我们理解造成这种名实之间的差距的原因提供了一件十分锐利的认知武器。正如他开篇所言，错误的民主观会导致错误的民主。因此我们为了建立民主，第一步需要做的工作，就是先得了解民主可能或已经产生的种种歧义。民主这一称呼并不像"一包烟"或"张三李四"那样，可用来作为某个单一实体的名称，对于它是否存在或相貌如何，人们较易于取得共识；麻烦在于它是个"一揽子式的观念"，至少从字面上，我们就可以从中分析出"人民"和"权力"这两个成分。如果继续追问下去，又会生出这里的"人民"和"权力"（demos and cracy）分别有什么属性，"自由""平等""法律""国家"这些现代政治中的重要价值和它分别有着怎样的关系，它们各自又有什么作用的问题；再深入一步，更会产生出作为统治者的人民与作为被统治者的人民合为一体在逻辑上能否成立，以及作为一种理想的民治在现实生活中能否得到落实，落实不了怎么办，只能落实一部分又该怎么办，甚至落实这种民主的目的何在等等一系列复杂的问题。

从人们追求一种良好的统治方式是为了生活得更加幸福这个简单的愿望出发，我们可以认为现代民主最基本的一项任务，就是要把统治权这项过去王公贵族的私产，变为造福民众的公器。在萨托利看来，"在此意义上唯一能够名副其实的民主，就是宪政制度下的自由主义民主"。他根据近代以来的民主实践告诉我们，这种民主与它原来的字面含义已经非常不同，它不可能再以人民直接掌权为目的，而仅仅指一种以定期而自由的选举为转移权力的手段，因此据实描述的话，它已经变成了一种"有限的多数统治"。

这种新的民主体制包含着两层重要的含义：第一层含义指在现代民族国家的条件下，由于决策成本等因素的限制，民主已不可能像古希腊那样采用公民大会的方式进行统治；第二层含义更应受到我们的重视，现代民主制度的目的在于保障每个公民的个人自由，因此它必须对代表人民行使权力的机构也加以限制。这意味着"人民的意志"或"代表人民的意志"之类的说法，必须被限制在架构之内。因此，当我们说某个民主制度下的政府在"代表人民"进行统治时，其中的含义与过去君权为抗衡教会而求助于民意的代表方式，或民粹主义意义上的民众领袖，是截然不同的——后两者的基础是血统或天命般的整体论，因此仍然是一种永不能被罢黜的代理权，而前者仅仅是某个时间内偶然形成的多数选民授予某些人的在时间和范围上都受到限制的权力。萨托利把这样描述下的多数统治称为一个"操作性定义"，因为只有在这种体制下，同样是"民"之一部分的少数才会有机会变成多数，多数统治也才能够被称为"民"主，而不是堕落为"多数专制"。这正如阿克顿爵士所言：判断一个国家是否自由，"最可靠的办法就是看看它的少数派享有安全的程度"。因此我们也可以说，民主的另一层不易被人理解的含义是，这种制度最为关键的特征并不在于它保护多数人的利益（作为一种建立在可操作性多数基础上的统治方式，永远能够成为赢家的多数无须保护），而要看它是否在有效地保护着少数。

萨托利曾因为与民主截然对立的势力也在借民主之名贩运独裁私货，而戏称"民主"这个词已经变成了一个肮脏的"垃圾箱"。他这本《民主新论》的主要工作，便是要把这些垃圾清理出去。他这项工作干得如何，可以有不同的评价，但是只就他所表现出的那种辩才滔滔而又细致入微的精神，我以为已足可令我们感动不已了。

（原载《新快报》2009 年 5 月）

附录：

《民主新论》译者说明

西方社会在战后曾经历了一段相对稳定和高速发展的时期。但在20世纪60年代之后，凯恩斯主义渐露破绽，学生运动相继兴起，在知识界，以法兰克福学派为代表，则有在价值信仰上对后工业社会文化采取"大拒绝"（great refusal）的普遍心态。这使整个西方社会再度陷入经济滞胀、权威丧失和"道德破产"的境地，政治和社会制度并没有因为经济的发展而变得更加健全有效。正是在这种情况下，进入70年代以来，西方的古典自由主义继大半个世纪的沉寂之后，重新成为思想界的主流，一部分有影响的学者又拾起了主要是源自17、18世纪的经济自由主义和政治保守主义，试图为资本主义制度的存在重建正当性。在政治学领域，三位诺贝尔经济学奖得主哈耶克、弗里德曼和布坎南操刀入室，力求超越过度技术化的经济学，以传统的政治经济学眼光论证市场经济对政治体制的价值。

沿着这一路线，政治领域本身也不再以经验理论的长足进展为满足，越来越多地把注意力集中在如何统治（自由取向）而不是由谁统治（民主取向）这类价值规范的问题上。这同早期欧美自由主义如边沁、康德、洛克以及美国联邦党人倾向于开明专制的思想可以说是一脉相承的。我们从达尔的多头统治、亨廷顿的权威主义发展模式中，皆可找到这一思潮的烙印。不过一般而言，由于几十年来对可操作性的强调所形成的压倒性优势，西方政治学领域对价值问题的认可仍只是处于复兴初期而已。

在这一背景下，美国著名政治学家萨托利于1987年出版了他的两卷本《民主新论》。他自称花费十年心血撰成此书，希望以西方传统政治理论为基础，恢复他所谓的"主流民主学说"。该书一问世，立即得到了西方广泛的赞誉。达尔认为，"它在未来几十年里将一直保持清新与活力"；另一位美国政治学界的重要人物利日法特则盛赞萨托利在民主学说上"堪称我们时代最为强大的头脑"，"他的论证没有真正的对手"。

萨托利，1924 年生于意大利佛罗伦萨，1966 年至 1976 年任佛罗伦萨大学政治学教授，后转至美国斯坦福大学任政治学教授，1979 年至 1994 年任哥伦比亚大学史维茨讲座教授。萨托利一方面深受欧洲政治学着重于历史解释这一传统的熏染，另一方面又长于英美的概念分析技巧。其主要著作有：《民主论》（1962）、《政党与政党制度》（1976）、《社会科学概念的系统分析》（1984）、《政治学要义》（1987）等。其中《政党与政党制度》一书被认为是政党研究的经典之作。

就其政治倾向来说，萨托利是个坚定的保守主义者，坚持从古典自由主义的立场看待民主。他认为，西方民主在当代的发展所带来的问题，最重要者莫过于理论上的严重混乱。因此他把本书称作一次"清理房间的工作"，其重点则放在对"民主理想的管理"问题上。作者主要从两个方面展开论述，一是分析古代民主和近代民主的区别，二是分析自由主义民主和非自由主义民主的区别。为此他不惜笔墨，对民主、自由、平等、独裁、权威、权威主义、极权主义等术语及其相互关系进行了不厌其烦的概念分析和历史分析。他的结论是，西方民主作为一种政治形态，其核心始终是政治权力问题，是人对人的统治问题。在复杂庞大的现代社会，以公民亲自参与政治决策为基础的直接民主，只能导致效率低下、成本高昂和权威贬值的政治后果。现代民主只能是"被统治的民主"，即统治的少数统治被统治的多数这一既定事实下的民主，其关键并不在于被统治的多数能否亲自掌握和行使政治权力，而在于有效制约统治的少数，这样才能保护个人自由，首先是政治自由，从而防止民主走向自己的反面——多数专制。因此，没有政治自由的民主，并非程度较低的民主，那根本就不是民主。

对武器的批判要以对武器的了解为前提。本书在展开分析的过程中，广征博引了大量有关民主问题的文献，因此不但有助于我们了解目前西方所谓的新保守主义政治思潮，而且可以比较全面地了解当代西方民主理论的一般状况。但是应当指出，作者在坚持自身立场的同时，却把西方的价值标准视为超文化的标准，从根本上否定了不同的文化和社会经济环境对政体取得正当性的方式有着十分不同的看法。事实上，民主就像作者对多元社会的赞颂一样，从来就不是什么整齐划一的东西，它在现实世界中也呈现出丰富的多样性。作者一方面把社会主义民主称为整齐划一的制度，另一方面又将资本主义民主整齐划一为真正的民主，这显然是自相矛盾的。对此，相信读者能够加以批判分析。我们译出此书，仅供国内学者研究参考。

本书作者为确切表述一些概念的词源学意义，在行文中使用了较多的拉丁语和希腊语，盖因其含义在英语中无法表达，自然汉语就更难给出完全对应的译名了。我们在翻译时力求使其接近原义，个别情况则根据上下文语境稍作变通，供读者参考。

本书的翻译由冯克利执笔序言至第 8 章及第 15、16 章，阎克文执笔第 9—14 章。由于水平所限，加之许多现代西方政治学术语尚无较为一致或尽如人意的译法，译文难免有谫陋不当之处，敬请读者厘正。

中译本第二版译者说明

萨托利的这本《民主新论》，最早读到它是在 1988 年岁末，当时正值国内一些学者开始谈论"新权威主义"之际，在知识同权力之间，在一种新的理论框架内，重新开始了一个理性的对话而非对抗的过程，而若从"公车上书"算起，这两者的断裂已持续了百年之久。失去理性和价值支持的权力给我们带来的不幸，我想是无须多说的。在这样的思想背景下，读到萨托利极力张扬的"纵向民主"和"精英主义"，与之颇多若合符节者，自然也就生出很多以赛亚·伯林所谓的"现实感"，它迫使你在肯定民主价值理论的同时，又要时刻盯住我们的现实，从批评与建设并重的角度，去思考本土化的可能，对我们的政治传统、既有结构的张力和"可操作性"给予更多的关注。

20 世纪 90 年代之后，我更深切地意识到，这本书在酣畅淋漓的论辩魅力之外，对于处于变动社会中的我们，还有着另一层重要的含义。萨托利站在西方古典自由主义的立场上，在坚信民主价值的同时，也像哈耶克一样，深知现代自由主义民主在某些文化和意识形态区域所处的劣势，尤其是在既缺乏民主作业的传统，又无契约化市场制度（我们若按照苏格兰政治哲学的传统，把法律也理解为契约之一种，则市场制度的政治含义便显而易见）的政治社会里，具有持续可行性而非单靠热情激发的民主理念，实在是十分不易得到落实。因此对我们而言，细致的理论建设，以及悉心培养实践的智慧与耐心，就显得尤其重要。当我将翻译该书的愿望向东方出版社的陆世澄先生提出后，很快便得到通知，他们打算接受这部译稿。于是约请好友阎克文先生，花了一年多时间将其译出，在责任编辑王德树先生的支持下，使其终于在 1993 年 6 月面世。

　　这个中译本的第二版，补上了原来删去的第 15 章，借此机会，我也对第一版中的个别译名以及一些疏漏和错误做了订正。第一版为节省篇幅，将原著中的大部分注释略去未译，尤其遗憾的是割舍了不少解释性注解（共有七八万字），照现在大力提倡建立"学术规范"的风气，也是很不应该的事情。此次再版，这些注解也一并译出（其中第 9—14 章仍约请阎克文先生译出，我作了校订），并按原书体例移至各章之后，原书征引的文献，除译出了作者和题目外，原文及版本事项一仍其旧。学术文献之上品，除了其阐明的观点立场外，通过它的注释，不仅可了解作者学有所本的严肃态度，对于有兴趣的读者，还可发挥重要的"目录学功效"，其价值自不待言。此外我将原书的主题索引也作了翻译，按汉语拼音重新排序，以方便读者检索。

冯克利谨识

1998 年除夕

中译本第三版译者说明

"代沟"问题，其实也可以发生在一个人身上。最初看到萨托利这本《民主新论》，是二十年前的 1988 年；动了与友人阎克文先生一起把它译介给中文读者的心思，则是在 1990 年年初，距今差不多整整一代人的时间了。如果今天再问自己是否仍有这份热情，还真的很难说。令人困惑、伤感和沉重的话题，可促后生奋进，令晚辈成熟，却不太适合于雪染鬓须的人了。

个人的变化本不足道。另一种较喜人的变化是，过去，"民主"少为吾土吾民所言，而今大家却已经在谈论"民主是个好东西"了。至于它好在哪儿，见仁见智，七嘴八舌。既如此，便需要一些谈资。以给民主讨论助兴论，萨托利这本书，大概仍是一个不错的选择。在立场、观点和方法上跟萨托利颇有距离的民主理论大家罗伯特·达尔，在此书出版时曾评论说，它会在几十年的时间里一直保持清新与活力。今日世界变化之快，超乎世人想象，能用"几十年不过时"这样的文字来形容一部著作，自是极大的褒奖。《民主新论》英文本问世，距今已有二十一年，中译本第一版也是十五年前的事了，今仍有上海世纪出版集团这么好的出版机构愿意将它再次付梓，足见达尔的眼力是很不错的。

语言一经转换，便会弊病丛生，此乃翻译这一行里的常识。当然这不是替自己的疏忽大意开脱的理由，而只能视为译事宜慎之又慎的告诫。借此次再版之机，我又对全书做了一次校订，发现问题依旧不少，并一一做了订正，欲尽数涤除，实万难矣，只能算是略有改进而已，错讹仍在所难免。如能借各路方家慧眼，来日继续有所纠正，无论于读者于译者，都是求之不得的事。

冯克利

2008 年 12 月 26 日

闲聊出来的体系

——《反潮流：观念史论文集》译后记

> 有人信百物都可吃；但那软弱的，只吃蔬菜。吃的人不可轻看不吃的人；不吃的人不可论断吃的人，因为神已经收纳他了。……有人看这一日比那一日强，有人看日日都是一样的，就让人人被他自己的信念所充实吧。

> ——《新约·罗马书》14：2，3，5

不知是何缘故，每读到以赛亚·伯林的文章，我常情不自禁地联想到我们的国粹围棋。

1939 年，以赛亚·伯林出版了他的第一本也是唯一的一本专著，即后来让一些宗教极端主义者为之侧目的《马克思传》(*Karl Marx: His Life and Environment*)，战争旋即爆发，他离开校园去外交界度过战争岁月，战事平息后才又重返牛津的学术圈。然而在此后的大多数时间里，他似乎都不务正业。除了为就职之需而做过《两种自由观》的学术演说外，他懒得再对哲学的义理本身做深入的探究，而是开始以十分口语化的方式，四处宣讲他的"观念史"，沉溺其中数十年不能自拔。因此，读他那些写（说）得洋洋洒洒，时而不胜烦絮，时而有穿凿之嫌的观念故事，我觉得就像出自某个高段位的棋手——一个本人很少下棋，只以给我们解谱为乐事的棋手。

不过，让我联想到围棋而非其他游戏的，还有另一层也许更为恰当的原因。我们现代人不管放眼看世界还是反观自我，都得动用一些重大的"观念"，比如科学呀，现代性呀，民族性呀，归属感呀，草根文化呀，价值信仰呀，民主自由呀什么的。其多元性与围棋的多元性又是何其相似！围棋的对弈者经常要面对取舍的抉择，这取舍既繁多又彼此冲突，落子于不同位置的利弊时难判断，常急得棋手们抓耳挠腮，因此也构成了最令观棋者着迷的一道神奇风景。这也正如伯林眼中的近代世界，"一个我们要在同样终极、同样自称为绝对的价值之间做出选择的世界。其中一些价值的实现，不可避免地要牺牲另一些价值。……在不同的绝对要求之间做出选择的必要性，是人类状况一个无可逃避的特征"[1]。还有些观念经他侃侃而谈，在诞生之初又如围棋大师们出人意表的怪招，乍看时让人摸不着头脑，演变到最后大龙被屠，方晓得那才真是独具慧眼的胜负手。譬如后来成为反启蒙主义生力军的"浪漫主义"和"民族主义"，还有我们今天的各种批判理论和"后现代"，等等，本来都可从三百多年前维柯开创的"意大利流"或浪漫派的"德国流"中找到很多源头活水。有些观念，则像是弈手自以为有如神助的胜算，回过头来再看，反而觉得还不如李昌镐式的俗手来得实惠，对于启蒙运动、黑格尔和马克思的一些思想，我们大概都可作如是观。

据伊格纳蒂夫在《伯林传》里透露，伯林自孩提时代便显露出长于言谈的特点，进入牛津读书后，很快便成为校内一大知名的"侃爷"，后

---

1 Berlin, *Four Essays on Liberty*, Oxford: Oxford University Press, 1969, pp.168—169.

来当上了 BBC 第三套节目的常客，更是让他的口才名满天下。据说他谈话速度极快，"舌头似乎总在冲刺，追赶着他的思想"。不过凡是能够听进去的人，也会立刻被其迷人的智慧、同情与仁厚打动。对这一性格背景了然于心，我们可知包括 J. 格雷（J. Gray）和 C. J. 加利博（C. J. Galipeau）在内的不少论者，试图从伯林的思想中强行读出他有深思熟虑的思想体系，或对其思想做系统化的处理，也许泰半是些一厢情愿的做法。

我倒更想说，只要看看他的大多数文章，也许不少人会同意，让他誉满天下的"价值多元论"，很大程度上只是他有意无意之间聊出来的一个思想体系。伯林每至谈兴正浓时，口若悬河，恣意汪洋，常常忘记了自己的立场，身不由己地受所论人物的牵动，甚至陷入他本人并不十分认同的"文化相对主义"窠臼。他让自己置身于观念世界之中，被那儿的奇峰异景感染，有时也会变成一个席勒所说的"素朴之人"。他给我们以"祥和、纯朴和快乐的"感觉，是因为他能够和讨得人人喜欢的威尔第一样，进入一种忘我的境界，只以其理解对象和受众的能力来取悦别人。故而我又觉得，伯林有时又像一位咱们中国的奇石收藏家，他不以自己的智巧之物为美，却从造化天成的野趣中得到很多享受。

当然，伯林素以倡导"多元主义"闻名，也不是全无认知体系上的根基。究其缘由，我们至少可以说，来自康德的"人性曲木"说（the crooked timber of humanity）对他影响甚大，这从他亲自审订过的一本文集以此作为书名（*The Crooked Timber of Humanity*，John Murray，London，1970）即可见一斑。他多次引用过的那句康德的原话，"人性这根曲木，绝然造不出任何笔直的东西"，语出康德《世界公民观点之下的普遍历史观念》一文（中译本见《历史理性批判文集》，北京：商务印书馆，1990）。以康德的理性主义精神而论，他在说这话时可能是透着一丝悲凉的，伯林的思想有时被人称为"具有悲剧意识的自由主义"，这大概是其主要原因之一。不过从另一个角度看，它也能把伯林引向一种冷眼旁观的经验主义取向：假如我们不从柏拉图式的理念，而是依照人类自己写下的真实历史去认识人性，则曲木之喻能在现实中得到万千事实的佐证。伯林身处"西方历史上最令人恐惧的 20 世纪"，由不得他不把处理多元格局的价值世界作为政治思考的头等大事。所以"曲木"这个经验主义的比喻一直萦绕于伯林的脑际，也是他从启蒙时代后的观念冲突中读出来的结果。

那么，我们是应当更多地从描述性的角度看待伯林的价值多元论，还是把它也作为伯林本人的一种价值选择？伯林在早年便对一元论的乖张怀有深深的警惕，这显然是促使他对各种反启蒙思想做深入理解的基本原因，也使他进而对维柯、费希特、赫斯、索雷尔和哈曼等人表露出同情甚至赞赏。所以，他的言论不但可以博得自由主义者的喝彩，而且能引起众多非理性主义者和后现代主义人士的共鸣。但是公平地说，他显然并不认为自己也属于他们的阵营。我们不时会看到，他在对那些激进思想的生命力表现出令人钦佩的理解力的同时，也随时不忘提醒人们，它们的弱点与虚幻是多么明显。从这个角度说，他的价值多元论，只是他用来讲解观念世界的一种描述性理论。

但是伯林在那篇《两种自由观》中，确曾显露出要把自己的自由主义学说建立在一种基于多元现实的思想体系之上的意图。而他后来的大多数演说和文章却只侧重于多元主义，不愿深谈这个思想体系的基础。因此像格雷那样坚称伯林的思想基础清晰可辨，只有价值多元论从中一以贯之的解读，在许多自由主义者看来虽然失之偏颇，却也并非全无道理。伯林的多元主义的基本特点，在于他把多元性当作一个观察和思考近代世界的前提，却没有对其本身作为一种政治哲学的内洽性做细致而深入的思考。在这个方面，有人借用他的"狐狸多智巧，刺猬只一招"的比喻，把他说成一只佯装狐狸的刺猬，不免有为贤者讳的嫌疑。我们倒不妨把这看作是他的聊天式学术成就的一个必然结果，或者说得温和一些，也许他知道单凭这种神侃的方式，根本不可能建立起完整而缜密的思想体系，所以他也只满足于讲自己的"多元主义观念故事"，并不想从中阐发出一种"政治哲学"体系来。

所以说，伯林的多元主义作为一种自由主义学说，是有其内在紧张性的。自由主义在涉及个人的价值追求时，能够且应当持宽容或不可知论的态度。在这一问题上，伯林作为一个自由主义者应当是没有疑问的。但是当关系到社会的政治安排时，一个自由的社会则必须对政治价值的选择范围有所限制，选择个人的献身目标与选择公共生活的原则，这毕竟是性质不同的两回事儿。伯林似乎没有对这两种选择做出清楚的划分，因此他的多元主义在遇到如下尖锐的问题时，也可能会无言以对：那些与自由主义的政治原则不共戴天的价值，是否应当从政治多元论中剔除出去？

早有论者切中肯綮地指出，若想把伯林的价值多元论补足为自由主义，大有必要像奥克肖特、哈耶克和罗尔斯的理论那样，在个人的价值取舍与公共理性之间做必要的分疏。换言之，自由主义意味着人们在追求个人的价值选择时必须遵守某些限制，这些限制的具体内容，虽然可以在公共的话语交往中发生变动，但无论如何需要由它们构成全体公民必须遵守的权利和责任原则。只要比照一下罗尔斯的《政治自由主义》（此书在中国的出版，为我们理解如何在价值多元的前提下建立一种理性的公共哲学，增添了一份弥足珍贵的文献），对于伯林的多元主义在处理这个问题上的欠缺，即可有更深切的感受。

但是，没有人会否认，多元性乃现代世界的根本特征之一，不管你喜不喜欢，它都是我们无可回避的生存处境。我在此文开头时引用的那段《圣经》里的话，被霍布斯用在他的《论公民》（*On the Citizen*，Cambridge University Press，1998）一书的结尾处，那是他在三百多年前为告诫纷争不已的国人，借上帝之口发出的呼声，因为按他的洞察，"人们若是在权力、利益或思想的优劣问题上有了分歧，他们就会相互虐待诅咒，此乃人的天性。所以不必奇怪，当他们争得面红耳赤时，几乎每个信条都会被这人或那人说成是进入天国所必需的，于是那些不接受它的人就会受到诅咒，不但说他们冥顽不灵（根据教会的教义，这是正确的），而且说他们没有信仰"。霍布斯之所以能成为现代政治学之奠基人，不能不说与他这种认识有着绝大的关系，毕竟近代政治若是脱离如何处理这种局面的智慧，则其效用便根本无从谈起了。霍布斯之后，在这方面虽有启蒙运动最具野心的努力——它本以为能用严明的机械数理哲学重建人类精神生活的统一性，然而此后的历史证明，以人类理性作为基础的这种"科学精神"，在弥合信仰的裂隙上，表现得也实在太过低能了。

对于这种多元化处境的感受力，在痛苦地揭示"诸神之战"的韦伯之后，伯林堪称翘楚。所以他的收藏观念的奇石馆还颇值得大家进去看一看，里边的景致的确相当不错。毕竟身为博学大师的馆主，眼力终究不凡——尽管那些石头若是相互碰撞起来，他作为一个自由主义者所能够提供的解决之道，可能不如另一些人高明。

（《反潮流：观念史论文集》，以赛亚·伯林著，南京：译林出版社，2002 年）

《君主论》的读法

　　吾友阎克文先生重新译出马基雅维里的《君主论》，嘱我写点导读性的文字附在前面。这个要求，之于许多立论明确、逻辑严谨的西方思想名著而言，或许是件相对容易的事情，但马基雅维里的《君主论》却让人颇为踌躇。我倒不是担心谈论这个"问题人物"，有可能会被打入"马基雅维里主义者"之流。若如此，我只需奉行"沉默是金"的箴言足矣——所谓治世之利器，不可轻易示人，此乃马基雅维里的"治国术"（stateship）所必守的原则。

　　麻烦不在这里。流传已近五个世纪的《君主论》，意义早已超出了"恶棍手册"的范畴，它给后人带来的困惑，也大大超出了它打算为近代"新君主"们解决的问题。用德国史学家 F. 梅尼克（F. Meinecke）的话说，自《君主论》问世以来，西方的政治学便挨了致命的一刀，其创口或许是永难愈合的。我们观察一下这个创口的范围，可以说它涵盖着种种非常棘手的问题，而在马基雅维里以前，至少在基督教普世性价值体系的规范层面，这些问题是不存在的。像英国著名政治史学家斯金纳告诉我们的，中世纪西方文人写的《帝王宝鉴》之类的书籍汗牛充栋，它们几乎无一例外的都是信仰优先的道德文章，同我们这里"恢宏至道，示人主以规范"的儒家传统也差不了太多。《君主论》的意义在于，自它问世后，政治学是否只能作为一项"惩恶扬善"的事业，是否只有用"春秋笔法"才算正途，便成了一个大问题。为了索解这一答案，从16世纪让蒂勒的《反马基雅维里》（Gentille, *Anti-Machiavelli*，作于1576年）始，便有无数思想家为我们提供了有关《君主论》的形形色色的读法。我对写这篇文字感到头痛，其缘由主要在这里。为了方便起见，让我先从最通行的观点说起。这方面有一个同马基雅维里问题十分切近、大家都很熟悉的例子。

我忘记是什么人了，说过一句令人难以忘怀的话："政治好比女人的下体，是个既迷人，又易使人堕落的处所。"不过政治与女人的下体之间还有一个相似之处，却是这句话没有揭示出来的，那就是正因为其迷人和易于引发堕落，所以政治和女人的下体一样，也都是很容易让人产生道德思考的领域。

说到男欢女爱，其自然主义的基础当然是床笫之乐。但我们的道德传统使我们本能地认为，若是光讲这个乐，仿佛做野生动物发情期的观察笔记一样，则人就真成了"衣冠禽兽"，除了性医学中的专业人士和色情狂外，一般人总会感到其中有几分邪气。譬如道家的《秘戏图考》或《素女经》中的"御女""采战"之类，其中列举的那些招式，目的只在于提供养生的技巧；更极端的像《禅真后史》，将那事写成阴阳两界的斗法，一路读下来，简直就像看《水浒传》中武松和西门庆的恶战。对于这些文献，如果我们的眼界稍科学一点，或更豁达一点，大概也只能把它们放在"卫生保健"的类目下。我们的道德习惯是，男欢女爱是个排斥"真"这一价值科目的场所，或至少要以情爱为基础，主要应当从人类伦理学和爱情的角度来判断它的价值。也就是说，男女间事，并非雌雄间事，除了生理学或医学的需要，纯认知性的追求是不适宜的。

　　与此相似，在马基雅维里这本《君主论》所带来的众多问题中，最为突出，也是引起最多不良反应的问题，便是道德价值在政治中的位置。马基雅维里在这方面所采取的言说方式，可以说是他最惊世骇俗的地方。

　　我们先引他的几段话为例。他认为，对政治的思考，必须建立在对"人心险恶"的观察之上："一般来说，人都善于忘恩负义，反复无常……避险则唯恐不及，逐利则不甘人后。""人们对于失去父亲要比失去父亲的遗产忘得更快。"（第17章；指原书章节，本篇下同）基于这样的观察，他摆出了一副政治中的道德杀手的姿态。在著名的第15章里，他对自己的意图做了如下表白："我的目的是给那些能够会心会意之士写点儿有用的东西，因此必须专注于事实所表明的问题的本相，而不应纠缠于空洞的观念。许多人都对那些从未见过，也不知道是否存在过的共和国或君主国迷恋不舍，但是，人们的实际生活是一回事，而应当如何生活则是另一回事。"

　　从这些话里，可以最清楚地看到近代现实主义哲学将"应然"与"实然"，也就是对"摆事实"与"讲道理"做判然区分的原型。这样的分析方法意味着，政治有其自身的逻辑，对于这种逻辑，道德说教式的解释是不相干的，因为"某些状似德性的东西，如果君主身体力行，那就成了他的劫数；某些状似邪恶的品质，如果君主身体力行，反而会带来安全和安宁"。从这个角度来说，如果政治上不择手段，却又坚持以道德化的意识形态进行自我评价，这将更加危险，因为它将不可避免地导致大规模的信誉破产，从而引发政治本身的破产。正如斯金纳所言，马基雅维里在这里表现出一种自觉的意识，他要从纯技术的角度去讨论那些显然有着道德意义的问题，将自己视为一个"提供对于无论何时何人都适用的准则的政治专家"[1]。

站在这样的立场上，他发展出（或者不如说是不自觉地引申出）了对近代政治学影响深远的若干重要思想资源。

首先，我们可以看到，《君主论》表现出一种十足的"算计的智慧"。如果我们同意马克斯·韦伯的话，即"理性的算计"（rational calculation）是近代化过程最主要的特征之一，我们便可以有把握地断定，这是马基雅维里为后人贡献出的一份最具"现代精神"的礼物。在《君主论》中，权力的目的一旦确定，对手段的斟酌可以说俯拾即是，它的一个最大特色，就是属于信仰领域的抽象规范或原则已经踪迹全无，只有审时度势的利弊权衡，"工具理性"在这里得到了全面的贯彻，是经验和形式逻辑在权力学的混合应用：你要想行善，那就遵行基督的教诲；你若要维持王位，则必须随时根据情况的不同，择机利用人性中一切恶劣或优良的成分。这里的公式是，"设目标为 X，则取得此 X 的过程必为 Y"。至于这个过程是否为信仰或道德所允许，在马基雅维里的视野中是不存在的。

于是，我们在《君主论》中看到，"无耻的残暴行为"也可以有"好坏之分"，这取决于你使用时的妥善与拙劣（第 8 章）；善待臣民也与抽象的仁德没有多大关系，而是为了一旦身处险境还有补救的办法（第9 章）；教会的存在对于维护国家是有利的，但那不是因为信仰的正确，而是由于传统也是一种世俗的势力（第 11 章）（顺便说一句，这种社会学的卓识，比涂尔干的类似观点早了四百多年）；善行并无绝对的价值，若"利用不当"，反而会带来灾难（第 15 章）。像这样的话语，除了会使一些大大小小的权奸暗自窃喜之外，也会让许多以追求客观性为己任的

1　见 Q. Skinner, *The Foundations of Modern Political Thought*, Cambridge University Press, 1978, Chapt. 5.

思想者感到鼓舞——对政治社会之观察，不寻求这样一门"价值中立"的"科学"，没有这样的认知精神，也是不可能的。

马基雅维里这种"权力政治学"，因其服务的对象是他心爱的"patria"（祖国），因此也包含着另一个对近代政治学说有重大影响，但同经验主义态度相去甚远的思想要素，即民族国家的概念。我们知道，现代化的过程在其初始阶段，并不像我们现在面对的情况，是一个"全球化"的过程，而是以民族国家为单位的。马基雅维里的时代，正处在一个国家主权与教权逐渐分离的关键时刻，虽然按马基雅维里的描述，当时像法国和西班牙这样的君主制国家，已颇具近代民族国家的形貌，但从理论上说，"国家主权"的概念仍不为正统的教会政治学说所承认，譬如在《君主论》中，我们仍可读到教会可以利用国王的婚约之存废来影响各国政治（第7章）。但在马基雅维里看来，佛罗伦萨，或意大利的利益，是高于一切的，他也因此获得了"爱国主义先驱"的美名。不过这里必须说明的是，马基雅维里本人的"国家观念"是没有形而上学色彩的，这同后来黑格尔和克罗齐等人的学说有极大的不同。

国家是一个利益主体，但它并没有同某种超然的"精神实体"联系在一起。马基雅维里从来不提自然法的概念，也不认为除了国家具体的利益之外，还有什么先验的使命要去完成。甚至他常提到的那个反复无常、不易把握的"命运女神"，也可以因充满阳刚之气的英雄人物而变得温顺善良（"命运喜欢勇士"，见第25章）。造成这一现象的原因很简单：在马基雅维里这样一个在外交和军事事务中养成的务实头脑中，非常缺乏"历史哲学"的意识。在《君主论》的最后一章，他似乎意识到在人力所及的范围之外，还有一个冥冥之中的力量左右着历史："为了展示摩西的能力，就需要以色列人在埃及受奴役；为了表现普鲁士的伟大气概，波斯人就不得不受米提亚人的压迫；为了彰扬忒修斯的卓尔不凡，雅典人只好颠沛流离。"这样的见识，只需稍加引申，便可同黑格尔所谓的"客观精神"接轨。但我宁愿相信，像这样偶然出现的辩证思维，大概只能算是他出于对意大利的热爱而一时焕发出的激情。

一般而言，他与近代启蒙主义之后成长起来的思想家，甚至同他后来的同胞维柯是十分不同的。他的思想中既没有人文科学和自然科学的分野，也没有人类的历史是沿着一条命定的道路不断演进或"进步"的观念，或任何"千年福禧说"之类的神学前提，他不以为人类历史受着某种形而上力量的左右，例如黑格尔所谓民族国家是一种世界精神的体现和展开，或唯物论中那个不受人力左右的历史向善发展的铁律。在他看来，国家的利益同这些形而上的目标毫无关系；相反，充满了尚武精神的罗马共和国黄金时代，才是一个民族最值得追求或恢复的境界。这种重实力而轻精神的思想倾向，使马基雅维里的国家理论更适合近代以来的国际关系领域的分析。从这个意义上可以解释，为何外交界的"马基雅维里主义者"，在其中所占比例最多。

还有一种解释，我以为是马基雅维里本人绝对没有想到但在许多自由主义者看来却可能是最乐于接受的，它来自1997年去世的英国著名思想家以赛亚·伯林。他在《反潮流》一书的《马基雅维里的原创性》一文中，以"六经注我"的方式，发掘马基雅维里对近代自由主义的可能意义。他首先认为，马基雅维里的思想成就，并不像克罗齐等人所说的那样，是将政治和伦理分离。他所造成的对立，毋宁说是两种伦理观之间的对立，一方是西方的基督教伦理，另一方是马基雅维里极其崇拜的古代伦理——伯里克利的民主雅典，尤其是罗马共和国时代的生活方式。伯林从马基雅维里造成的这种伦理观的对立中，看到了近代以来价值多元化的契机。他说，马基雅维里对古典时代美德的赞扬，和他对中世纪基督教生活观的鄙视，会给后来人一种启示："有可能存在着不止一种价值体系，这些体系没有可以使人从中做出合理选择的共同标准。"他因此认为，马基雅维里最大的贡献，在于为后人竖起了一块"永恒的问题之碑"，"他实事求是地认识到，各种目标同样终极，同样神圣"。西方思想中一个深刻而久远的假设——不管是依靠神学还是理性主义，对于人应当如何生活这个问题，总可以找到最后的唯一答案——由此被颠覆，自此之后，怀疑主义的态度传染了所有的一元论学说。而在伯林看来，这一新的精神取向，正是一切偏执狂式的信仰最有效的解毒剂。基于这种信仰的所有狂热、强制和迫害行为，在由马基雅维里造成的伦理多元化面前，统统失去了其"伟大的理由"，从而为经验主义、宽容和妥协敞开了大门。

说到马基雅维里思想的复杂与多重含义，以上只是择其荦荦大端言之。我们从中可以获得的启发是，截然相反的立场皆可为解读马基雅维里的意义做出一份贡献。例如称他是客观中立的观察家这种观点，会受到一个并非全无根据的挑战。他在《君主论》最后一章中表现出的炽烈的爱国热情，还有洋溢在他的《论李维》中的共和主义情怀，使许多人很难相信那是出自一个冷酷无情的观察家之手。他记录下当时意大利政治生活中的种种腐败和丑陋现象，也可以说是出于一种革除时弊的道德热情。

如此一来，《君主论》不但是马基雅维里爱国情感的表露，甚至可以作为一本"警世录"来读了。斯宾诺莎就曾认为，这本书的写作意图，只是要提醒世人那些暴君会干出什么勾当。马基雅维里之所以将它写成献策书的模样，不过是针对教会和佛罗伦萨当局的障眼法而已。这样的解释，连同他对人性邪恶的道德悲观主义，或许会使马基雅维里同18世纪的自由主义对政府之分权约束的智慧发生更密切的联系，从而使这个鼓吹"强权政治"的人，摇身一变而成为自由主义的思想来源之一。譬如我们在小曼斯菲德那本讲述行政权观念史的大作《驯化君主》（H. C. Mansfield, Jr., *Taming the Prince: The Ambivalence of Modern Executive Power*，Johns Hopkins University Press，1993）中，就可以看到对这种立场的系统阐述。不过也可以认为，对于这类解释，就像伯林先生的说明一样，只能作为一种"历史辩证法的吊诡"去看待，毕竟那超出了马基雅维里本人的意图。对于他来说，只有君主的伟业、集体安全以及"国家的自由"，才是至高无上的。

这样看来，要想总结出马基雅维里学说中的"精神实质"，或许不但不可能，而且是没有必要的。如上所说，他的思想之具有现代意义，也许正是因为它没有单一而明确的"体系"，而是包含着许多信仰失落后的近代社会所必须面对的矛盾，例如客观精神和道德信仰的相悖，民族国家的利益与教会普世主义的冲突，个人自由的崛起，以及伯林所说的不同伦理体系之间的痛苦抉择。不做这样的理解，我们大概也就无法解释，为什么马基雅维里的思想，会同时得到培根、斯宾诺莎、休谟、黑格尔、马克思、克罗齐和葛兰西等这样一些思想路线迥异的思想家的赞扬。他无疑是文艺复兴时代的产儿，但这也仅仅限于他的思想突出地反映着"从天国回到人间"这个大趋势。我以为，从这种现象中，我们至少可以得到这样一点认识：尽管马基雅维里的《君主论》（还有他那本名气稍弱，但显然更为重要的《论李维》）行文简洁明快，表层含义一目了然，但是他在政治哲学方面，并没有系统的建树可言。他是位有丰富的从政经验、思想敏锐且熟读史书的文人，却不是个乐于进行概念思辨的哲学家，他也从未想过要去建立什么逻辑严整的思想体系。经验的观察和归纳，是他看待和记录人间事务的基本方式；历史中的胜败与荣辱，是他寻找"权力智慧"的主要来源。因此我们也不应忘了，使他的思想既令人恐惧又充满魅力的，除了他这种率直的天性和对自己的祖国的热爱之外，还有他所观察的那个社会——15世纪到16世纪初的意大利城市。只要我们读一下布克哈特的《意大利文艺复兴时期的文化》中有关当时社会风尚的内容，即可知道，这些市民社会在信仰解体、世俗化和商业化方面所达到的水平，已经足以使它展示出近代社会的一切特征与矛盾了。

最后，我想有必要给读者简单交代一下马基雅维里的生平，因为他曾从事过的一些事情，同他的思想风格显然有着很大的关系。马基雅维里（1469—1527）出生在佛罗伦萨奥尔特拉诺区的一个中产阶级家庭。他的全名是尼科洛·贝那尔多·马基雅维里（Niccolo Bernardo Machiavelli）。这个家族的成员，曾有多人在佛罗伦萨市政府中担任要职，但其父贝那尔多·马基雅维里只是个平庸的小律师。他为少年时代的马基雅维里提供的最大帮助，来自他对藏书的嗜好。这样的家庭背景，使马基雅维里从小就能接触到许多古典文献，这为他的人文主义教育提供了良好的起点。其中一个最显著的例子是，他后来仔细研究过的李维《罗马史》一书，就是其父为印刷商编纂地名册而获得的奖品。

马基雅维里在29岁那年进入佛罗伦萨共和国的十人委员会任秘书，在执政团下掌理外交和军事事务，直到1512年美第奇家族依靠西班牙的帮助在佛罗伦萨恢复家族统治为止。在他这段十四年的服官经历中，对外交事务的处理使他有机会频繁出使意大利各城邦和周边欧洲国家，得以直接了解当时各国的许多重要政客和权力体制。作为一个弱小城邦国家的外交官，外交活动中实力优先的严酷现实，给他留下了深刻印象。

他在《君主论》一书中对博吉亚的赞赏，对法国君主制和瑞士全民皆兵的羡慕之情，都有亲身观察的基础。此外，在他从政期间，适逢意大利陷入分裂，各国之间征伐不断，形势和职务都使他对军事问题格外关注，并亲身组建了佛罗伦萨的第一支常备军。这些军事经验，在《君主论》中也有突出的表现。1517 年，他根据自己的经验，写成《兵法》（*L'arte Della Guerra*）七卷。正如孙子所谓"兵者，诡道也"，马基雅维里对战争事务的参与和研究，自然也会对他务实而"精于算计"的思维习惯产生相当大的影响。[1]

佛罗伦萨共和国覆灭之后，马基雅维里被迫避居乡野，颇为贫寒生活所苦。他一面研读诗文和写作以消磨时光，同时仍念念不忘复官之事。1513 年，他放下《论李维》的笔记，写出了这本专为自己进身谋职之用的《君主论》。若按当时的创作动机，《君主论》本应被划入那种"供领导参阅"的奏折政治学，算不得正经严肃的学术研究。实际上许多学者也曾指出，这本书中提到的一些事件和人物，同严肃的史乘是大有出入的。然而，就是这本他生前并不打算发表，又被许多人讥为阿谀权贵的小册子，却不期然成了一部影响人类政治思维既深且巨的经典之作。"命运女神"对马基雅维里的嘲弄，也真可说是莫此为甚了。

（为《君主论》〔马基雅维里，台北：台湾商务印书馆，1998 年〕所写的序言）

1　这方面的情况，可参见 *The Portable Machiavelli*（New York, Penguin Books, 1979）一书中 P. Bondanella 的序言。

民主直通独裁的心理机制
——重读勒庞

闻有吏虽乱而有独善之民，不闻有乱民而有独治之吏。

——《韩非子·外储说右下》

人们似乎热爱自由，其实只是痛恨主子。

——托克维尔:《旧制度与大革命》

世人受到乌托邦声音的迷惑，他们拼命挤进天堂的大门。但当大门在身后砰然关上之时，他们却发现自己是在地狱里。这样的时刻使我感到，历史是喜欢开怀大笑的。

——昆德拉:《玩笑》

英雄豪杰与民众在历史上的作用孰轻孰重，历来是史家津津乐道的一个话题，当然也是个非常不易于说清楚的问题。常言道，一个好汉三个帮，这句明白易懂的话让人觉得平实而中肯，可以省去我们做历史辩证法深思的不少麻烦。然而，这些历史中的好汉（或枭雄）与帮手的学术地位，却是非常不平衡的。研究英雄的著作或是给英雄出谋划策的各类宝鉴，千百年来不绝如缕。而就那些帮手们而言，在"群众社会"到来之前，操持着改变或维持历史方向的势力的并不是他们，而是遍布于这个世界大大小小的帝王将相和各路神仙，因此鲜有人把他们作为一个实体进行研究。这种情况一直继续到民主时代的到来。曼海姆在他去世前一篇讨论世俗化过程的《作为一种生活方式的民主》的未竟稿中，根据中世纪晚期以来在民俗、艺术、建筑等方面的变化，对决定着后来政治民主化进程的民众生活态度和审美情趣的潜移默化，作了十分深入而生动的说明。[1] 当然，他认为这个过程最显著的结果之一，便是各种偶像与建立在血统基础上的世俗王权，逐渐被平等人权和参与权扩大的主张消解。它使权威合法性的来源产生了一个重大的转移——血统身份也罢，君权神授也罢，奉天承运也罢，此时都已不再可能，领袖要想号令天下，也唯有反求诸天下的"授权"才成，这时群众才真正成了前台的主角。

被遗忘了的勒庞

然而，群众在社会生活的变迁中当起主角，这种现象为近代政治制度的变迁带来的结果，并不全都令人欢欣鼓舞。正如近代中外历史已经告诉我们的，群众的民主权力就像一切个人权力一样，当它没有受到恰当的约束时，也很容易转变为它的反面，成为一种暴虐的权力。因此自柏克以降，便有许多思想家对于各种群众领袖挟民意而行独裁的负面作用忧心忡忡。从这个角度讲，法国人勒庞（Gustave Le Bon，1841—

1　见 Karl Mannheim, *Essays on the Sociology of Culture*（London，Routledge，1956），第 3 部分"文化的民主化"（第 171—246 页）。

1931）在两个世纪之交写下的一系列社会心理学著作，尤其是他写于19世纪末的《乌合之众——大众心理研究》[1]一书，实在不该受到我们的忽视。

勒庞是何许人物？本来我们对这位当年法国的才子式人物不该完全陌生。他的《乌合之众》一书，包括汉语在内被翻译成 17 种语言。[2]惜乎近代以来，国人长期面对内忧外患的时局，总是摆脱不了"保种图存"的国家主义意识，因此最有现实意义的学说，是民族主义和社会主义之类的集体主义意识形态，像《乌合之众》这种反集体主义的著作几乎没有机会进入人们的视野，当然也就不足为怪。

勒庞从 1894 年开始，写下一系列社会心理学著作，蔚为大观，除了上面提到的《乌合之众》外，还有《各民族进化的心理学规律》（1894）、《社会主义心理学》（1898）、《法国大革命和革命心理学》（1912）以及《战争心理学》（1916）。不过最成功的还要算《乌合之众》这本书，它在1895 年出版后，以平均不到一年再版一次的速度，至 1921 年已印到第29 版。今天我们在主要的网上书店，仍可看到此书的几个网页和读者针对此书的一些奇谈怪论（两个网上图书馆亦可免费下载英译本全文）。[3]

关于勒庞的思想倾向，当年芝加哥大学社会心理学的开山鼻祖乔治·米德（George Mead）在《美国社会学杂志》中评论勒庞的思想时曾说，"勒庞是这样一批法国人中的一员，他对自己民族的文明几乎已经感

1　Gustave Le Bon, *Psychologie des Foules*, 1895; 英译本为 *The Crowd: A Study of the Popular Mind*, New York, Viking Press, 1960 (fourteenth printing, 1976)。以下引此书时，简称《乌合之众》。

2　民国十六年（1927）商务印书馆出版过他最重要的《乌合之众》一书的译本，书名《群众心理》，吴旭初、杜师业译。借此机会感谢香港中文大学刘小枫先生提供了这一版本线索。

3　可免费下载此书全文的一个网址为：http://www.catawba.k12.nc.us/books/tcrw10.txt。

到绝望，只有盎格鲁－撒克逊民族的个人主义，使他看到了未来社会的唯一希望"[1]。我们从米德这段话可知，勒庞身处思想混乱、歧见纷呈的世纪末，属于法国思想界中"亲英派"的边缘人物。当然，在他的著作里，我们随处可见他对"盎格鲁－撒克逊种族"的心理素质和政治制度的赞扬，不过要论系统与深刻，他较之自己同胞中的大师孟德斯鸠和托克维尔等人远远不及，甚至与比他年长一辈的伊波利特·泰纳相比，也逊色不少。[2]因此只说他有盎格鲁－撒克逊情结，并不足以解释他的思想特色和对后世的持久影响。他的思想价值来自别处。

在《社会心理学手册》一书中，美国社会心理学领域的泰斗级人物高尔顿·W. 奥尔波特（Gordon W. Allport）对勒庞有极高的评价，认为"在社会心理学这个领域已经写出的著作当中，最有影响者，也许非勒庞的《乌合之众》莫属"[3]。罗伯特·墨顿（Robert Merton）在为此书简装本所写的长篇序言中也说："反对者可以驳斥勒庞的言论，但是他们不能对它视而不见，至少，假如他们不想放弃对社会心理学问题的关心，他们就不能这样做，因为那都是些基本的问题。这正是勒庞此书的主要功绩所在：它几乎从头到尾表现出一种对重要问题的敏感性。……只有在极少数思想家中，才能看到这种不断发现有研究价值的问题的本领。对于社会心理学家以及所有思考自己社会的人，勒庞的著作所关注的问题，

1　*American Journal of Sociology 19* (1899), p. 404.

2　伊波利特·泰纳（Hippolyte Taine，1828—1893），这位法国19世纪的杰出思想家，因为傅雷先生译了他的《艺术哲学》而在我国享有盛誉，但他晚年检讨法国中央集权制度的名著《当代法国的起源》（它们对勒庞影响甚大）却几乎不为人知。

3　见 *Handbook of social Psychology* (New York, Macmillan, 1954)，"Le Bon"条。

几乎无一例外地注定会成为十分重要的问题。"[1]持论稳健而超脱的熊彼特在其著名的《资本主义、社会主义与民主》一书中，也曾特别强调了勒庞的社会心理学研究作为一个时代表征的重要意义，认为勒庞最早有效阐明了"个人在群体影响下，思想和感觉中的道德约束与文明方式突然消失，原始冲动、幼稚行为和犯罪倾向的突然爆发"的实相，从而"给予作为古典民主学说和关于革命的民主神话基础的人性画面沉重一击"[2]。我们当然不至于把这些话当作溢美之词，对于 20 世纪出现的许多成功或失败的民众革命以及由此造成的巨大灾难，我们如想对其寻求一点心理学上的理解，从勒庞那里的确是可以学到很多东西的。

研究的两个起点

勒庞对"群体心理"的研究在后世享有持久的影响，说起来不难理解，因为他在提出自己的见解时所针对的社会背景，至今不但没有消失，而且已经成为我们 21 世纪人类政治生活中最重要的现象。勒庞虽然从学术角度讲经常表现得十分"外行"，却对这种现象具有一种出自直觉的深刻感受力。

他认为，两个互为表里的基本因素是引发传统社会进入现代转型过程的主要原因，即传统的宗教、政治及社会信仰的毁灭，和技术发明给

1　Robert Merton, "The Ambivalences of Le Bon's *The Crowd*"，此文为墨顿为《乌合之众》简装本所写的序言。

2　熊彼特：《资本主义、社会主义与民主》，吴良健译，北京：商务印书馆，1999 年，第 379 页。

工业生产带来的巨变。这一变化反映在西方各民族政治生活的层面，则是群众作为一种民主力量的崛起，而且在西方文明的发展过程中，这种"群众的崛起"有着"命运"般无可逃避的特点。他断定，未来的社会不管根据什么加以组织，都必须考虑到一股新的、"至高无上的"力量，即"群体的力量"："当我们悠久的信仰崩塌消亡之时，当古老的社会柱石一根又一根倾倒之时，群体的势力便成为唯一无可匹敌的力量，而且它的声势还会不断壮大。"正是基于这一认识，勒庞认为，"我们就要进入的时代，千真万确将是一个群体的时代"[1]。在勒庞看来，这个"群体的时代"表现在观念变迁上，最突出的特点就是民主和社会主义观念的广泛普及，它让持有保守主义和精英主义立场的勒庞深感恐惧，这一点我们下面还会谈到。

勒庞讨论群体心理的另一个出发点，说起来也许为今人所不齿，却是激发他在这个主题上不断著书立说的一个重要因素，而且我们也不能轻言它完全成为过去。他强调，遗传赋予每个种族（race）中的每个人某些共同特征，这些特征加在一起，便构成了这个种族的禀赋。勒庞对这种"种族特性"的强调，在一百多年前不但是西欧精神生活中的流行话，而且波及许多处在现代化过程边缘的地区，这在鲁迅先生的"国民性"（这正与勒庞喜欢用的"genius of race"一词含义相同）反省，以及我们至今余韵犹存的"民族生存"意识中，都有很明确的反映。这种源自19世纪"科学人类学"大发展的种族主义，其最极端的表现之一，当属勒庞的同胞戈宾诺所发展出来的"灵肉统一论"，它力求在人种的生理解剖学特征与其精神现象之间找到某些一致性，继而把它扩展到用来

---

1 《乌合之众》，第14页。

解释不同民族的文化艺术和政治社会制度等各个方面的差异。勒庞身处当时的思想氛围，自不会不受到这方面的影响。他在一定程度上从戈宾诺等人的种族人类学思想中，接受了决定着各民族命运的神秘主义种族概念，认为"遗传赋予每个种族中的每个人以某些共同特征，这些特征加在一起，便构成了这个种族的气质"[1]。因此一些学者据此把他当作一个种族主义者看待，也不是完全没有道理。[2]

不过平心而论，勒庞用来建立群体心理学理论的种族观念，却没有很多"科学人类学"中的生物学色彩。他更多地把种族看作一个"历史的"和"文化的"概念。

墨顿在给《乌合之众》写的长篇序言中认为，勒庞在历史科学性问题上的虚无主义态度，是他的一个幸运的自相矛盾之处，因为他在实践中并没有否定史实的作用。但是读过勒庞的书后，我们也许会倾向于认为，更堪当此论的应是勒庞有着种族主义倾向的文化立场，因为正是它有力地刺激了勒庞的群体心理学研究。1894年他出版第一本社会心理学著作《各民族进化的心理学规律》[3]，便花费大量篇幅探讨在不同种族之间无法做到"观念移植不走样"的原因——譬如英法两个"种族"，因其"国民性"使然，对"民主""自由"之类的相同观念，便会有非常不同甚至对立的解释。正是对群体特征差异造成的民族命运——尤其是他自己所属的法兰西民族的命运——有着一份强烈的关切，才促使他进而提出了自己带有"通论"性质的群体心理学理论。

---

1 《乌合之众》，第3页。

2 参见 *International Encyclopedia of Social Sciences*, New York: Macmillan, 1968, article "Le Bon, Gustave".

3 Le Bon, *Lois Psychologiques de L'évolution Des Peuples*. 英译本为 *Psychology of Peoples*, New York, Macmillan, 1898。

低劣的群体心态

每个种族虽然都有相对于其他种族而言独特的天性，但是勒庞根据对若干重大历史事件（尤其是法国大革命）和发生在他周围的一些事实的观察，又认为不管是什么种族，当其中的个体出于行动的目的而聚集成一个"心理学的群体"时，"仅仅从他们聚在一起这个事实，我们就可以看到，除了原有的种族特征之外，他们还表现出一些新的心理特征，这些特征有时与种族特征颇为不同"[1]。也正是对这些不同之处所做的研究，构成了勒庞对社会心理学领域的主要贡献。在他的笔下，这些聚集成群的个人最有意义的变化，就是其中个人的行为方式会表现得与他们一人独处时有明显的差别。勒庞为证明这些差别所列举的证据，当然尚没有实验心理学的充分支持[2]，但是正如后来在勒庞提供的研究基础上继续从事这项工作的弗洛伊德所言，勒庞过人的"问题意识"，使他的见识即使只从经验层面看，也没有人敢于断然否认其价值。的确，凡是读过《乌合之众》这本薄薄的小书的人，大概谁也不会否认，它虽然偏见多多，却是非常令人难忘的。

对于群体行为中的那些同个人行为心理学十分不同的特点，勒庞经常以十分夸张的口吻，为我们描绘一幅十分可怕的景象。按他的评价，进入了群体的个人，在"集体潜意识"机制的作用下，在心理上会产生

1　《乌合之众》，第 3 页。

2　这方面的经验研究后来确实有人做过，如 P. G. Zimbardo, "The Human Choice: Individuation, Reason and order versus Deindividuation Impulse, and Chaos", In W. T. Arnold and D. Levine (eds.), *Nebraska Symposium on Motivation* (17), University of Nebraska Press, 1969。这项研究既未证实也未推翻勒庞的观点。再者，把勒庞的思想从实验科学的角度加以技术化有多大价值，也是令人怀疑的。

一种本质性的变化。就像"动物、痴呆、集权主义者、幼儿和原始人"一样，这样的个人会不由自主地失去自我意识，完全变成另一种智力水平十分低下的生物。勒庞当然尚不具备发展出"权威主义人格"[1]之类见解的能力，但是他明确指出，群体中个人的个性因为受到不同程度的压抑，即使在没有任何外力强制的情况下，他也会情愿让群体的精神代替自己的精神，更多地表现出人类通过遗传继承下来的一些原始本能。个人因为参与到群体中而表现出来的这些特征，概括起来说大体如下。

首先，群体中的个人会表现出明显的从众心理，勒庞称之为"群体精神统一性的心理学定律"（law of the mental unity of crowds）[2]，这种精神统一性的倾向，造成了一些重要后果，如教条主义、偏执、人多势众不可战胜的感觉，以及责任意识的放弃。用他的话说："群体只知道简单而极端的感情。提供给他们的各种意见、想法和信念，他们或者全盘接受，或者一概拒绝，将其视为绝对真理或绝对谬论。"勒庞认为，他这里所描述的其实也不完全是一种现代的现象，从古至今，与宗教或准宗教信仰有关的偏执"对人们的头脑实行专制统治，早就为大家所知"，它甚至是一切伟大文明最基本的动力。

由于这种简单化的思维方式，群体并不认为真理，尤其是"社会真理"，是只能"在讨论中成长"的，它总是倾向于把十分复杂的问题转化为口号式的简单观念。在群情激愤的气氛中的个人，又会清楚地感到自己人多势众，因此，他们总是倾向于给自己的理想和偏执赋予十分专横

1　这是后来由 E. 弗洛姆（E. Fromm）在分析纳粹主义心理学时提出的著名概念，指个人为了逃避孤独无助的感觉而放弃自由的心理倾向。见 E. 弗洛姆《对自由的恐惧》，许合平等译，北京：国际文化出版公司，1988 年，第 98—124 页。

2　《乌合之众》，第 24 页。

的性质。"个人可以接受矛盾，进行讨论，群体是绝对不会这样做的。在公众集会上，演说者哪怕做出最轻微的反驳，立刻就会招来怒吼和粗野的叫骂。在一片嘘声和驱逐声中，演说者很快就会败下阵来。当然，假如现场缺少当权者的代表这种约束性因素，反驳者往往会被打死。"出现这种情况的一个主要原因，是勒庞观察到的另一条群体心理学规律——约束个人的道德和社会机制在狂热的群体中失去了效力："孤立的个人很清楚，在孤身一人时，他不能焚烧宫殿或洗劫商店，即使受到这样做的诱惑，他也很容易抵制这种诱惑。但是在成为群体的一员时，他就会意识到人数赋予他的力量，这足以让他生出杀人劫掠的念头，并且会立刻屈从于这种诱惑。出乎预料的障碍会被狂暴地摧毁。"[1]当然，从以个人责任为基础的法治立场上说，在群体中个人的利益和目标消失了，这种人会变成一个"无名氏"，而以个人责任为基础的法律，对这样的无名氏是不起作用的。所谓"法不责众"的经验使他意识到，他不必为自己的行为承担责任："群体感情的狂暴，尤其是在异质的群体中间，又会因责任感的彻底消失而强化。"他意识到肯定不会受到惩罚——而且人数越多，这一点就越是肯定——以及因为人多势众而一时产生的力量感。在群体中间，就像"傻瓜、低能儿和心怀妒忌的人"一样，人们在摆脱了自己卑微无能的感觉之后，会产生出一种暴烈、短暂但又巨大的能量。

　　勒庞这些思想所提出的最大挑战，便是18世纪以后启蒙哲学中有关理性人的假设。在他看来，"是幻觉引起的激情和愚顽，激励着人类走上了文明之路，在这方面人类的理性没有多大用处"。因此在同人类的各种作为文明动力的感情——"譬如尊严、自我牺牲、宗教信仰、爱国

---

[1]　《乌合之众》，第38页、第53—54页。

主义以及对荣誉的爱"——的对抗中，理性在大多数时候都不是赢家。[1]这也是那些高深莫测的哲学或科学观念在面对群体（不管其中的个人有多么高的智力水平）时，必须使它们低俗化和简单化的原因。在这一点上，勒庞是可做乔治·奥威尔的老师的，他不但知道在"政治和语言的堕落"[2]之间有着密切的关系，而且指出"说理与论证战胜不了一些词语和套话"并不全是宣传者的过错，因为这些东西是"和群体一起隆重上市的"。这些在群体中产生了广泛影响的观念，其威力只同它所唤醒的形象而不是它们的真实含义有关。只有这些避免了分析和批判的观念，才能在群体眼里具有自然甚至是超自然的力量，让群体"肃然起敬，俯首而立"，"它们在人们心中唤起宏伟壮丽的幻象，也正是它们的含糊不清，使它们有了神秘的力量。它们是藏在圣坛背后的神灵，信众只能诚惶诚恐地来到它们面前"[3]。因此，那些详加分析便会歧义纷呈的观念——例如民主、社会主义、平等、自由等等——之所以具有神奇的威力，只是因为它们已经变成了空洞的政治口号——各种极不相同的潜意识中的抱负及其实现的希望，好像全被它们集于一身。

于此，我们也许更容易理解像韦伯和罗素这些曾有志于参政的大思想家为何失败了。在观念简单化效应的作用下，凡抱有怀疑精神，相信在政治和社会问题上极不易发现"确定性真理"的人，尤其是一个习惯于用推理和讨论的方式说明问题的人，在群体中是没有地位的；当面对

---

1 《乌合之众》，第 114 页。

2 G. Orwell, "Politics and English", in *Selected Essays*, Harmondsworth, Penguin, 1957, p.154. 奥威尔在《1984》中发明的 "newspeak"（姑译为"黑白颠倒法"）这个著名单词，也是针对宣传者而不是受众的。

3 《乌合之众》，第 103 页。

群情激愤时，他尤其会生出苍白无力的感觉：因为他意识到他要与之作对的，不仅仅是一种错误行为，而且还有"多数的力量"，以及贯彻这种行为时的偏执态度。我们更能理解，所谓专业精英，不管他智力多么高，他陈明利害得失的理性努力，在面对被空洞的观念冲昏了头脑的群体的时候，反而会使他产生一种自己十分迂腐的无聊感觉。更为可悲的是，面对群众的荒谬与狂热，明智之士更有可能根本不会做出这样的努力，而是同群体一起陷入其中，事后又惊叹于自己连常识都已忘却的愚蠢。弗洛姆曾从个人在社会共同体中的边缘化或受其排挤而导致的内心焦虑的视角，对这种放弃独立判断能力的过程做过分析[1]，他所说的人们情愿"逃避自由"的原因，便包括在这种内心焦虑的压力下，人们情不自禁地放弃个人立场的倾向，因为正如勒庞的解释，怀疑所造成的不明确性，不但不会让群众喜欢，而且有可能使他们生出足以置人于死地的愤怒。

1　参见弗洛姆前引书，第6、7章。不过勒庞并非完全没有意识到集体至上的体制将给个人自由带来的后果，在论及"民主立法"对个人自由的限制时，他说："若是到了这个地步，个人注定要去寻求那种他已在自己身上找不到的外在力量。政府各部门必然与公民的麻木和无望同步增长。因此它们必须表现出私人所没有的主动性、首创性和指导精神。这迫使它们要承担一切，领导一切，把一切都纳入到自己的保护之下。于是国家变成了全能的上帝。而经验告诉我们，这种上帝既难以持久，也不十分强大。"见《乌合之众》，第204页。

群体的"道德"

读勒庞的人或许最易于得出一个印象，即他过多地强调了群体的负面形象。但是，"群体心理"对个人行为造成的结果，并不全然只是我们日常用语中所说的"罪恶"，它所导致的结果要比这复杂得多。用勒庞的话说："它可以让一个守财奴变得挥霍无度，把怀疑论者改造成信徒，把诚实的人变成罪犯，懦夫变成豪杰。"[1]因此我们在群体中看到的情况，很难仅仅用刑法学意义上的犯罪来定义，它是一种更为复杂的现象。

如勒庞一再所说，他所研究的并不是"群体犯罪的心理学"，而是表现在所有类型的群体中的心理学特征[2]，其中自然也包括英勇无畏的英雄主义群体。参与到群体中的个人，不但会变得"偏执而野蛮"，而且在他只有一知半解甚至根本就不理解的各种"理想"的鼓舞下，他并不像大多数个人犯罪那样是受自我利益的支配。因此，我们可以认为群体行为的结果看上去非常恶劣，但参与其中的个人的动机，却很可能与卑鄙邪恶的私欲丝毫无涉。

当群体是受某种高远的理念的激励而行动时，它便会表现出极高的"道德"。然而这是一种什么意义上的道德呢？对此勒庞有个十分重要的区分，他说，如果"道德"一词指的是持久地尊重一定的社会习俗，不断抑制私心的冲动，那么显然可以说，由于群体太好冲动，太多变，它

1　《乌合之众》，第33页。

2　当时研究群体心理的并非只有勒庞一人，著名者如意大利人西庇阿·西盖勒（Scipio Sighele）和法国人加布里埃尔·塔尔德（Gabriel Tarde）。在群体思想的"发明权"上，三人之间还有过一番争执。但后两人的研究主要着眼于刑法学意义上的群体犯罪现象，与勒庞侧重于政治和社会史的心理学研究毕竟有所不同。

当然不可能是道德的。然而，如果我们把某些一时表现出来的品质，如舍己为人、自我牺牲、不计名利、献身精神和对平等的渴望等，也算作"道德"的内容，则群体经常会表现出很高的道德境界。[1]不错，作为"暴民"的群体，其残忍程度常令人瞠目结舌，以致不断地有人因此而感叹人性之恶。而勒庞的分析则提醒我们，这里所说的"人"，在很多情况下应是指群体中的人，而非孤立的个人。如果群体的行为动机也完全是出自支配着个人行为的非法私利，那当然只能把它视为一种犯罪。这样的群体可以是黑社会或聚散无常的暴民团体，却不可能成为一个影响甚至改变历史的要素。群体要想成为历史变迁的主角，它必须多多少少"为信仰而战"，也就是说，它的形成必须是为了某些简单而明确的信仰。在人们对唯一神教已失去信仰的时代，最有可能对组成群体的个人发挥巨大作用的，便是勒庞所说的"民族的荣誉、前途或爱国主义"。群体在这些信仰的激励下，很容易表现出极崇高的献身精神和不计名利的举动，并且它所能达到的崇高程度，是孤立的个人绝对望尘莫及的。这是一些与个人的日常利益完全没有关系的观念，只有它们能够让人"达到使他慷慨赴死的地步"。

因此勒庞断言，凡是大规模的群体运动，总是类似于宗教运动。21世纪的学者谈论甚多的意识形态作为宗教替代品的现象，原本就是勒庞早有深切感受的老话题了。他说："一切政治、神学或社会信条，要想在群众中扎根，都必须采取宗教的形式——能够把危险的讨论排除在外的形式。即便有可能使群众接受无神论，这种信念也会表现为宗教情感中所有的偏执狂，它很快就会表现为一种崇拜。"这种运动表面上看就像是

---

1 《乌合之众》，第56页。

一首奇怪的交响诗，它兼有残酷和崇高两个截然不同的主旋律；崇高的境界，成功地激起了群众想入非非的感情，使他们在崇拜和服从中寻到自己的幸福，它的"道德净化"作用，使他们可以把自己或别人的死亡同样看得轻如鸿毛。当然，这些受到崇高的宗教感情激励的群众，"必然也会用火与剑去清除那些反对建立新信仰的人"，因而在无辜者的鲜血中映出的，从主观上说并不是人性的邪恶，而是真诚不屈的信念，是出自"群体灵魂运作"的产物。

如果我们站在康德传统的伦理哲学的基础上加以分析，勒庞所说的群体的不宽容和狂热，显然是同脱离了个人主义道德基础的"群体道德"有关的。从后来研究集体主义运动的文献中，我们可以得到进一步的了解，群体中个人利益的暂时消失，以及相应的犯罪意识的泯灭，其中的一个主要原因，便是千差万别的个人目标被一个集体目标取代。在这种情况下，勒庞称群体中的个人会失去责任意识，也许并不十分恰当。实际情况可能恰恰相反，群体中的人认为自己可以对残暴行为不负私人道德意义上的责任，除了群体是个"无名氏"的作用外，很可能还因为他更强烈地意识到自己要为一个"更崇高的事业负责"。在这种责任意识的激励下，他会不自觉地把自我渺小化，把自己日常经营的目标与它对立起来，从而理所当然地认为，别人的个人目标同样也是没有价值的。

其实从上述勒庞对道德所做的区分中，我们已可隐约感到在判断群体的行为是否符合"道德"上往往会陷入困境的原因。无私的奉献当然是一种美德，我们也很难指摘人们为了国家和社会的未来命运所表现出来的热情，因此这很容易让我们得出"群体为国家和民族而犯罪不是犯罪"这种令人尴尬的结论。对于这一困境，后来的哈耶克曾以十分理解的态度做过说明，他指出："如果因为极权主义国家大量的人民竭力支持一种在我们看来似乎否认了大部分道德价值的制度，我们便认为他们缺少道德热情，这是极不公平的。对于他们的大部分人来说，实际情况也许恰好相反：像国家社会主义这类运动背后所蕴含的道德情感的强度，也许只有历史上伟大的宗教运动能与之相比。"但是问题在于，一个凌驾一切的共同目标，是同建立在个人责任上的道德无法并存的，因此，如果我们承认，个人只不过是为所谓社会或国家这些更高实体的目的而服务的工具，"极权主义政体很多使我们害怕的特点便必定接踵而至。从集体主义立场出发而产生的不容忍和残酷地镇压异己，完全不顾个人的生命和幸福，都是这个基本前提的根本的和不可避免的后果"[1]。

英雄与群众

但是，勒庞的枪口并不是只对着让他感到惊恐的群体。与弗洛伊德在《群体心理学与自我的分析》中所言不同，勒庞并非只把眼光停留在群体行为上，而"没有估计到领袖在集体心理中的重要性"[2]。他非常清楚，缺了英雄的群体在大多数情况下只能算是一些朝生暮死的"群氓"。

当然，能够让群体焕发出改天换地的巨大能量的英雄，绝对不会是那些江湖草寇式的人物。和群众经常表现出极高的道德境界相一致，英雄之成为英雄，也必是因为他具备能够迎合信众的为事业而献身的勇气、

---

1 哈耶克：《通往奴役之路》，王明毅等译，北京：中国社会科学出版社，1997年，第143页。
2 Sigmund Freud, *Group Psychology and the Analysis of the Ego*, 1940. 弗洛伊德在此书中对勒庞的《乌合之众》有连篇累牍的引述。

不懈的斗志和高尚的利他主义，勒庞通过对"剧院观众"的情绪化表现的分析告诉我们，群体本能地希望英雄表现出他们所不具备的高尚品格。这些品格作为日常生活中很不多见的稀缺商品，英雄如果能让人们觉得他可以大量提供，这当然会让他广受爱戴。于此我们不妨说，卡莱尔断定群众有英雄崇拜的本能，也不是没有经济学上的根据。

弗洛伊德批评过勒庞在研究领袖上有不周全之处，也不是没有他的道理。因为在分析群体心理时，勒庞的确没有得出弗洛伊德那样的见识，把编造领袖神话视为个人解除心理压抑的有效手段。但是，他却沿着另一条历史更为悠久的西方政治学传统之路，为我们分析了领袖与群众的互动关系，字里行间透着一股十足的马基雅维里风格。他认为，在使群体形成意见并取得一致方面，领袖的作用是非常重要的，"他的意志是群体的核心，他是各色人等形成组织的第一要素，他为他们组成派别铺平了道路"。而群体则像是温顺的羊群，"没了头羊就会不知所措"。这就是为何"当波拿巴压制了一切自由，让每个人都对他的铁腕有切肤之感时，向他发出欢呼的正是那些最桀骜不驯的雅各宾党人"[1]。

群体的轻信、极端与情绪化反应等弱点，显然既为领袖的品质划定了上限，也给他动员自己的信众提供了许多可乘之机。首先，领袖本身可以智力高强，但是鉴于群体的素质低下，他为了获得信众的支持，也不能有太多的怀疑精神，这对他不但无益反而有害："如果他想说明事情有多么复杂，同意做出解释和促进理解，他的智力就会使他变得宽宏大量，这会大大削弱使徒们所必需的信念的强度与粗暴。在所有的时代，尤其是在大革命时期，伟大的民众领袖头脑之狭隘令人瞠目；但影响力

---

[1] 《乌合之众》，第 55 页、第 118 页。

最大的，肯定也是头脑最褊狭的人。"[1] 这里所蕴含的潜台词是，群体的心理过程中并没有多少逻辑成分，超出自己熟悉的生活范围，他们也不具备多少经验和合理的批评能力，而这正是一些别有所图的个人或集团赢得群众信任的一个要件。他们也许只是些野心家，也许是这样或那样的理想主义者。他们在鼓吹什么大概并不重要，关键是如果政治中的人性真如勒庞描述的那样，则领袖在很大程度上是能够改变甚至制造人民的意志的。用熊彼特的话说，"这种人工制造的东西常常在现实中与古典理论中的普遍意志相一致。只要这种情形存在，人民的意志便不会是政治过程的动力，而只能是它的产物"[2]。但更为重要的是，当我们面对政治过程时，虽然我们遇到的可能不是真正的人民意志，但是他们往往并不如是想，他们真诚地相信那不是领袖及其追随者制造出来的产物，而是真正发自他们的内心。我们已经知道，后来的人把这个过程称为"洗脑"，它是现代宣传术进步的一大成果，在此勒庞也应当享有一席之地。

他为我们概括出的领袖煽动群众的三个最为重要的手法，又会让人想到奥威尔的《一九八四》。当这些领袖们打算用各种社会学说影响群体的头脑时，他们需要借助"断言法、重复法和传染法"。他说，"群体因为夸大自己的感情，因此它只会被极端感情所打动。希望感动群体的演说家，必须出言不逊，信誓旦旦"。根据勒庞的观察，夸大其词、言之凿凿、不断重复，绝对不以说理的方式证明任何事情，是说服群众的不二法门。因此，大凡能够成就大业的领袖人物，他最重要的品质不是博学多识，而是必须"具备强大而持久的意志力"，这是一种"极为罕见、极

---

1 《乌合之众》，第 194 页。

2 熊彼特：《资本主义、社会主义与民主》，北京：商务印书馆，第 388 页。实际上熊彼特此书中"政治中的人性"一节，基本上是参照勒庞的著作写成的。

为强大的品质，它足以征服一切。……没有任何事情能阻挡住它，无论自然、上帝还是人，都不能"[1]。由于有这种强大持久的意志，他所坚持的观念或追求的目标，最初受到群众的赞成也许是因为其正确，但即使大错已经铸成，思想的荒谬已经暴露无遗时，也未必能够动摇他的信念，因为理性思维对他已不起任何作用："他对别人的轻蔑和保留态度无动于衷，或者这只会让他们更加兴奋。他们牺牲自己的利益和家庭——牺牲自己的一切。自我保护的本能在他们身上消失得无影无踪，在绝大多数情况下，他们孜孜以求的唯一回报就是以身殉职。"

在弗洛姆《对自由的恐惧》一书中，我读到了希特勒的一段话，它对于了解有着心理弱点的群体和偏执的领袖之间有着什么样的关系，一定是大有帮助的。希特勒是否读过勒庞我们不得而知，但是他除了有"坚强的意志和信念"之外，显然也十分了解他必须进行动员的群众。他说，群众"就像女人……宁愿屈从坚强的男人，而不愿统治懦弱的男人；群众爱戴的是统治者，而不是恳求者，他们更容易被一个不宽容对手的学说折服，而不大容易满足于慷慨大方的高贵自由，他们对用这种高贵自由能做些什么茫然不解，甚至很容易感到被遗弃了。他们既不会意识到对他们施以精神恐吓的冒失无礼，也不会意识到他们的人身自由已被粗暴剥夺，因为他们决不会弄清这种学说的真实意义"[2]。这些几乎是逐字逐句重复勒庞的话，如果他地下有知，也许会为自己犯下这种马基雅维里式的错误而懊悔不已。[3] 但是这也从另一个侧面说明，勒

1　《乌合之众》，第 51 页、第 122 页。

2　希特勒：《我的奋斗》，转引自弗洛姆前引书，第 155 页。

3　与马基雅维里相比，勒庞有着更明确的自由主义立场，这从他不断颂扬英国的自由制度以及肯定代议制民主的态度便可得到证实。

庞在分析群体心理时得出的结论，的确同 20 世纪以来人类的政治命运息息相关。当汉娜·阿伦特告诉我们"凡是有群众的地方，就可能产生极权主义运动"[1]时，她这里所说的"群众"，显然就是指希特勒的群众，当然也指勒庞描述的群众。自法国大革命以降，由领袖、意识形态和勒庞意义上的群体所组成的这种新的三位一体，便取代了宗教与皇权，成为一切民主架构之外政治合法性运动的要件，尤其在勒庞之后的一百年里，这种新的三位一体更是上演了一幕幕规模宏大而惨烈的悲剧。

结语：群体的时代与民主

从以上讨论中我们不难看出，包括勒庞著作中那些没有多少恶意的种族主义言论在内，他的惊人的预见力是我们难以否认的。[2] 20 世纪是个群众参政意识普遍觉悟，因而也是个民主口号盛行的世纪，然而它同时又是一个"最血腥的世纪"[3]。与此相比，勒庞所援用的那些 19 世纪群众运动的事例，只能算是小儿科了。因此我们完全有理由认为，在这种

1　阿伦特：《极权主义》，蔡英文（东海大学历史系及政治研究所副教授）译：台北：联经出版事业公司，1982 年，第 34 页。

2　这里值得一提的是，勒庞根据"种族文化特性"和保守主义立场对社会发展得出的预见，并不限于他所研究的"群体时代"的欧洲，甚至在他就当时中国时局发表的少数评论中，这种预见力也可见一斑。在写于 1911 年辛亥革命之后的《革命心理学》一书中，他说："中国不久就会发现，一个失去了漫长历史给它披上的盔甲的社会，等待着它的会是怎样的命运。在几年血腥的无政府状态之后，它必然会建立一个政权，它的专制程度将会比它所推翻的政权有过之而无不及。"见 Le Bon, *The Psychology of Revolutions*, London, Allen & Unwin, 1913, Part 1, Chapter 3, Section 1。

3　联合国秘书长安南 1999 年 10 月 17 日为"联合国日"发表的讲话。

民主观念的普及过程中，既包含着人类几千年来想要驯服强权的真诚愿望，也隐含着为此而奋斗的人民落入强权圈套的巨大危险。托克维尔当年说，"以人民主权的名义并由人民进行的革命，是不可能使一个民族获得自由的"[1]。勒庞对现代化过程中群众崛起的惊恐，其实是这种怀疑态度的继续。

就像当时包括尼采在内的许多思想家一样，勒庞对于世纪之交的西方文明，也抱着一种绝望的末世心态。他似乎在群体的崛起中嗅到了某种历史轮回的征兆。按他的历史观，一切文明都逃不脱由盛而衰的循环过程，而当一个文明开始败落时，摧毁一个破败的文明，一直就是群众最明确的任务，只有在这时，群体的主要使命才清晰可辨，这时"人多势众的原则似乎成了唯一的历史法则"。对于这些带有宿命论色彩的言论，我们可以不屑一顾，但是我们有理由认为，勒庞在潜意识里是想结束西方这种因权威危机而面临的混乱局面的。他所希望的解决方案，毫无疑问是18世纪的英国人建立的模式，因此他对"拉丁民族"缺乏盎格鲁－撒克逊人那种个人独立的感情一再表示担心。他认为，由于缺少这种"种族品质"，他们在考虑自由问题时所关心的，只是自己宗派的集体独立性，"在各拉丁民族中间，自宗教法庭时代以来，各个时期的雅各宾党人，对自由从未能够有另一种理解"。这种群体意识中表现出来的集体主义倾向，使得法国人总是把民主理解为个人意志和自主权要服从于国家所代表的社会的意志和自主权，"因此在法国，不管是激进派、社会主义者还是保皇派，一切党派要求全都求助于国家"[2]。他之能够在群众

---

1 托克维尔：《旧制度与大革命》，冯棠译，北京：商务印书馆，1992年，第201页。
2 《乌合之众》，第188页。

给权力的合法性来源所造成的深刻变革中，警觉地嗅出"大众民主"与"独裁主义"之间有着直通车关系的危险，这种思想显然起着至关重要的作用。

勒庞思想的来源，除了前面提到过的种族主义和对英国保守主义传统的留恋外，19世纪中叶以后在欧洲愈演愈烈的反理性主义思潮，对他的思想影响也是清晰可辨的。但是这种影响并没有使他转向浪漫主义，反而强化了他的传统主义立场。正如上文所说，他对人是理性动物这个启蒙哲学的基本假定，有着深刻的不信任。他用和后来的哈耶克几乎完全一样的语气，指出"对历史事实最细致的观察，无一例外地向我证实，社会组织就像一切生命有机体一样复杂，我们还不具备强迫它们在突然之间发生深刻变革的智力"。因此他反对一个民族热衷于重大的政治和社会变革，他认为，这种变革的计划从理论上说无论多么出色，都不会使民族气质即刻出现变化（因为"只有时间具备这样的力量"）。采用激进的方式，借助于抽象的原则贯彻一种社会改造的蓝图，只会"使一个高度精致的文明倒退到社会进化更早期的阶段"[1]。

所有这些，构成了勒庞对群众、领袖和观念的鼓噪以及建立于其上的民主和社会理念持极端轻蔑态度的基础。虽然从这种"群体时代"的现象中，他错误地得出了和斯宾格勒一样的结论，以为自己正在目睹西方文明就要没落的征兆，但是大概没有人会否认，他的群体心理学研究的意义是超越了这一错误的。因此，假如我们只去批评他那种有点神秘主义的种族论倾向和经常不合"学术规范"的臆断（这当然必要），这无异于放弃了一些非常有价值的思想。

---

1 《乌合之众》，第188页。

至少我们可以说，勒庞的群体心理学研究所触及的问题，不管在他之前还是之后，是一切思考民主问题的人都难以回避的。群众作为政治合法性的一种重要来源，早在古希腊时代，亚里士多德就指出过它有着走向独裁的危险。[1] 此后的柏克、孟德斯鸠、约翰·穆勒和托克维尔等人这方面的言论，也早已为人们所熟知。我们更应深思一下，自从古希腊之后，以民众直接参政为基础的民主在人类历史上消失了两千多年，这一现象很可能有着深刻的人性方面的原因，假如我们只用一句"反动的黑暗时代"之类的话搪塞过去，未免显得幼稚可笑。勒庞生逢一个群众重新崛起的时代，他敏感地意识到了这种现象中所包含的危险，并且以他所掌握的心理学语言，坦率地把它说了出来。从这个意义上说，勒庞的思想是超意识形态的，不然的话，我们也许就无法解释，在民主和独裁的关系这个问题上，为何我们不管是在最右翼的哈耶克那儿，还是在力求不偏不倚的熊彼特或有左翼倾向的阿伦特和弗洛姆那儿，都可以看到勒庞思想的影子。这种不谋而合的立场，实因为他们都看到了一个无可回避的事实，即 20 世纪暴虐而巨大的独裁制度，它与以往的专制最大的不同之处，便是它们的合法性都援以一定的群众运动。

政治言辞一贯冷峻的马克斯·韦伯论述权力类型的学说广为人知，其中有一种类型便是"直接诉诸民众的民主制"（plebiscitary democracy），关于这种类型，他说，"领袖民主制最重要的类型——魅力人物统治的正当性，便是蕴含在因为被统治者的意志而产生的，并且仅

1　勒庞在《革命心理学》一书中，对这个问题有更详尽的讨论，并引用了亚里士多德关于民主的著名定义："它是这样一种国家，其中包括法律在内的一切事务，都取决于作为独裁者而组成并受几个能言善辩的演说家统治的多数。"见 Le Bon, *The Psychology of Revolutions*, London, Allen & Unwin, 1913, Part 1, Chapter 3, Section 2。

仅由于这种意志而得以存在的正当性的形式之中"，而在现实中提供着这种类型的，正是那些"古代的和现代的革命独裁者"[1]。当韦伯说这些话时，他显然认为"革命独裁者"也能建立"民主"，这难免会让不明民主本义的人感到困惑不解。在这一点上，勒庞则说得更明白一些，在表述同样的思想时，勒庞使用了几乎和韦伯一样的语言，但是他同时也指出了这种"民主"毁灭个人自由的本质："大众民主（popular democracy）的目的根本谈不上支配统治者。它完全为平等的精神所左右……对自由没有表现出丝毫的尊重。独裁制度是大众民主唯一能够理解的统治。"[2]不言自明的是，这种不尊重自由的民主，当然也会使人们本来要用它来驯服权力的愿望完全落空。

阿克顿爵士的名言"权力导致腐败，绝对权力导致绝对腐败"，今天已被中国人广泛地接受，但是很少有人注意到一个事实，即他说这句话的意思，是在提醒人们对"一切权力"都有限制的必要，不管它是个人的权力还是集体的权力。至于如何完成这项任务，我们不免就会想到更为复杂的民主架构。这是勒庞的弱项，当然也就不属于本文的话题了。

（《乌合之众：大众心理研究》序言，北京：中央编译出版社，2011 年）

1　韦伯：《经济与社会》，林荣远译，北京：商务印书馆，2004 年，上卷，第 299 页。

2　*The Psychology of Revolutions*, London, Allen & Unwin, 1913, Part 3, Chapter 1, Section 3.

在本能与理性之间
——《致命的自负》译序

《致命的自负》一书并非哈耶克的早年作品，而是他生前最后一本重要著作。但是当 1988 年开始出版《哈耶克全集》时，编者巴特利三世（W. W. Bartley，Ⅲ）却把它列为首卷。因此最初读到它时，读者心中也许不免会有些不解：一本新作乍一面世，就以全集第一卷的面目出现，总让人觉得有点不合常规。

不过只要我们把全书读完，便会觉得他这样做也并非全无道理。哈耶克写此书时已届耄耋之年，缘起则是 1978 年他曾打算在巴黎这个西欧左翼思想的大本营与对手设场斗法，来一场最后决战一般的大辩论。这种在学术讨论中有些反常的做法当然不易得到落实，哈耶克便在同道的鼓励下，把原为论战而准备的简短宣言，扩展成了这本通俗易读的《致命的自负》。由这一成书背景所决定，它可以算是哈耶克对自己毕生致力于探讨市场文明的运行原理、反对选择计划经济的一个总结。因而把它作为《哈耶克全集》的一个长篇序言来看待，倒是十分恰当的。

既单纯又复杂的思想追求

从二战期间开始撰写《通往奴役之路》，到完成这本《致命的自负》，哈耶克度过了将近半个世纪的学术生涯。在这段漫长的岁月里，他也从一个十分边缘化的经济学人，变成享誉世界的思想家。《通往奴役之路》可被视为哈耶克向计划经济发动的一场全面讨伐的正式开端。它在当时英语读者的市场上虽然十分成功，但是战后学术圈对待它的态度，却令哈耶克灰心。这反映在他的文字生涯中，便是从战后直到 1960 年出版《自由宪章》前的十多年里，哈耶克基本上没有再认真介入这种论战。到了 20 世纪 70 年代，哈耶克一贯反对的凯恩斯主义方案已经千疮百孔，他的思想才又引来了越来越多赞赏的目光。1974 年他荣获诺贝尔经济学奖，声誉也由此达到顶峰——虽然经济学界不少人认为这与其说是因为他在专业经济学上的贡献，不如说是承认了他捍卫资本主义文明的不屈不挠的精神。当然，在这段时间里，他的思想也经历了一个不断发展的过程，它变得相当复杂，但从另一方面看起来依然十分简单。

言其复杂，乃是因为他的学说成分日趋驳杂而精深。从《通往奴役之路》，经过《感觉的秩序》、《自由秩序原理》和《法律、立法与自由》等鸿篇巨制，到最后完成这本《致命的自负》，他的知识基础已经发生了巨大的变化。如果说他最初的立论基础大体上局限于奥地利学派的经济学和少许古典自由主义学说，那么这一基础到最后则已变得极为庞杂，除原有的经济学之外，他又从哲学、法学、历史、心理学、语言学、文化人类学、生物学等各门学科中汲取养分，形成了一个既繁复但又具有逻辑一贯性的论证体系。

因此在许多人眼里，哈耶克变成了一个在 20 世纪已很不多见的"知识贵族"，一个在相信"知识统一性"的岁月里，能从帕斯卡、斯宾诺莎、笛卡尔和康德之类大思想家身上窥得其丰采的人物。因为在他们眼里，今天我们习以为常的严格的学科分工，是一种十分荒谬的做法；专业化对于我们是学有所成的前提，而对于他们，却是有碍于充分理解这个世界的一道道樊篱，因此他们要尽力打破知识体系壁垒分明的界限。这种宏大的认识论视界反映在哈耶克的思想中，便是他从整体上把近代世界作为一种文明——一种以市场秩序为特征的法治文明来看待。

不过换一个角度看，哈耶克的思想依然十分单纯：他几十年著书立说只是为了一个十分单一的目标。这种目标的单一性，有时甚至使他的思想显得重复而乏味。他不断扩大视野，不懈地调动各个领域中的知识，唯一的动机就是他终生未变的一种强烈关切，即论证市场秩序的形成与个人自由的关系和这种文明受到威胁的原因。可以说，他的思想不管涉及什么知识领域，只能是因为它同这一目标有关。哈耶克在这方面表现出的一以贯之的精神，即使在思想家中也是一种十分罕见的品质。

高尚而危险的自负

哈耶克在漫长的时间里顽强反对计划经济，自然有其历史背景。用他本人的说法，从大学时代开始，他所接触到的几乎所有关于社会改革的知识时尚，都具有社会主义取向，而知识分子中所有的"好人"似乎也都是社会主义者。年轻的哈耶克当然也难免被卷入这种思想气氛。但是他所继承的奥地利经济学派的知识，却使他对这种社会改革热情很快便产生怀疑：既然人们的需要和知识有着高度的主观性、个体性和易变性，那么为满足这些需求和充分利用这些知识而从事的经济活动，是可以进行"理性计划"的吗？实行这种计划的政治后果会是什么？他早年的《个人主义与经济秩序》中的许多篇章，便反映着他从经济学角度对这种问题的思考。但是，假如没有苏联体制和纳粹政权的建立为他提供了计划经济的理想付诸实践后的可怕样板，说不定他不会从专业的经济学家变成一个"社会哲学家"。从这个角度理解哈耶克，我们可以得出一个很多人不乐意接受的结论：哈耶克的思想是他对 20 世纪一系列巨大政治灾难所做出的反应。就此而言，他与 20 世纪同他立场十分不同的政治理论家，例如法兰克福学派的领军人物马尔库塞，部分地分享着一个相同的问题背景，只是他们做出的反应各有不同而已：一方提出的救世方案是尊重法治条件下的市场秩序，另一方则是泛灵论意义上的"爱欲"解放。

自从启蒙时代以来，人类在自然科学和技术的运用上有了天翻地覆的变化。但是，哈耶克从这种进步中（这也和马尔库塞等人的视角一样，尽管他们从中得出的结论大不相同）却看到了一种巨大的潜在危险，即每个科学领域所取得的成就，都在对人类的自由不断形成一种威胁，这是因为它加强了人类在判断自己的理性控制能力上的一种幻觉，即他所说的"致命自负"。在他看来，一切打算对整个社会进行计划的企图，不管出于何种高尚的动机，都是建立在这种危险的知识自负上。因此和许多人的看法相反，哈耶克一再声明，他和社会主义者的分歧并不是出于意识形态或价值选择的对立，而是出于事实判断上的不同——问题不在于计划经济所设定的目标在道德上是否可取，而是用它所倡导的办法能否达到这些目标。

为证明这种立场的错误，他在《致命的自负》一书中提出了"扩展秩序"这一核心概念，它脱胎于他 20 世纪 50 年代以后开始系统阐述的"自发秩序"的思想。如想掌握哈耶克的自由主义政治哲学，大概最方便的办法就是理解他赋予这一概念的含义。

他的立论以这样一个问题为起点：人类是如何从早期原始社会休戚与共的小部落，发展成广土众民和睦相处并形成巨大而复杂的交往关系的巨型社会的呢？哈耶克认为，形成这种社会的一个关键性因素，是人类中某一部分群体在一个类似于自然选择的过程中，形成了一套调节人际关系的规则，它在很大程度上不是人类特意计划或追求的结果，而是在无人能预知其后果的情况下，在漫长的岁月中自发进化形成的。人类早期在不存在国家之前自发出现的贸易，和先于理性时代而形成的传统习俗，都证明了与其说文明的成长是由于理性的完善和强大的政治国家的建立，倒不如说国家和理性精神的产生是它们的结果。

为了解释这种具有扩展性的行为规则的形成，哈耶克经常把社会比作一个"有机体"，他借助于一些研究"复杂现象"的学科知识（如生物学、化学和现代协同论、系统论等）说明，对于这种包含着无限多的要素、相互作用关系极为复杂的有机体而言，人类的理智在其秩序模式的形成机制上所能达到的认知水平是十分有限的。对于这种复杂现象，我们充其量只能掌握一些有关它的一般结构的"抽象知识"，而这完全不足以使我们有能力"建造"或是预见它们所采取的具体形式。他认为，许多知识分子敌视市场秩序的原因，即在于他们没有真正理解或根本不愿理解这种抽象的自发模式在一切生命领域所起的作用。正是这种不理解，使他们情不自禁地倾向于从"泛灵论"角度，把复杂结构解释成某个主体的自觉设计的结果。这种"建构论理性主义"把人类社会获得的一切优势和机会，一概归功于理性设计而不是对传统规则的遵从，因此他们认为，只要对目标做更为恰当的筹划和"理性的协调"，就能消灭一切依然存在的不可取现象。包括爱因斯坦这样伟大的头脑在内，众多知识分子在理性之外看不到任何有用的知识，或者说，他们不承认人类通过理性而得到的各种知识体系也受着某些传统行为实践模式的制约。

那么，人类的理性与知识既然有着不可克服的局限，它又是如何为文明的进步做出贡献的呢？换言之，人类需要对社会发展和制度的形成采取一种什么态度，才能最好地使有限的个人知识得到充分利用？在哈耶克的理论架构内，这一问题其实包含着他的知识论的两个要点，并且我们很容易看出，在如今被广泛谈论的"知识经济时代"，他这方面的思想对我们有着最为突出的价值。

在本能和理性之间

包括《致命的自负》在内，哈耶克曾多次借用哲学家吉尔伯特·赖尔（Gilbert Ryle）的"知其然"（know that）和"知其所以然"（know how）这两个概念来说明人类知识的性质。所谓"知其然"的知识，是一种我们通过学习和模仿而获得的遵守行为模式的"知识"，从我们对这些模式本身的发生原因和一般效用可能茫然无知这个角度说，它们不是通常意义上的知识，但我们能利用自己的感官意识到它们，并使自己的行为与其相适应。就此而言，它又确实是我们理解周围环境的理智结构的一部分。这种使我们适应或采纳一种模式的能力，同我们知道自己的行为会有何种结果的知识极为不同，在很大程度上我们把这种能力视为理所当然（即习惯）。我们的大多数道德规范和法律（最重要者如"分立的财产制度"），便是这种行为习惯的产物。在哈耶克看来，这种通过学习和模仿而形成的遵守规则的行为模式，是一个进化和选择过程的产物，它处在人类的动物本能和理性之间——它超越并制约着我们的本能，但又不是来自理性。因此，理性主义者，或奉行"快乐最大原则"的功利主义者，认为只有得到理性证明或可以权衡利害得失的道德规则才是正确的观点，是毫无道理的。

哈耶克强调存在着这种处在"本能和理性之间"的能力，乃是因为他认为对文明的发展至关重要的"扩展秩序"，就是这种能力和进化选择过程相互作用的产物。人们在不断交往中养成了某些得到共同遵守的行为模式，而这种模式又为一个群体带来了范围不断扩大的有益影响，它可以使完全素不相识的人为了各自的目标而形成相互合作。出现在这种扩展秩序里的合作的一个特点是，人们相互获益，并不是因为他们从现代科学的意义上理解了这种秩序，而是因为他们在相互交往中可以用这些规则来弥补自己的无知。与此相比，试图为每个成员设定一个幸福标准的计划经济，就像早期社会中休戚与共、人人相识的秩序一样，是一种相对而言只能惠及少数人的封闭制度。哈耶克承认原始社会可能存在和谐状态，这同他所极力反对的卢梭似乎较为接近，然而在他看来，原始社会的这种和谐，是以个人既无财产，特殊知识也得不到利用为前提，因而也是以停滞不前为代价的。

由此我们不难想见，扩展秩序最大的益处，便是它为每个人利用自己的知识（大多数都不是"知其所以然"的知识）提供了一个有益的制度空间。随着分工与贸易的发展和产权制度的确立，个人获得了越来越多的私人知识以及利用这些知识的能力，这也是令赞成集体主义目标的人对市场制度十分不安的一个重要原因，哈耶克在讨论"神奇的贸易和货币世界"时，对此有十分生动的描述。这种个人知识因为用途不明而让人担心，因此总是有人试图对它们做有计划的利用，但是他们却面对着一个无法克服的困难，即哈耶克所言"不知道的也是不能计划的"；这种知识的分散性、多样性和易变性，决定了没有任何一个机构或头脑能够随时全部掌握它们。为了让这种个人知识服务于社会，就只能依靠市场这一超越个人的收集信息制度。在这种制度下，不但"分立的个人知识"能够得到有效的利用，更重要的是，它还会不断扩大参与协作的社会成员之间在天赋、技能和趣味上的差异，从而大大促进一个多样化世界的形成。这会进一步增强合作的群体的力量，使它超出个人努力的总和。由此可见，作为人类社会发展最重要的内容之一的以分工为特征的人类生活的多样性，与使它得以存在的秩序之间存在着一种相得益彰的互动关系："秩序的重要性和价值会随着构成因素多样性的发展而增加，而更大的秩序又会提高多样性的价值，由此使人类合作秩序的扩展变得无限广阔。"这种制度另一个极为奇特的作用是，生活于其中的人们再也没有必要像在小团体中那样必须追求统一的目标，他们可以完全互不相识，只根据个人能力和价格引导去安排自己的生活目标；它可以让人们（哈耶克借用他最尊敬的大卫·休谟的话说）"为别人提供服务，这无须他怀有真诚的善意"，"即使是坏人，为公益服务也符合他的利益"。

限制权力的新视角

被众多论者忽略的一点是，从哈耶克的这一立场，我们可以有逻辑地推导出对政府权力应当加以限制的结论。我们完全可以把哈耶克从知识利用的角度对这个问题的论证，视为他对传统政治理论做出的一项重要贡献——它使我们可以避开自霍布斯以来在人性之恶（即"人人为敌的原始状态"）问题上的形而上学主流观点，把限制权力的必要性建立在知识传播的原理之上。

站在这一立场，我们不必再单纯以性恶论或"权力导致腐败"之类的传统判断来解释限制权力的必要。我们不妨假设人性本善，由此使限制权力的必要失去根据。但是用哈耶克的话说，"休戚与共和利他主义只能以某种有限的方式在一些小团体中有可能行得通"，如果用强制手段把整个团体的行为限制在这种目标上，会使每个成员之间相互合作的努力受到破坏，因为"相互合作的团体的成员的大多数生产活动一旦超出个人知觉的范围，遵守天生的利他主义本能这种古老的冲动，就会实际阻碍更大范围的秩序的形成"。这就是说，即使行使权力的人的动机十分高尚，由于他无法掌握许多个人根据变动不息的信息分别做出的决定，因此他不能为目标的重要性等级制定出一个公认的统一尺度。所以，即使是一心为民造福的权力，其范围也是应当受到严格限制的。

这个结论好像与一切劝人行善的道德体系作对，故有可能让许多人难以接受。然而，我们从哈耶克的知识理论中，并不会得出他反对造福于民的观点，而是只会对其方式提出更深一层的疑问："一切道德体系都在教诲向别人行善……但问题在于如何做到这一点。光有良好的愿望是不够的。"因为在扩展秩序中，包括政府在内的一切人，"如果严格地只去做那些对具体的他人明显有利的事情，并不足以形成扩展秩序，甚至与这种秩序相悖。市场的道德规则使我们惠及他人，不是因为我们愿意这样做，而是因为它让我们按照正好可以造成这种结果的方式采取行动。扩展秩序以一种单凭良好的愿望无法做到的方式，弥补了个人的无知，因而确实使我们的努力产生了利他主义的结果"。

显然，在这种秩序下，人类的合作范围不断扩展，使"普遍的、无目标的抽象行为规则取代了共同的具体目标"。因此，国家这一强制性力量与过去的部落统治方式最大的不同，是它没有必要再为整个共同体制定统一的目标并集中财富去实现这一目标，而只需把自己的功能限制在提供公共安全和保障产权与公正规则的实施上。这里涉及的"国家的无目标性"的问题，哈耶克在《致命的自负》一书中着墨不多，但它却与哈耶克在此书中一再强调的"个人利用自己的知识追求不同目标的秩序"有着密切的关系，因此我想有必要在这里多做一点说明。

在写于 1967 年的《政治思想中的语言混乱》[1]一文中，哈耶克采用"nomocracy"和"teleocracy"这两个有些古怪的概念来区分两种秩序的不同，我们可以把它们分别译为"规则的统治"和"目标的统治"。在扩展秩序中，全体成员的共同福利或公共利益，是不可以被定义为所要达到的已知的特定结果的总和的，它只能表现为一种抽象的秩序。作为一个整体，它不指向任何特定目标，而是仅仅提供一个使无论哪个成员都可以将自己的知识用于个人目标的架构。从这个意义上说，"nomocracy"是一个类似于自然规律的概念，它属于一个自组织系统（就像宇宙、有机体、结晶过程等一样），既不能为人力所左右，也不服从人类赋予它的目标性。而"teleocracy"则与有不同的具体"teloi"（目标）的"taxis"（安排或组织）相对应。在前一种系统中，其存在的一般前提（具体到人类社会，即"公共利益"或"普遍利益"）仅仅在于它能提供一个抽象

---

1 见 F. Hayek, *New Studies in Philosophy, Politics, Economics and the History of Ideas*, Routledge and Kegan Paul, 1978, pp.71—97. 此文可视为写作《法律、立法与自由》第二卷部分内容的准备性笔记，该书中译本只有第一卷面世。

的、无目标的秩序，人类为在这个系统内自由地生存，也必须服从一些抽象的公正行为规则，国家的基本职责便是为这种秩序提供保证。而在受目标统治的秩序（即每个人的行为序列，如社团、企业等等）中，共同利益是特殊利益（即影响到具体的个人或群体的、具体而可预测的结果）的总和。哈耶克认为，集体主义者最大的错误，就是经常把这两种不同的秩序混为一谈。他们出于"公正"或"符合理性"的考虑，也想赋予这种"受规则统治的"秩序一定的目的性，使它等同于"受目标统治的"秩序。

然而，这种受目标统治的秩序，与没有共同的具体目标的、无数人组成的开放社会，显然是不相容的。正如哈耶克在本书中所言，如果我们希望为全体社会成员保障尽可能多地利用个人知识的自由，最好的办法莫过于"用抽象规则代替共同的具体目标"，把政府的作用限制在"实施这些抽象规则，以此保护个人的自由领域不受他人的强制或侵犯"。反过来说，一切想把某种统一的目标强加于一个不断成长着的秩序或受规则统治的制度的企图，都会导致开放社会退回到小群体部落社会的状态。

一个执着的自由主义者

就像许多执意要把自己的信念或逻辑贯彻到底的思想家一样，哈耶克关于扩展秩序的社会理论带给人们的感觉也是复杂的。他虽然深受英国经验主义和怀疑论的影响，但是我们会不时感到，他后期的理论风格仍有着明显的德语文化的痕迹，套用丘吉尔的一句话说，他的思想保留了 18 世纪怀疑主义的魅力，却是以现代的严密逻辑的利器武装起来的。

因此我们看到，他是以一种不太像休谟（即他最为推崇的思想家）的十分激进的方式，来表达他坚定的"英国立场"的，从一定意义上说，他甚至是个非常偏执的思想家——当然，这也许是决意与各种谬论和邪恶抗争的思想斗士所必须具备的品格。我们也会感到，他虽然从道德上对近代社会主义的思想与实践抱着理解的态度，但是他在批判计划经济时，却令人不解地忽略了一个更为深入的问题：建构论理性主义或社会主义，是否也是文化演化在其成员的深层意识中造成的一种结果？我们不时会感到，他的论证一方面似乎有个未明言的预设，即全人类不分文化和地域，其心智结构的进化过程"应当"是相同的（因此社会和经济交往的"全球化"也是必然的），而笛卡尔式的理性主义则是对它的偏离；另一方面，他又把西欧少数国家在近代的制度实践，视为一个进化过程中偶然的选择所造成的结果。这就使他所极力倡导的法治市场制度变成了一个有着内在紧张的文化概念。对此我们很容易想到的一个最突出的问题是，如果像哈耶克那样仅仅以自愿自发的交换行为来解释"扩展秩序"的形成，则中国这种早期便已形成的巨型文明就会成为难以理解的现象。因此我倾向于认为，他对文明成因的说明，并不像他想象的那样具有无时空之分的普适性，而仅仅更适合于解释近代资本主义。就古代社会与它的衔接过程而言，哈耶克的理论就远不像（譬如说）韦伯对文化形态和"理性化过程"的分析那样更具解释力。

无可否认的是，哈耶克从许多方面审视现代市场文明的运行原理的时候，目光锐利且直言不讳。针对20世纪的极权主义和官僚制度对自由的威胁，他把是否有益于人的知识得到开发利用，视为判断社会秩序有利与否的重要甚至是唯一重要的标准，这也是他为经济学做出的最重要贡献。但是，姑且不论资本主义发展早期的物质不平等给人们带来的痛苦，即使是在现代"富足社会"（加尔布雷斯语）中，面对无辜挫折的（尤其是精神层面的）也不会是范围明确的少数人。市场不断造成这种希望落空的痛苦，但它并不关心这种痛苦。此外，这个"没有目标的"自发秩序，不但无法保证具体的个人技能和天赋可以得到充分发挥而不是被浪费掉，而且整个人类的前程也是难以预料的。哈耶克本人坦然承认这些事实，但他对此似乎表现出一种无可奈何的态度。许多人对他甚为反感，这大概是最重要的原因之一。

他的作为方法论的"个人主义"当然是造成这种状况的原因之一：它并非一种救赎哲学，而是有着高度形式化的特点，它把为这种形式填充内容的任务当成每个人的道德责任。从哈耶克始终表现出关心人类福祉的情怀这个大前提说，我们可以猜想，大概他不会反对在促进"实质的个人主义"幸福这方面所做的努力。但是公共权力除了维持"公正行为的规则"之外，它在这方面还能为人类福祉做些什么，我们从哈耶克那儿并不能得到更多的启示。

（《致命的自负》，北京：中国社会科学出版社，2000 年）

尤利西斯的自缚

民主亦可成苛政

从某个角度看去，现代民主国家是一种非常奇特的现象。

按理说，人们逐渐从强权者的苛政中悟出限制权力的必要后，首先考虑的就是对财政权的约束和人身权利的界定。故今日的常识是，著名的英国《大宪章》，虽有"上帝""正义"之类的"高级法背景"，但是说到实在处，不过就是二十几个英国土财主不让英王约翰这个大财主在派捐抓丁上胡来的一纸文书。公民有"纳税人"的别名及"无代表不纳税"的原则，此其故也。后来的历史也表明，在和平的政治环境和产权明晰的经济条件下，大多数政治问题都可转换为财政问题，即政府应当花多少钱和如何花钱的问题，前者决定着"国家"的规模，后者限制着国家行使治权的手段，这是设立议会政治之原始意图。其基本理想，我们可以从"守夜人国家"、"保护性国家"或"最小国家"这些称谓中找到。

但是，代议制国家大体实现了公民普选权之后，却日益呈现出一种相反的趋势：与传统的独裁政体（极权主义政府除外）相比，民选政府反而逐渐获得了更为强盛的敛财能力。这一趋势反映在经济数字上，就是公共财政支出在 GDP 中所占的比例越来越大，甚至可以大到令一些独裁者金库的大管家也羡慕不已的地步。比如，北欧一些国家的财政支出可以达到 GDP 的 50% 以上，即使在受着自由企业传统和联邦制双重制约的美国，1970 年的财政支出也占到了 GDP 的 30%，这与小布什今年（2003 年）从国会获得的慷慨财政开支相比，还要高出 10 个百分点。

何以至此？盖由民意代表组成的议会或在选战中上台的政客，既有此"正当"程序为其护航，常常敢于为各种事业开立账目，课以专制者也不敢开征的税赋。如果往更深入处说，民选政府不光搞钱的本事大，还有着一个最根本的、看上去很合理的意识形态理由：既然统治权来自人民的自由选择，那么与专制政府相比，它的政策可以称为"经民主程序整合"的公意产品，所以它也"必定"是一个"更仁慈的政府"。于是乎政府被赋予了越来越多的"福利功能"，无论是欧美的"福利国家"，还是印度的"民主社会主义"，它们给私人经济行为设置的种种约束条件，我们都可以从这一角度找到部分答案。

但是，当政府膨胀到一定规模时，民主体制下的老百姓也会有忍无可忍的时候，他们也会发动"叛乱"。现在的人们对"撒切尔主义"或"里根主义"多少还有所了解。撒切尔夫人和里根分别于 1979 年和 1981 年当政，上台后基本的执政理念就是要让自己的政府重返"守夜人国家"的传统。但是，今天回过头去看看，这两位政治家的个人作为也许被大大高估了，只知枢纽政治家而不知基层立法动议的力量，可谓一种不良的思维定式。

至今知者不多的是，20 世纪 80 年代的这种政治右转弯的现象，乃是发生在一个重要的背景之下，即肇端于 1978 年加利福尼亚的一次税制改革。这一年，加利福尼亚州以全民公决的方式，通过了一项严格限制政府征收财产税的《第 13 号法案》（Proposition 13），随后几个州也如法炮制，对政府征税权做出了类似的限制。它被众多媒体称为"纳税人反叛"（taxpayers revolt）或"抗税叛乱"（tax revolt），足见事件的性质之严重，因为在不到两年的时间里，这场"叛乱"便席卷全美，共有 43 个州相继通过了类似的财产税限制法，其中有 15 个州降低了所得税，10 个州让税率直接与通货膨胀率挂钩，另有 14 个州要求任何加税政策必须获得"超级多数"（supermajority）方可实行。《华盛顿时报》在二十年后总结加州的这一事件时，把它称为"打响了全美抗税叛乱的第一排炮"，更有意思的是，它引征民意测验说，如果把那份提案拿到现在再次表决一下，仍会得到多数人的支持。因此依我之见，至少要补充上这次"叛乱"，我们才可做到对里根和撒切尔的"革命"有一个较全面的了解。此外，举凡天下的"叛乱"，在政治上要想成气候，必须有某种意识形态为其"正名"，古典政治经济学正可在这方面一展其长。

这一变化在美国经济理论中的反映，便是以货币主义和公共选择为代表的古典政治经济学的振兴。作为后者中的代表人物，布坎南自 20 世纪 70 年代末以来，与不同的合作者如塔洛克、布坎南和瓦格纳等人，写下一系列著作，包括《自由的限度》（*The Limits of Liberty*，1977 年）《赤字中的民主》（*Democracy in Deficit*，1997 年）、《征税权》《规则的理由》（两书的中译本合并为《宪政经济学》，中国社会科学出版社于 2004 年出版）和《基于原则而非利益的政治》（*Politics by Principle*，*Not Interest*，1998 年）。这些著作有着两个醒目的特点，一是从大的思想潮流的背景说，它与美国保守主义或新自由主义的大趋势同步，谓之"回到古典去"，不过这里的"古典"没有像列奥·施特劳斯走得那样远，直抵古典的希腊与罗马，而是专指更为晚近的古典政治经济学；二是表现在学科的视角取向上，即从"公共财政选择模型"的建立向"宪政经济学"过渡。我们可以看到，如果《征税权》还是一部从"宪政视角"讨论公共财政的著作，其中所设计的诸多模型，也都是围绕着广义的财税权展开，那么在《规则的理由》等书中，布氏等人已把财政问题乃至狭义的经济学明显放在次要位置，不再停留于视角，而是专心致力于经济学这方面的制度思考了。

"财政宪法"

让我们先简略谈谈前一本著作。布坎南等人首先引用大法官马歇尔的话说，"征税的权力事关毁灭的权力"，仅此一条理由，就要求财政学的研究不可退化为专制政治时代的"宫廷理财学"（cameralism），只为政府增收出谋划策，或囿于设计各种分配方案的雕虫小技，而是要从更高层面思考问题。

这个层面上最紧要的问题是什么呢？从古典政治经济学的传统来看，无论什么样的政府，都有着无节制敛财的"自然倾向"，因此必须给予约束，以确保其行为与纳税人／公共产品的受益人从"初始立宪视角"观察自己在立宪后时期的处境时所欲求的结果相一致。这里的"初始立宪视角"和"立宪后时期"的说法，反映着罗尔斯"初始状态"假说的广泛影响，也是契约主义复兴这一大背景的具体写照。

基于这一认识，布坎南等人认为，那些把注意力集中于投票规则或投票安排，将其视为民治之基本手段的公共哲学或政治理论，从一开始就把大方向搞错了。在某些情况下，选举方式的选择当然可以发挥有效的约束作用，甚至可以说，不存在选举程序的独裁政府，也未必不可能用仁慈的方式行使权力。然而福利国家的经验已经证明，选举手段就像专制者的道德自律一样，不足以约束"一心为民造福"的政府。所以我们有必要问一句，民主体制下的民选政客或官僚，果真能够如人们期待于这种制度的那样，"无私地"把选民意志在政策层面上整合为既有效率又公平合理的产品和服务吗？对于这样的问题，脱胎于古典经济学的宪政主义便可派上用场了——它以个人主义的"经济人"假设为基础，有着反集体主义决策的天然内涵，正可用来解构以集体决策为特点的福利民主的神话：由一个个官僚和政客组成的政府，亦不可能脱离以牟取私利为特点的"经济人"假设而存在。

其实这里的道理很简单。人们之所以悟出必须限制政府的权力范围和规模，不过是因为从经验上预感到政府有时会做出不符合纳税人利益的举动。一般民主理论有着一个法理学上的假定，即官僚和立法机构都能够受到选民的有效约束，其基本原因在于参政集团都有着赢得下一轮竞选的预期。但是，由于民主过程中也存在着大量的寻租机会，还由于官僚及利益集团可以发展出种种规避约束的手法，因此对政府财政权力的选举约束经常失效。这种民主法理学本身无法解释何以会发生上述"抗税叛乱"现象，其原因即在于此。为应付这一弊端，布坎南主张，只有制定一部超然于多数主义选举程序之外的"财政宪法"，方可有效约束那些"民主利维坦"（但愿它不是一个自相矛盾的字眼）的"剥削"。因此，布坎南等人的税制分析，也完全不同于一般财税专家为"既仁慈又明达的政府"提供的各种建言。按后者的政府观，对其财政能力不应进行任何限制，限制"好"政府，毕竟只会妨碍它多做"好事"。前者则秉承其公共选择理论的一贯原则，认为组成政府的人与普通公民并无不同，或者说，个人在公共选择和私人选择中有着相同的激励机制。这里尤当注意的一点是，与这种假设所受到的诸多误解不同，"宪政"视角并不排除做出集体决定的人也有着"道德"或"利他"行为的可能性。问题仅仅在于，如果因此而否认约束民选政府的正当性，则行宪的逻辑基础也将荡然无存。

从这里我们还可窥测到在说服公民赞成约束"好政府"上的一大难题，它在成熟的民主国家表现得较为温和，而在人治传统的国家尤其突出：假如官员是公共财政专断的消费者，或其决策结果中包含着可供他们享用的利益，则设置征税或财政权限还比较容易被人理解和接受——利维坦若把汲取资源的权力用于自己的直接消费，其危害性让人一目了然，则对它加以防范便有着充足的理由。但是，倘若民主利维坦的效用函数是以"非个人"的理由为主，对他们的"利他主义目标"就不那么容易限制了。也就是说，政府的各种开支方案，很容易通过"公共利益"或"普遍福利"的诉求而被"正当化"。对于奉行"行善主义"（do-goodism）的政府，"有限政府"这类理念的说服力就会大大下降。我们敢于放手管束肆无忌惮的恶棍，却不习惯于横加指责圣洁的苦行僧。毕竟没有人愿意相信，用心仁厚的清官给我们带来的危害，可能不亚于恶棍。

美德与规则

无须说，之所以形成这种过分倚重于"行善主义"的现象，经济学家所谓的"市场失灵"至少是其重要原因之一。自 20 世纪凯恩斯主义大行其道以来，这种说法便主宰着西方的福利经济学话语。对种种"失灵"表现的确认，使得经济学家把政府"规范市场"或"改进宏观管理"的做法视为理所当然。但是正如布坎南所言，他们在这样做时，未明言地把政府视为由一些"道德超人"（moral superperson）所组成的，其行为可以用某种受到恰当约束的社会福利函数加以描述，而那些试图给政府模型注入现实主义因素的人，往往被斥为意识形态的偏见。如前所述，在布坎南等人看来，这种道德超人未必不可能存在，但是在设立规则或制度时不考虑这种可能性，至少有着一条十分重要的理由。诚如霍布斯所言："虽然恶人在数量上少于正派人，但是由于我们无法区分他们，于是便有怀疑、提防、抑制和自卫的必要性，即使这偶尔会针对最诚实最公正的人。"阿克顿爵士的名言，"权力导致腐败，绝对权力导致绝对腐败"，无疑也是建立在对道德机制瓦解的某种预期上。在有众多人参与的社会互动中，个别坏人损人利己的行为，使得人们即使仅仅为了防范这种伤害，也会产生与坏人一样的动机。货币理论中有劣币驱逐良币的"格雷欣定律"，在社会互动中又何尝没有"恶行驱逐善行"的可能？因此我们不妨把霍布斯的话解释成一种"厌恶风险"的论证，其精髓在于，利他主义和公共精神可能普遍存在于人口之中，是"令人赏心悦目的鲜花"，但是让它们绽放的必要条件，却是一种让社会秩序不必单纯依靠这些鲜花的制度。《商君书》云："仁者能仁于人，而不能使人仁；义者能爱于人，而不能使人爱。是以知仁义之不足以治天下也。"这种法家智慧的立足点虽与以上西哲异趣，其道理却不无相通之处，也就是说，在设计规则时，必须采用"利维坦"模型，对于利他主义和良好的风俗，我们可以赞赏有加，却不可当作"假设的基础"。

布坎南等人对这种意义上的规则的阐述，也表现出若干特点，值得在此略作交代。首先，他们坚信，有着相同的动机和能力的个人，在不同规则背景下的互动过程中可以产生相当不同的后果，并对每个参与者的福利带来非常不同的影响。这其实是在重申亚当·斯密有关"法律和制度"与经济后果之相关性的古老洞见。

其次，"公正"仅仅来自规则。如果形成人际互动秩序的规则是参与者自愿同意的，则该规则及其结果就是正当的。因为自愿的同意等于做出了遵守规则的承诺，而公正的行为就是信守承诺的行为，他人出于道德上的正当理由，也可以要求他如此行动。布坎南等人在这里是采用了一种霍布斯式的工具主义规则观，他们不认为规则具有终极性的、外在的价值，它的益处一如市场中的价格，其功能主要就是给社会互动的参与者提供有关他人行为的信息，使其能够根据对其他人未来行为的合理预期追求自己的目标。

再次，虽然布坎南的规则论中不乏"保守主义"因素，例如他对联邦制的偏爱，强调地方认同和小社会的同质性对于约束中央集权的作用，以及详细申论规则的最大价值之一即在于其"跨时代"（interperiodic）的特征，我们从中可以找到一些与保守主义相呼应的东西；但是在"契约主义"语境的影响下，他在规则的革新上较之"消极的保守主义者"要勇敢得多。这里的认识论起点是，如果不理解形成社会秩序的个人如何相互交往，以及不同的规则对这种交往有何影响，那也不可能对现行规则做出合理的变革，甚至不可能慎重地行动以维护那些已被证明对社会本身大有益处的规则。进一步说，既然对规则和制度的比较研究和分析可以揭示出规则影响着结果，并且某些结果优于另一些结果，所以布氏等人也不避哈耶克所批驳的"建构主义"之嫌，认为可以在检审与推理、鼓动与讨论中对规则进行深刻的变革。从这个意义上说，"宪政经济学"表现出一种理想主义倾向。

尤利西斯的自缚

当然，政治上的理想主义千百年来不绝于各种文明，近世与古代、东方与西方之间的差别，只在于对理想的管理技能而已。儒家士人历来有"从道不从君"的传统，这里所说的"道"，为"天地仁义"，为"继绝学，开太平"，为"恻隐，不忍人"，为"善善恶恶，老老幼幼""养吾浩然正气"，为"大丈夫""民为贵"。罗列这令人感佩的文字，肯定有很多人胜过我。它们大体上类似于康德的"绝对律令"，落实到平常的生活中，可以做到洒扫日用而不自知，而在道学家的笔下，也可以披上境界非常高远的道德色彩。中国儒家又有"经世"的传统，其中所必然涉及的"权"，其好处在于不仅有西人"power"之义，也可指权衡、持中或曲张有道，既显威势，更含智巧，体现在很具实践性的层面，即如"韬光养晦""小国寡民""不战屈人之兵""嫂溺，援之以手"，还有"穷则独善，达则兼济"云云，都是一些很高明的智慧，亦诚如布坎南所言，是我们可以赞赏有加的。但说到底，这两种传统都有一个大毛病，即它们只能算是对无宪状况或行宪之后的一种强有力的补偿，即便当代鸿儒也承认，它们本身是无法"宪法化"的：孔子的"无可无不可"一语，圆融归圆融，但也道尽了其中的奥妙。也就是说，它没有超然于利益（goods）之上和落实于善观念（good）之下的制度手段。中国有千年一系的"道统"，亦有可维持数百载不坠的"政统"，独独没有这种意义上的"法统"，原因泰半出于此也。

公共经济学有"一切政府都是利维坦"的工具性预设，这决定了它也必有"从道不从君"的风骨。但这里的"道"境界不算太高，只是国家据以存在的一些"游戏规则"而已，它高于私利但又源于私利，无须借助任何超然的价值资源，不必挂起维护"自然正义"的招牌，不必挟某种神祇或历史使命而自恃。因为遵守这种规则的国家，并不是独立于个人价值而存在的实体，它没有自己的行动，不追求自己的目标：它不能脱离个人的义利动机去定义"社会福利"（或作为其变态表现的"综合国力"），因为这种东西纯属子虚乌有。

布坎南在《规则的理由》中曾提到埃尔斯特的《尤利西斯和塞壬》（Jon Elster，*Ulysses and the Sirens*，Cambridge University Press，1979），他把书名中所包含的那个寓言，视为"对未来选择做出先期限制"的经典故事。这个出自荷马史诗《奥德赛》的故事，乍看上去类似于我们的"英雄难过美人关"的希腊版，其大意是，大英雄尤利西斯知道自己意志薄弱，他在驾船接近栖居着女妖塞壬的海岸时，唯恐自己经不住她们迷人歌喉的诱惑，便要求同伴把自己绑在桅杆上，又嘱咐同伴们用蜡封住耳朵。这是一种为防范未来的灾难而做出的决定：若想返回家园，他必须给自己危险的审美欲望预先设防。我们若把这个故事理解为类同于儒家的禁欲说，与张之洞的制情欲如"降龙伏虎"的旨趣同，也未尝不可。不过我宁愿像布坎南那样，对它做另一种解释：尤利西斯这种系自身于船桅之上的举动，淋漓尽致地表达着宪政主义的智慧。荷马告诉我们：

> 塞壬坐栖草地，四周堆满白骨，
> 死烂的尸体，挂着皱缩的皮肤。

（见荷马：《奥德赛》，卷十二）

　　要避免这种惨状的方法说来也很简单，不过就是那根缚住大英雄尤利西斯的绳子——政治学中我们把它称为"宪政之道"。

　　（原载《书城》2003 年第 5 期）

《哈耶克文选》译序

　　弗里德里希·冯·哈耶克在中国知识界已不是个陌生的名字。随着中国在 20 世纪 90 年代进入迅速的市场化进程，作为 20 世纪捍卫市场经济制度最著名的思想家之一，他日益引起国人的广泛注意，当然也是情理中事。因此最近十年来，他的著作也被相继译成中文出版，先有《个人主义与经济秩序》(北京经济学院出版社，1989 年)，然后是《通往奴役之路》(中国社会科学出版社，1997 年；此书在 1962 年便有个内部发行的译本)，此后他最重要的政治学著作《自由秩序原理》(生活·读书·新知三联书店，1997 年)和《法律、立法与自由》(中国大百科全书出版社，2000 年)的中译本也相继问世。此外，他去世前最后一本思想总结性的著作《致命的自负》的新译本，也将在年内出版(中国社会科学出版社，2000 年。另，东方出版社在 1991 年就出过一个内容不太完整的译本，内部发行)，而且据我所知，他重要的知识论著作《科学的反革命》近来已有出版社列入计划，相信不久也会与读者见面。[1]因此就哈耶克的主要作品而言，除了那本晦涩难解的认知心理学专著《感觉的秩序》(*The Sensory Order: An Inquiry into the Foundations of Theoretical*

---

1 《科学的反革命》一书简体中文版已由译林出版社于 2003 年 2 月出版。——编者注

Psychology，University of Chicago Press，1952 年）之外，大体上说都有中译本可以利用了。[1]

读者现在看的这本文集，则收入了哈耶克写于 20 世纪 50 年代至 70 年代的除以上著作之外的论文和他在各地的演说计四十余篇，一些著名的篇什，像《作为一个发现过程的竞争》《知识的僭妄》《曼德维尔大夫》《复杂现象论》《建构主义的错误》等等，都已被收入其中。这些文章的好处我以为有二：一是从时间跨度上说，它们写于哈耶克思想最活跃的一段时期，因此我们可以从中清晰地看到他从专业经济学家变为一个贯通多学科的思想家的发展脉络；二是与那些大部头的专著相比，其中不少文章都更为通俗易懂，对于没有耐心咀嚼《自由秩序原理》或《法律、立法与自由》的读者，它们不失为一个了解哈耶克思想更为方便的途径。

哈耶克为 20 世纪人类思想所做出的贡献，我们大体上可以归纳为两点。首先，他继承以门格尔和米塞斯等人为代表的奥地利学派的传统，在经济学中提出的价格理论，打破了自亚当·斯密以来长期居于主导地位的"均衡"神话，从而为西方主流经济学引入了一种动态的经济观。这种经济观一个最大的特征在于，它延续了这个学派的边际主义思想，把对经济知识的理解建立在一种深厚的哲学认识论基础上，使我们得以更深入地了解市场运行的心理学根源。尤其是哈耶克在这种认知基础上对人类"合理计划"的能力在经济生活中的作用所做的分析，对 20 世纪的人类终于摆脱"计划经济"的神话，可谓意义重大。当然，这也是他于 1974 年荣获诺贝尔经济学奖的主要原因。

其次，在这种经济哲学的基础上，哈耶克又把自己的思想扩展到涉

---

1 《感觉的秩序》一书简体中文版已由华中科技大学出版社于 2015 年 6 月出版。——编者注

及整个人类社会秩序的领域，从哲学、政治学、法律、心理学等不同角度论证现代市场社会的组织原理，由此形成了一个内容极为庞杂而又严谨的社会哲学体系。从本书所收入的文章涉及领域之广，我们对此当会有很深的体会。

从二战期间撰写《通向奴役之路》（1944）开始，哈耶克的著作中便始终贯穿着一条思想主线，这就是论证市场经济与个人自由的互动关系。如果说在二战结束以前，他的论证重心主要放在前者，主要考虑的是市场有效利用经济知识——如价格、个人技能等等——的作用，这段时期的总结性成果，便是他发表于1945年的名篇《知识在社会中的利用》，据一篇纪念他诞生一百周年的文章说，此文自发表以来被以各种形式翻印了数百次之多（见1999年5月8日《华盛顿邮报》），它主要讨论的仍然是"我们要想建立一种合理的经济秩序，需要解决什么问题？"（此文开篇语）但是以《通往奴役之路》为起点，他开始把注意力更多地转向包括市场经济在内的保护个人自由的制度安排上，因为他越来越清楚地认识到，市场经济及其形成的各种社会和法律关系，与个人自由就像一枚硬币的两面，有着无法分割的联系，而20世纪的社会主义者虽然也把社会繁荣和人类的自由发展视为十分可取的目标，却没有意识到计划经济与这个目标的内在矛盾。在他看来，计划经济反对市场制度，并不在于它在人类幸福上有着与市场制度截然相反的抱负，而是它在达到同样的目标上采用了不同手段。这种因为对人类理性和知识能力的误解而迷信理性的态度（参见《理性主义的类型》和《知识的僭妄》），不仅与个人自由不相容，而且与合理的生活秩序、社会繁荣甚至文明的发展逻辑都是背道而驰的——假如取消了市场，也就不存在价格；假如没有了价格，就没有协调社会分工合作的有效手段，从而也不存在采取合理行为的途径，故自由增进人类进步和繁荣的价值也都无从谈起。从他对英国战后土地政策深入的个案分析（参《开发费的经济学》一文）中，我们即可看到这种思想的出色运用。基于这种认识，他对所有干涉市场价格机制的措施一概予以反对，其中不但包括政府为扩大需求采取的赤字财政，而且还有工会对劳动机会的垄断和各种群众压力团体的作用（见《反凯恩斯主义通货膨胀运动》及《工会、通货膨胀和利润》等篇）。

哈耶克所论在资源配置上通过外力影响市场选择会造成的害处，在今天已经成了我们的常识：其最大的问题在于，它不但会把大量可能的获利机会都变成权力寻租，减少经济活动中以创新精神进行试验的机会，而且会导致市场之外的一切创造性活动的窒息。因为正如哈耶克所言，一切创造性的竞争（其对象既可能是利润，也可能是一种艺术风格），从其本来的意义上说，都是无法预知结果的活动，一些人愿意把时间和精力花在某件事上，其理由往往不为外人所知，或即使他们知道，对其成功的可能和价值也会有十分不同的评价，因此没有一个激励竞争的机制为人们提供据以采取合理行动的信号，必然会使人类的创新精神受到极大的限制。这也就是他在《作为一个发现过程的竞争》一文中反复强调的，"竞争理论对未来事实的无知"恰恰是这种理论的价值所在。

虽然在一个建立在分工基础上的生产过程高度复杂的现代社会里，为获取不同形式的满足而展开的竞争有助于知识的有效利用，即个人自由的落实，但是在民主社会中却存在着另一种威胁着这种自由的竞争，这就是各种利益集团为了达到其内部的集体目标，运用自己的势力影响经济生活的政治过程。因此哈耶克在捍卫市场制度时所反对的，并不限于极权主义政府的干预，这一点是常常被人忽略的。当然，在干预市场方面，独裁政府的潜在可能性极大，首先对它保持警惕也是势所必然。

但是在以多数原则为基础运行的民主社会，利益集团通过其政府（尤其议会）代表来干涉市场过程，存在着同样大的危险。这就是哈耶克在包括本书中的多篇文章在内的许多地方持之以恒地攻击"社会公正"的原因，也是他让许多人产生误解的一个重要原因（在这一点上，可以说他是当代重要的社会理论家中仅见的一位）。

哈耶克为何如此执着于对"社会公正"的驳斥？我曾在一篇短文（见《读书》2000 年第 2 期）中谈到，其中有一些在我们这里不太可能发生的语言学问题。中文里的"社会公正"，换成英语（法、德语的情况也类似）是"social justice"，而这里的"social"（社会）一词，自从 20 世纪下半叶以后，在西方世界便包含着"社会主义的"和"社会党（人）"这类强烈的语义学暗示。哈耶克认为，在"社会公正"这个称呼中，"社会"一词很容易被"主体化"，即它会让人错误地联想到社会可以成为一个"公正分配的主体"。但是在哈耶克看来，作为一个形容词的"社会"（social），只能用来表现一种"状态"（status），因此它不可能成为一个"公正的分配者"，由此得出的逻辑结论是："在不存在分配者的地方，也不可能有分配的公正。"（见《"社会公正"的返祖现象》一文）

然而哈耶克注意到，"社会公正"是许多知识分子和诉诸民意的政党非常愿意使用的一个字眼。由此就带来一个问题：既然"社会"不可能成为分配的主体，那么"社会公正"由谁说了算？也就是说，公正或不公正的标准由谁来制定？在民主制度下，以"社会公正"的名义实行"公正分配"的，往往不过是一些一时把持了权力的利益集团，由于他们代表多数（既不是"社会"，更不是"人民"），因此他们倾向于越过公正行为的法律准则，制定一些非常专断的分配政策。哈耶克认为，一般所谓基于社会公正的分配政策，仔细分析起来，本质上都是一部分人对另一部分人的剥夺，基于政治或社会原因，这种剥夺也许有其必要，但绝对不能称之为"社会公正"。因为奠基于公正规则之上的秩序，只会造成个人努力被市场承认后所得到的千差万别的回报，却绝对不会产生"社会公正"。凡是以"社会公正"为名进行的分配，其直接可见的后果不但是对市场过程的扭曲，而且还有在福利国家政策下培养出来的一大批丧失了个人责任感的公民，这样的后果，即使仅仅从道德上说，对一个自由社会也是非常不利的（参见《自由企业制度的道德因素》一文）。因为正如哈耶克所言，符合道德的收入，只能是我们在公平的规则下个人努力和机会的结果，"我们在比较幸运时赚到钱……只能是因为我们同意参与这种游戏。一旦我们同意加入这场游戏，并从其结果中获益，我们就有道德上的义务接受其结果，即使它们转而对我们不利"。在哈耶克看来，唯一能够担当"公正"一词的，只有法律面前的平等。

哈耶克思想中易于让人产生误解的另一点是，由于他极力主张自由市场经济，反对政府干预，因此他似乎是个 18 世纪意义上的"自由放任主义者"甚至无政府主义者。不过正如本书中的多篇文章（例如《关于行为规则体系演化过程的若干说明》一文）所示，在他看来，文明的进步大大取决于每个人都遵守一定的规则，而这些规则的实施，至少有相当一部分是必须由国家来保证的。他赋予了国家机器十分重要和明确的任务，而且我认为这是他的思想中最具理想主义的成分。例如在《民主向何处去？》一文中，他便不避自己极力反对的"建构理性主义"之嫌，设计了一个"理想议会模式"——为了保障立法机构的公正和超然，他竟然希望一个人一生只参与一次立法选举。姑不论它是否真能做到公正，人们对这个一次投票之后再也无力左右的机构是否放心，也是大有问题的。但是从这些言论中，我们也可以更清楚地了解他为何不承认自己是

"保守主义者"：他在认识社会运行上的科学态度（我们不妨细细品味他非常喜欢使用的"原理"和"原则"这类概念），使他无法完全认同于柏克等人为社会成规披上的神秘主义外衣。

但是，从哈耶克的思想中，我们也可以有逻辑地推导出另一个极有价值的结论。对一切以强制力为后盾或有垄断倾向的权力都必须加以限制，本是西方世界一个古老的政治智慧，亚里士多德在《政治学》中早就说过："把权威赋予人，等于引狼入室，因为欲望具有兽性，纵然最优秀者，一旦大权在握，总倾向于被欲望的激情腐蚀。"此后自霍布斯以降，凡是涉及限制权力的必要性，此类思想家无不以人类性恶论为立论的基础。但是站在哈耶克知识理论的基础上，我们却不必再单纯以性恶论或"权力导致腐败"之类的传统判断来解释限制权力的必要。我们不妨假设人性本善，由此使限制权力的必要失去理据。然而根据哈耶克的理论，即使行使权力的人动机十分高尚，由于他无法掌握许多个人根据变动不息的信息分别做出的决定，因而他也难以为目标的重要性等级制定出公认的统一尺度。所以，即使是一心为民造福的权力，其范围也是应当受到严格限制的。我们可以把这种从知识利用的角度来理解的限制权力的思想，视为哈耶克对传统政治理论做出的一项重要贡献——它使我们可以避开性恶论的形而上学观点，把限制权力的必要性建立在有充分经验基础的知识传播原理之上（更详细的介绍请参见我为《致命的自负》所写的译序《在本能与理性之间》）。

回想起来，当世界上大多数人都在赞扬国家干预和计划经济时，哈耶克却始终坚持认为，一个自由社会要想保持进步的活力，就必须向着不可预见、无法计划的未知事物开放。正如他在《自由秩序原理》中所言，"只有当事先知道自由能够带来的好处时才得到批准的自由，是不能称为自由的"。个人所享有的打破旧模式、创造新事物、建立新规范的自由，才是一个进步社会的标志，"如果我们仅仅认为只有多数人实践的自由才是重要的，我们就会创造出一个停滞不前的社会，它将有着一切不自由的特征"（同上）。因此他也是 20 世纪为捍卫宽容做出最大贡献的思想家。在他看来，建立在限权原则上的民主制度，有着凝聚共同体和保障个人主义的双重价值，它的最大作用在于确立一些"公正的行为规则"，无论是个人还是包括政府在内的所有经济和政治"法人"，都必须平等地处在这些规则的支配之下。只有如此，才能保证各种不同价值观念的和平共存（参见《自由社会的秩序原理》等文）。因此我们也可以说，哈耶克所倡导的自由主义，其实是自洛克以来西方人思考如何回应一个多元化世俗社会的继续。如韦伯所说，在这个"除魅的世界"里，不但单一的终极价值不复存在，各种传统的威权制度也失去了理据，唯一还具有普适性的只有工具主义意义上的理性化。在这样一个世界里，如果我们仍然希望在公共领域过上和谐共存的生活、在个人生活中享受繁荣和信仰的自由，其实我们已别无选择。

（《哈耶克文选》，冯克利译，南京：江苏人民出版社，2000 年）

拍卖中的平等观

　　平等历来是人所向往的一个重要价值，这些年来由于市场化浪潮和财富增长在世界各地引起的麻烦越来越多，它更是变成了一个热门话题。但是尽管如此，一般学者还是不太愿意从理论上深入处理这个题目。此类言论容易给人留下话柄不说，就算你不怕得罪人，恐怕也难以说得清楚。费力不讨好的事，自然还是不做为妙。诚然，不少政治家是很喜欢把平等挂在嘴边的，但经验告诉我们，对他们的话不能过于当真。诚心诚意讲平等的大概以两种人居多，一是法律家，一是福利主义空想家，不过他们各自所说的"平等"往往南辕北辙，不但无助于厘清问题，反而经常平添许多冲突。因此我们必须承认，在这些人之外还有敢于详加申论平等的，那必定是勇气可嘉了——就算这事说起来很棘手，也得让人知道麻烦出在何处不是？

　　美国学者德沃金，便是这样一位勇士。他既有法学与政治哲学的深厚功底，又是个不安于书斋的学者，对美国社会各种突出而棘手的问题，始终抱有一份知识的关切。他的《至上的美德——平等的理论与实践》（江苏人民出版社，2003 年），便是自 20 世纪 80 年代以来他在这两个方面思考的成果。

　　要想读懂德沃金，有必要先了解一下美国的契约主义传统。美国自立国以来就是个建立在"契约"上的国家，行政部门的动作受到《宪法》和民法（虽然很少有人留意到后者的重要）的约束，在很大程度上也就表现为作为契约关系中的一方而行动，它必须给自己的政策找到某种契约性依据，或是《宪法》条文，或是尽量能够经得住司法调整的检验的。由这种传统造成的一个结果是，即便有人想诉诸某种哲学或意识形态理念，往往也要把它纳入某种类似于合同关系的话语体系，才更易于被人接受。

这种传统在政治学界的表现，自 20 世纪 70 年代以来更加突出。哈佛的学院派大政治思想家罗尔斯在 1971 年出版了一本《正义论》，他为了证明自己大力举荐的社会组织原则，设想出一个幕布遮掩下的"初始状态"，认为每个自私但对前途全然无知的人，都会在此状态下选择某种正义原则。这本书的最大功劳，在于复活了在美国已经奄奄一息的政治哲学。自《正义论》出，几乎所有规范角度的政治学言说都是建立在某种契约论的理想架构上，而它们的一个共同特点便是，我们在其逻辑终点都可以看到某种"得到公认同意"的原则。

德沃金也不例外。他虽然明确表示，自己所倡导的"伦理学个人主义"不需要任何契约论前提，但是我们从他的平等观的展开脉络中，依然可以读出这种传统的影响。他似乎是在说，罗尔斯不是要用虚拟情景来证明公正的社会契约原则吗？诺齐克不是也在用无法还原的获取正义来说明不平等的正当吗？那么好吧，我也可以用自己的模型来证明真正平等的可能。

所以他在该书着力最多的，便是为自己的平等理论设计出一个"拍卖模型"。在这个模型中，一个社会的全体成员被假设来到一个荒岛上，他们为了建立一个平等的社会，用人人数量相等的贝壳作为竞拍资本，对岛上的资源以及所有影响到福利的要素进行拍卖，而可以拍卖的东西也远远超出我们的想象，不但包括一般意义上的物品，如土地及其产品，甚至还有"各种自由权利""运气""个人技能""患癌症的风险"等等——总之，一切能够影响到广义"机会成本"的东西，都在可以拍卖之列。并且，为了满足"嫉妒检验"（envy test）的标准，这种拍卖不是一次完成的，而是要反复进行，直到再也无人嫉妒别人在拍卖中的所得，此时即可以说达到了一种理想的平等状态。

这种模型不免会让人想起革命后的土改。但问题在于平等之后怎么办？

德沃金一般是被归入共同体主义（又译"社群主义"）一派的，但他本人似乎不太愿意为这顶帽子埋单，因为通过拍卖取得资源平等之后，他依然接受市场，接受自由主义—个人主义的基本理念。他称"平等"为健全社会"至上的美德"，是因为他把平等视为自由体制中的一个不可缺少的价值。用他的话说，"如果不设想自由的存在，根本就无法定义平等……用损害自由价值的政策，也不可能在平等方面取得改进"。

就我个人的阅读体验来说，该书最出色的部分是他关于道德价值的多元与共同体生活之相容性的论述。不错，人们为了获得经济和安全上的好处，有着依靠共同体的天然倾向，他们即使为了获得个性，也需要一个共同体的文化和语言。举凡个人的思想、抱负和信念，只能局限于共同体的文化有可能提供的范围。所以从深层意义上说，我们都是作为一个整体的共同体的产物。然而他也指出，这种显而易见的依赖性并不表示，共同体为了以正确的方式让其成员受益，必须在道德方面具有同质性。相反，在多元主义和宽容的共同体里，文化和语言的供应更为丰富，从而在提供个人福利上也更具优势。他所举的一个例子，大概可以最好地说明这种关系：一个交响乐团可以有自己的"整体性格"，有无法分割的荣誉意识，却不可能有"共同的性生活"，快乐与否，仍然只能是每个乐队成员自己的事情。

我们可以把德沃金这本书视为在自由与平等、个人主义和共同体主义之间寻求折中的努力。他这种努力的核心是"同等重要性原则"和"个人责任原则"，前者与社群主义相去不远，后者则更接近保守主义的信条；前者责令政府必须对每个公民给予"平等关切"，后者要求每个人在条件平等的选择之后，其命运必须"体现自己这种选择"。

皇皇四十余万言的一本大书，前半部分读起来着实累人，后半部分事关"实践"，讨论的都是我们身边的问题，如医保、教育、同性恋、种族和克隆的伦理问题等等，有些章节直接取自作者为报刊所写的政论时评，所以总体上通俗易读，却也暴露出从技术层面落实平等何其不易。

（原载《环球时报》2003 年 8 月 21 日）

《论李维》译后记

　　曼斯菲尔德在给他的《论李维》译本写"导论"时，当然不会知道，《论李维》一书，也是可以拿来印证我们太史公"文王拘而演《周易》，仲尼厄而作《春秋》"这句妇孺皆知的老话的。马基雅维里前半生的大部分时间忙于公务，除了外交文书外，几乎没有多少著述。我们今天还记得他，多半要感谢一些严酷的环境因素。

　　1494 年法国国王查理八世举兵进犯意大利时，长期统治佛罗伦萨的美第奇家族为求自保，未征询该城执政团（Signoria）的意见就向查理做出一系列让步，令佛罗伦萨人怒不可遏，于是在年底美第奇家族被赶走，此后佛罗伦萨城便经历了一个短暂的共和时期。1498 年马基雅维里进入佛罗伦萨共和国执政团并兼任"国防十人团"（the Ten of War）秘书，直到 1512 年美第奇家族复辟。马基雅维里为此丢掉了所有官职，并因涉嫌参与一场反对美第奇的阴谋而短暂入狱。次年春洗清罪名出狱后，他回到了自己在佛罗伦萨西南十六公里以外的圣安德烈（Saint Andrea）小农场过起隐居生活，直至去世。我们今天看到的他的几乎所有重要著作——《君主论》《论李维》《兵法》《佛罗伦萨史》——便都是在这一时期写成的。

　　在这段生活艰困的赋闲期间，他曾多次谋求复官无果，只好寄情于文字，希望把自己的从政经验和从阅读中得到的识见传授给当时的年轻人，使他们能在命运给予机会时摆脱时代的束缚，完成他本人的政治夙愿。他在一段话中，对于自己的写作动机，有十分清楚的交代："所谓做善事者，无非就是把因时运不济而做不到的事情，传授于人，以待众人具备能力时，由他们中间最受上天垂爱的人着手完成。"（见《论李维》卷二"前言"）

由此可见，《论李维》是一本货真价实的孤愤之作，尽管它看起来完全不是我们所熟悉的"春秋笔法"。

马基雅维里的意义，属于那种说不尽道不完的话题。但是在汉语世界里缺少一些使"政治"变为"科学"的文化要素，所以我们虽拥有成就绝不在马基雅维里之下的韩非子，却始终未形成一门"政治科学"，而是仅仅养成了一种"霸术"与"权谋"的思维模式。这颇值得我们再三玩味，所以也有必要给出一点儿阅读上的提示。

很讨文人喜欢的帕斯卡，也说过一些很离谱的话。他曾把人的活动分为三个领域：理性与意志造就了科学和宗教的领域，政治则属于"肌肉"的领域，因为在这里最重要的是"力量"。在他看来，这些领域各有一套规矩，不可混为一谈。照此推论，政治也就命定永远成不了一门科学。

若按常人的看法，马基雅维里可以算是"肌肉运动"的大宗师了。这种印象的形成多半要归因于他的《君主论》。但是，如果着眼于后来政治学发展的脉络，他的独特贡献却在于他把"理性""意志""肌肉"这三件帕斯卡不允许混为一谈的东西结合在了一起。

受众甚广的《君主论》更像一部"策论"，它要教人们如何做个"聪明的"弄权者，列入"学术"范畴十分勉强。《论李维》探讨的则是罗马共和国的兴盛之道，立意要比《君主论》严肃正经得多，是故《论李维》的名气向来敌不过《君主论》。一般人在读马基雅维里的作品时，如果眼睛只盯着他那些十分邪乎的权谋，那么《论李维》不但会让人感到失望，而且有可能带来一个严重的缺失：忽略隐藏在马基雅维里思想背后的一些更为重大的现代意蕴。

我们知道，对神权至上的政治体系的解构，乃是世俗化的"现代自由"的必要前提之一。从这个角度讲，《论李维》比《君主论》更充分地透露着马基雅维里与我们现代人的相关性。他在这本书中借助于李维的著作，描述了他眼中的古罗马世界。这个世界在他看来最大的价值，就是同他所生活的基督教世界截然相反，罗马人的所想所为都是功能性的，它是一个诸神并列的天地，一个由"德行"主宰的世俗生活大舞台。它为马基雅维里提供了抨击当下这个羸弱世界的丰富资源。正是通过运用这些资源，他完成了一项至巨至伟的事业——使欧洲人从神权至上的政治包裹中解脱了出来。

同这一思想史的成就相比，他那些权谋言论无论多么惊世骇俗或"不道德"，都显得无足轻重。就像一切看重"实力政治"的理论一样，他的言述自有其丑陋的一面，但是正如韦伯所说，这一类思想并不是什么新鲜东西，自古印度考底利耶的《利论》始，便不曾绝迹，由此引起的义愤乃属人之常情，并无可以特别炫耀之处。因此，只把他的言述当作拿不上台面的权术秘籍，未免过于鄙俗浅薄。马基雅维里之后，无论是喜欢玩味历史的血腥与残酷和沉迷于"强权政治"的人，还是愤然抨击这种现象的人，我们都可作如是观。

因为自马基雅维里之后，即或恶行的程度未变，对它的认识却悄然发生了变化。观念的不同，导致了处置问题的眼光与方式的不同。这里试举两例。在建立专制君主制方面贡献极大的法国重臣黎塞留，曾遵照马基雅维里的秘诀，告诫国王应当仁爱与残酷并重。他对贵族、法院或农民的反抗一概予以无情镇压。但是，当黎塞留削平胡格诺教派的武装后，看到他们不再构成政治威胁，他也乐于宽容对待他们的信仰。这种现象的意义在于，马基雅维里式的"强权政治"标志着一种世俗化的转向：维护信仰的纯洁性已不是权力的任务，基于利益算计的心狠手辣，与十字军那种裹挟着天庭之怒的残酷是有重要差别的；同西班牙的宗教裁判所讨价还价难乎其难，而在佛罗伦萨或威尼斯的商人中间，这种行为却是日常生活的一部分。

在十分推崇马基雅维里的斯宾诺莎那儿，这种不讲道德的学说甚至可以演化为一种"伦理学"。他曾为长久困扰着欧洲人的邪恶问题提供一个答案：我们以信仰作为根据称为"恶行"的东西，不过是我们的偏见所致。他希望人们"不喜不悲，只是把理解"作为伦理理想，把善恶判断归因于我们感情偏好的作祟：我们把某种事物视为"好"，并非因为"好"是它的客观属性，而仅仅是因为我们想得到它。显而易见，没有这样的见识，派系林立、相争而不相伤的共和政体，以及以个人效用评价为基础的市场社会，都是不可想象的。

关于马基雅维里发现了"现代国家"，他是"历史哲学"的奠基人或杰出的人文主义者和讽刺作家等等评誉，这里就不多说了。只想强调一点，他坚持"共和国应是一个世俗社会"，这个社会的首要特征就是它失去了稳定性，因此需要人类自身运用"德行"与多变的命运抗争。这便是马基雅维里作为一个"人文主义者"的价值所在，而且其意义要远远大于他的强权政治学。缺少这样的认识，我们将完全无从理解以波考克和斯金纳等人为代表的当代共和主义，以及曼斯菲尔德这位"经过驯化的"现代行政权力的鼓吹者，为何要把马基雅维里作为他们最重要的思想资源之一。

因译者不谙意大利文，翻译时只好借助于英译本转译。幸有哈佛大学著名教授曼斯菲尔德与纳坦·塔可夫（Nathan Tarcov）合作，为我们提供了这个出色的译本（Niccolo Machiavelli, *Discourses on Livy*, Chicago: The University Of Chicago Press，1996）。曼氏本人是列奥·施特劳斯的及门弟子，按我一位曾在哈佛听他讲过课的朋友说，属于一位德不高却声望极隆的争议人物。他不但秉承其师的学养，对古典文本的解读有极深厚的造诣，且是公认的马基雅维里研究专家。缺点则在于他对马基雅维里有自己一套独特的看法，这难免会给译本留下一些个人思想的痕迹。为求稳妥起见，除这个译本外，我另参考了刚出版不久的两个英译本：*The Sweetness of Power: Machiavelli's Discourses & Guicciardini's Considerations*（trans. James B. Atkinson and David Sices，Dekalb: Northern Illinois University Press，2002）和 *Discourses on livy*（trans. Conaway Bondanella and Peter Bondanella，Oxford: Oxford University Press，2003）。但即便如此，下笔依然战战兢兢，常为索解字里行间的原意而苦不堪言。来日若有通晓意大利语的方家，以马基雅维里的母语为宗提供一个汉译本，或可了却本人在翻译过程中常有的担心与遗憾。

****

2012年再版补记：七年前写这篇简短的译后记时有言："来日若有通晓意大利语的方家，以马基雅维里的母语为宗提供一个汉译本，或可了却本人在翻译过程中常有的担心与遗憾。"当时只是一句祈愿，未承想不久后竟能成真。2011年吉林出版集团出版了《马基雅维利全集》，其中由北京大学法学院薛军先生所译《论李维》，便是从意大利文直接翻译而来。更令笔者感到庆幸的是，这部全集的统筹兼《论李维》一书的责任编辑刘训练先生与敝人相识多年，素有治学细腻的美誉。他在编辑《论李维》的过程中为求严谨，参照了多个译本加以校勘，其中便也包括本人这个译本。其间他发现不少错讹和不确之处，耐心地将其一一记录下来转发给我，供我以后订正时参考。借上海世纪出版集团这次再版旧译《论李维》的机会，我除了纠正自己这些年发现的一些问题外，也根据刘训练兄发来的勘误对译文做了订正，在此向他和薛军先生表示衷心感谢。当然，如在改正之后仍有不确之处，依旧由我本人负责，这是需要特别交代的。

（马基雅维里：《论李维》，冯克利译，上海：世纪出版集团·上海人民出版社，2005年）

姑以乌龟作鳖汤

近年来，不断有学者提倡"重新阅读西方"，因百多年里我们时常把中国当成急症病人，而把西学视如药铺，心态上过于功利，取舍之间往往心急火燎，手足失措。这种心绪之下造成的西学集体记忆，难免会变得"浅薄化"和"工具化"，故而近年不断有"西学源流丛书"等匡正国人视听的新译作涌现。这些资源再建设的努力固然可喜可贺，对于疏导心智，拓宽西学视野，拂去浮躁之心，肯定是大有裨益的。不过，就有志研习西学的学生而言，借助于翻译文献了解西学，仍难免有隔靴搔痒之弊，入木三分是绝对谈不上的。若按海德格尔之言，"语言乃存在的家园"，翻译便近乎篡改，盖文字转换之间流失的东西，往往正是一种特定文化体系生命历程的记录。兹姑举两例，一庄一谐。

Liberty（自由）是今天我们时时挂在嘴边的一个词。现代自由政制固然是近世的产物，但"自由"这个概念并非近代的发明，而是有着两千多年的历史，在它体内流淌的血液中，掺杂着希腊语 *eleutheria* 和拉丁语 *libertas* 的基因，《约翰福音》中"天父的儿子若叫你们自由，你们就真自由了"（*si ergo Filius vos liberaverit vere liberi eritis*）又为其注入了信仰和良知的力量，然而有人以为这是自由的真正价值之所在，有人却觉得这为它增加了多余的精神负担。若把这些术语统统译为"自由"

两字，它们之间细微的语义差别与关联是难以辨析的。恩格斯在《社会主义从空想到科学的发展》中，也有一段对英国自由传统十分精彩的论说，他称："英国法一直是用野蛮的封建语言来表达资产阶级社会的经济关系。……正是英国的法，把古代日耳曼自由的精华，即个人自由、地方自治以及不受任何干涉（法庭的干涉除外）的独立性的精华，保存了好几个世纪，并把它们移植到美洲和各殖民地。这些东西在大陆上专制君主时期已经消失，至今在任何地方都未能完全恢复。"对于恩格斯这里所说的"自由"，如果不知它在封建时代常以"liberties"的复数形式出现，是可以在领主或教会法庭上操作的东西（所以恩格斯才特别提到"法庭的干涉除外"），而不是现代人在广场上高喊的"Liberty!"，也就难以理解"野蛮的封建语言"何以表达"资产阶级的经济关系"，或斯塔尔夫人为何说"自由是古典的，专制是现代的"。（须知，此一"古典的自由"，并非指李白诗句"人生在世不称意，明朝散发弄扁舟"那种中国式的古典"自由"。）这也正如韦伯笔下的"imperium"，它既不同于"power"，也有异于"authority"，若把它简单译为"权力"或"治权"，汉语读者便绝无可能知道这种"imperium"的权力形态的出现，标志着"正当性命令"与"正当性规范"有了区分，而通晓政治史的人都知道，此一分野的形成，乃是促成现代政治自由制度化的要素之一。

再说俗的一例。甲鱼是我们餐桌上一道常见的佳肴，可是在西班牙语中，甲鱼和乌龟是不分的，都叫作"tortuga"。这个 tortuga 已被收入濒临灭绝动物名录，受到政府的 A 级保护，无论捕杀食用，概在禁止之列。去年夏天，马德里有一家中餐馆被人举报到警局，说它每天都在用 tortuga 款待食客。警察一听，这还了得，旋即派员搜查传讯，然后以杀害和出售受保护动物的罪名把餐馆老板告上公堂。西班牙各大媒体也闻风而动，《国家报》和《世界报》都以中餐馆用濒危动物大发横财为名进行炒作。餐馆老板赶紧找来辩护人解释说，俺这个 tortuga 是中国的 tortuga，不是你们西班牙人说的 tortuga；俺这是从中国运来的人工养殖的水产品，与你们保护动物名录上的 tortuga 完全不搭界。可西班牙警察却听不进这一套，法律就是法律，tortuga 就是 tortuga，岂能管你是从哪里搞来的？结果餐馆老板有口莫辩，不得不等待可能超过（"据明白人说"）三年的诉讼过程，因为此案的审理需要先研究 tortuga 的拉丁语词源和动物分类中的种属纲目关系。在没有搞清楚保护动物名录上的 tortuga 确指什么东西之前，他那道 tortuga 汤的佳肴，也只好先从餐馆菜单的名录上抹掉了。

这件因语言差异而来的尴尬事，或可作为海德格尔"语言乃存在的家园"的一个生动签注。海氏的学问深奥得不得了，满篇都是对现代技术世界里如何重构生命价值的终极究问。中土大多数人的实存主义当然不可能有那么高的境界，只是标举"敬鬼神而远之"和"食不厌精、脍不厌细"。有一点儿价值关切的人，顶多再加上一句"割不正不食"。但由此两端可见，人生之祸福，系于语言符号者大矣，无论事关精神和制度层面的自由，还是口腹之乐。我们用来表达观念名物的各种词语，并非通行于天下、世代不易的数学符号，它们所包含的意义亦非我们自己所创，而是数千年来人类各种选择行为的不断积淀之物。是故语言分析学派所谓的词义约定说，在今天很多人看来已成笑柄。离开各种称谓的文化背景、发生史和成长史，便不可能理解一种价值在另一种文化中的移植与生根何以如此艰难，对此，西班牙那个中餐馆的老板，大概与我们这些整天浸淫于"崇高观念"中的人，有着同样切身的感受。

其实，对于价值的存在有赖于正名，我们的先贤亦多有深刻的见地，所谓"名不正则言不顺"是也。清代大儒戴震亦有言："经之至者，道也，所以明道者，其词也，所以成词者，字也；由字以通其词，由词以通其道，必有渐。"此段话正可与上述西方自由词义的流变过程相互印证，很好地点明了价值意蕴（"道"）对符号（"字"和"词"）的高依存度，而这是只有借助于诂词训字的功夫才能领会的。

唠唠叨叨讲了这些，想要表达的意思说来也简单：研读西学，尤其是各门人文学科，需要调动自己心灵的力量，对符号中的精神世界进行狄尔泰所谓的"理解"（Verstehen）与"阐释"（Auslegung）（不消说，这也是两个一经翻译便神髓顿失的概念），这跟阅读翻译过来的汽车驾驶手册是大不相同的。所以我以为，为使这种"理解"与"阐释"的过程更为通透，人文的阅读最好还是以原典为主、译本为辅，不如此便难得其堂奥。这本《自由·平等·博爱——一位法学家对约翰·密尔的批判》的译稿，便是我的学生杨日鹏在我敦促下阅读与理解西学原著的副产品。全书先由他在精读基础上初译一遍，然后再经我反复润色加工，其间不时穿插着师生二人有关概念解释与译名推敲的讨论，留下了一段愉快的治学经历。

当然，无论我们做出多少努力，借用上面中餐馆事例的寓意，这个中译本也只能算是强以 tortuga 作鳖用，无论烹饪手法多高明，龟汤跟甲鱼汤毕竟不是一个味道。它充其量只能为无暇看或尚不能看英文著作的读者，提供一个初识斯蒂芬先生的途径。虽有字斟句酌的辛苦，作者文本的原意能得其八九成，已属万幸，断不敢有"达诂"的妄想。再者，即使有这八九成的收获，译者困于学识之不逮，也难免留有错讹纰漏，这是期期然有待于各路方家赐教的。

（本文是为斯蒂芬《自由·平等·博爱——一位法学家对约翰·密尔的批判》〔冯克利、杨日鹏译，桂林：广西师范大学出版社，2007年〕一书所写的"译后缀语"，曾以现题刊载于2007年9月6日的《南方周末》）

善善相争，无法不行

　　我于做学问事，一向是没有太大用心的，因为天资无多，并不敢动做个学问家的念头。所幸年少时养成了乱翻书的习惯，随着马齿渐长，阅读量也日增，却时常困于无书可读。年届弱冠之时，为了开拓阅读面，便硬着头皮啃了几本许国璋的《英语》。这种学习的目的很单纯、很实用，故对每篇范文也只是掰着字典搞明白意思为止，对发音语法之类，至今大体上仍然不甚了了，唯能看懂洋文耳，可谓货真价实的"哑巴英语"。

　　不过，以当时的情形论，即使英文能大体看明白了，读品的来源依然相当有限。三十多年前读过而今仍有深刻印象的，仅《格列佛游记》等几本小说。当时挑中这本游记，是因为儿时看过小人书，记得那里边的故事特别有趣，但彼时无从读到奥威尔的《1984》或《动物庄园》，自然悟不出斯威夫特并非安徒生一路的童话作家，而是个后现代的鼻祖，他那本游记里的不少虚构故事，实可堪称"黑色乌托邦"（anti-utopia）的先河。再往后又遇上波考克，才晓得他不但有令人捧腹的文笔，还是当年共和派和托利党文人圈里的大名人。

　　有过这段苦于无书可读的经历，每每看到今天的学子，便既羡慕又可怜。羡慕也者，如今书业隆盛，无书可读的局面已被完全颠倒过来；

可怜也者，这颠倒的结果，竟是书已多得让人读不胜读。现如今，他们不但要为求学而读书，如何在读书上做选择，也成了一门很有讲究的大学问，因为在读书上做出的选择，对于思维的训练、品格的塑造、观察世道的眼光，都是十分要紧的事情。这对一个人如此，对一个时代或民族同样如此。

新中国成立以后，我们的文化和思想生态也随之大变，它的最大特点之一，便是西学研究与传播的不均衡发展。有此一说，乃是因为尽管马恩皆为极有素养的思想大师，但他们毕竟都是 18 世纪以降欧洲主流文化的产儿，思想中难免裹挟着大量"启蒙与进步"的基调。在我们的新文化建设过程中，为把马列主义本土化，建立一个比较完备的汉语文献体系，自然也要顾及其背景与流变。所以凡是与此相关的学派、得到"经典作家"赞赏或重视的文献，如"三大来源"等等，或是与他们身后的思想密切相关的，譬如"马克思后的马克思主义"、修正主义和费边社之类，都可以比较顺利地引入中土，以为研读革命经典的补充。

就像敝人当初只知有斯威夫特而不知有奥威尔或波考克一样，这种有选择的引介与阅读，塑造了我们三十多年的西学记忆。解读的曲阿附会姑不说，我们毕竟可以比较方便地读到康德、黑格尔或费尔巴哈，斯密或李嘉图，达尔文或摩尔根，巴尔扎克或狄更斯，甚至还知道有一位名叫欧仁·苏的法国二流作家。至于在苏联影响之下执迷于俄苏文学的人，在 20 世纪 80 年代以前，甚至直到今天，在文化人中间依然触目皆是。

借用韦伯的话说，这当然是一种"卡里斯玛"式崇拜现象的一部分。由此形成的精神环境，也有着帕累托所言"狮子型精英"那种讲原则、下手狠的特点。在这种风气的熏陶下，不少文化人每每要争当伟大理念之代言。无论得失成败，对立的两造都自觉或不自觉地染上了"先知"和"圣徒"意识。由于肤浅的"进步观念"作祟，他们"怀着对真理的热情，死死抓住幻觉"，用忤逆"人类进步"的潮流相互指责。不消说，这种高度原则化、理念化的思想气氛，很容易把辩论的政治变成肉体的政治。由观念体系所形成的价值和利益刚性，也使政治话语中充满禁忌。或有表面的安定，其下却有隐性对立，四处预埋着冲突的伏笔。这段以进步主义作为主旋律的思想史，经常表现得意气风发，信心十足，但是回头想一想，它的场面热闹归热闹，留给后人的感慨，或许远远多过成就。

相比之下，在这三十多年里，那些属于"保守""反动""落后""右派"阵营的西方思想家，我们除了跟着自己认定的经典作家学舌"批判"以外，基本没有把他们纳入西学研习的视野。在这样的思维定式下，他们既与大势相悖，肯定是毫无价值的。所以在 20 世纪 80 年代之前，你想找一本柏克、托克维尔、贡斯当或美国联邦党人的汉译著作，更不用说戴雪或白哲浩，是难上加难的。纵然在马克思的熏陶之下酷爱德国思想的学界，对谢林、费希特甚至荷尔德林这些为青年马克思提供过浪漫主义乳汁的思想家——因为有此渊源，索雷尔才把马克思的核心思想与它的"科学成分"相区分，将其称为"革命诗学"——可以如数家珍，而对洪堡、萨维尼、兰克、胡塞尔甚至马克斯·韦伯和迈内特等人，学界大体上一概不甚了了。说这种状况造成了思想的贫瘠也许有欠公允，说它为我们留下了太多的思想空白，却是不为过的。

这种空白的一例，便是下面我要谈的话题。19 世纪 70 年代初，与尼采发表他那本惊世骇俗的《悲剧的诞生》差不多同时，有一位英国法官詹姆斯·菲茨詹姆斯·斯蒂芬（James Fitzjames Stephen，1829—1894）

写了一本名叫《自由·平等·博爱———一位法学家对约翰·密尔的批判》的书。这位大法官 1829 年生于伦敦，其父詹姆斯·斯蒂芬（James Stephen）为剑桥大学近代史钦定教授（阿克顿为其后任），曾参与起草废除英国奴隶贸易的法律。他的儿子小詹姆斯·斯蒂芬早年就读于伊顿公学和伦敦皇家学院，后在剑桥三一学院师从法学史大师梅因，继而又到大名鼎鼎的内殿律师会（Inner Temple）深造，并于 1854 年步入律师业。1869 年他为谋一公差去了印度，在英印殖民当局的总督议事会里任法律专员（继任于他的师长梅因），两年半后返英，担任了女王法院（Queen's Bench）的大法官。于此可见，斯蒂芬乃是一位科班出身的正宗"法律人"。

这本《自由·平等·博爱———一位法学家对约翰·密尔的批判》，便是斯蒂芬在印度任职期间的产品。它与尼采《悲剧的诞生》虽同出一时，其思想取向却是南辕北辙的。尼采的灵感来自古希腊，却凭其发达的时代嗅觉，预感到现代社会卑琐化的趋向，从而为人类奠定了后现代精神反叛的基调之一。而这位斯蒂芬像是完全生活在传统之中（他的言论中也可看到不少现代性的紧张，此是后话），故也难怪，他在我们以往的西学视野中踪迹全无。桑塔亚那曾感叹道，英式自由主义完全是一种"前尼采"的现象。他这里所说的"自由主义"，显然是指 1867 年通过《选举法案》之前英国那种缺少民主的自由政体。从斯蒂芬这位法律人的思想中，或可为这话找到一个不错的佐证。

马克斯·韦伯在《经济与社会》中，曾把英国"法律人"描述为技术专家，把法治之下的自由视作由他们操作的一门高度专业化的行当，它不像欧洲公法传统那样有着严整的逻辑体系，而更像行会里的私传秘技。所以韦伯说，英美世界实际上并不存在学术意义上的"法律科学"。

当年埃德蒙·柏克弃律师生涯而步入政坛，很大程度上便是因为他看到伦敦法律界多是些蝇营狗苟的匠人，那样的环境缺少眼光与胸襟，无以施展他的政治抱负。

韦伯从技术理性角度所做的以上观察固然不错，但如果把它移用于英国的官僚文化，却是有所偏失的。列文森在《儒教中国及其现代命运》中，曾把近世英国的上层官员比作中国古典社会沉迷于诗画的士大夫，他们都是人文世界的饱学之士，对专攻一技一科的做法唯恐避之不及，而是把古典教育作为不可缺少的素养，以为培养和牵引政治志向之用。前有柏克、麦考莱和迪斯累利，后有丘吉尔，都可作为这类人物的杰出代表。不言而喻，这种看重古典人文修养的风气，与现代社会高度专业化和技术化的要求，是大异其趣的。

斯蒂芬便是这样一位抗拒现代官僚理性化和技术化趋势的法律人。正如他的一位传记作者所说，即使把他的法律技能与实务统统拿掉，留下的仍是一个出色的文人。他虽然未像柏克那样，弃法律而去蹚政党政治那一潭浑水，却也没有韦伯所说的手艺人毛病。他不但在自己的行当里干得有声有色，所著《英国刑法史》曾令梅特兰击节叹赏"我每次拿起这本书，总被他研究的彻底性和判断的公正性打动"，而且他还是当时闻名英伦的政论家。他曾为多家著名杂志撰写时政和思想评论，行文丝毫不带匠气，处处显露出诗学、文学和神学方面的造诣，对于诸多思想巨擘如霍布斯、休谟、吉本、柏克、边沁和托克维尔等等，都有相当细致的评说。晚年他把55篇得意之作结集为三卷本的《四季闲暇》(*Horae Sabbaticae*，1892)出版。

不过，撇开法学著述不论，斯蒂芬的文字中最为知名者，当非这本《自由·平等·博爱——一位法学家对约翰·密尔的批判》莫属。就像白哲浩的《英国宪制》一样，该书先是在 1872 年连载于《倍尔美街报》（*Pall Mall Gazette*），次年便出了单行本。1993 年版的编者斯图尔特·D. 瓦纳（Stuart D. Warner）在概括书中的思想时，把斯蒂芬称为"英国古老自由制度的捍卫者"，因为在他看来，一些新的谬说正威胁着这种制度，其集中体现便是密尔的《论自由》《论妇女的屈从地位》《功利主义》这些风行一时的著作。瓦纳继而指出，斯蒂芬并不是一个单纯的破坏者，他在抨击密尔时，也系统阐述了自己对自由、平等、博爱的理解，即"自由是有秩序的自由，平等是法律之下的平等，而博爱则是一种与自由社会不相容的价值，这是《自由·平等·博爱——一位法学家对约翰·密尔的批判》一书最重要的特色"。这种概括相当简洁有力，但未免有教条化之失。

如前所说，斯蒂芬并非一个技术型的法律人，他对"自由、平等、博爱"这个"三位一体口号"的思考，广泛涉及道德和宗教信仰的超验层面。作为一名法律人，他的言说当然不会完全脱去法律的眼光，按此，英国百姓享有的自由是经由漫长的法律实务而成，而不像欧陆那样更多地通过政治哲学的途径传播。但在阅读斯蒂芬时尤须记住几点。以政治思想的基调而论，他是霍布斯的传人，深知权威与信仰体系在维系社会上的重要作用。此外，该书的构思与写作是发生于他在英印当局服官期间，作为一个身处异邦、学养极佳的英国人，他在思考流行于欧洲的价值观念时，可以很方便地参照近在身边的另一种异域文化，这为他质疑那些形而上的政治口号提供了强大的资源。再者，正如他在该书的前言中所说，彼时欧洲思想界已经变得"十分荒谬和贫乏，就像 1870 年至 1871 年我在印度政府总部读过的欧洲报纸一样"。

英国的古典自由政体自光荣革命以降，经过一路稳健的发展，至斯蒂芬时代已成强弩之末了。就在他写这本书之前不久，英国《改革法案》（1867 年）使选民人数翻了一番，托克维尔所言民主大趋向势不可当，此之谓也。在这种趋向之下，由 18 世纪启蒙精英点燃的普罗米修斯火种，已被群众性政党接过，社会福利不再是权贵的恩赐，而是变成了规模更大、"平等参与"者更多的政治游戏。由斯蒂芬设为抨击靶心的约翰·密尔著作的流行，我们便可看到，"自由、平等、博爱"已经变为在这种政治游戏中进行动员的"大词"，俨然获得了今人所谓"普世价值"的力量。不消说，口号的作用往往大于它的真实含义，成为"荒谬和贫乏"的迷魂药。

但是，随着这些口号而出现的，确实也有许多对传统自由主义来说十分陌生的新因素，例如现代福利主义（即密尔式"新功利主义"）的初现；自由的内涵开始向社会平等和集体选择一端倾斜，以及技术和生产力发展引起的对普遍改善人类境况的乐观情绪。这些"解放"的因素与日益沾染上民族主义甚至种族主义的公权力结合在一起，成为塑造此后一百多年人类社会面貌的一股强大力量。

法律人的优点（或缺点）之一便是他不相信口号。斯蒂芬告诫世人，这些口号"把各种光辉灿烂的前景呈现于人类集体面前"，仿佛只要废除人类行为的一切限制，"承认全人类实质性的平等，奉行博爱，就能发现通向这些前景的道路"，但是大体而言，人类复杂的处境却使密尔那条著名的自由原则——"人类被允许以个人或集体方式对其任何成员的行动自由进行干涉的唯一的目的，就是自我防卫；对文明社会的任何一个成员，可以不顾他的意志对他正当行使权力的唯一目的，是阻止他伤害别人"——无法适用。仅仅以"自卫"作为强制的理由，无异于取消大多数限制，而它们是维系社会不可或缺的。

这种认识显然来自斯蒂芬对人的悲观看法，尽管尚未悲观到如他的同代人戈宾诺那样，认为"人类并非由猿进化而来，而是迅速地与猿越来越相似"。在他眼中，无论采用何种善恶说，总是有大量无所用心、自私自利、感情用事、轻率懒惰的人。"在鼓吹自由平等时，你必须先想清楚他们占多大比例，再考虑言论自由能把他们提高多少。"像当年的许多保守派一样，他也隐约感到由这些人组成的"群众社会"正在来临，并对此充满警觉。针对把平等作为主要诉求、已经颇成气象的社会主义运动，他早在其变为制度现实的半个世纪以前就断言：若让人人享有物质平等，把劳动成果集中起来养活社会，"你确实为平等和博爱赋予了十分明确的含义，但这必须绝对地排斥自由。经验证明，这不仅是个理论难题，也是个实践难题，是一切社会主义方案无法克服的障碍，它解释了它们的失败"。

既然对群众有此看法，精英主义言论也就无足怪。他无缘了解稍后出现的精英论，却仍生活在一个把精英的存在作为事实而不是问题的传统之中。他先于莫斯卡和帕累托提出了精英主义的基本原理：即使把普选定为法律，你离平等仍会如同过去一样遥远；权力形式变了，其实质却未变，军政下的伟大军人的品质会使一个人成为统治者，君主政体下国王所看重的品质将会给人带来权力，而在纯粹的民主政体中，统治者将是那些操纵选民的人及其朋党，"他们与选民之间的平等，不会大于君主政体下军人或大臣与臣民之间的平等"。

不难看出，斯蒂芬的精英论是源自这类人皆有的"求实精神"，这也是他敢于向彼时名声盖世的密尔发起挑战的重要原因。针对"自由、平等、博爱"的信条，他列出了三条严苛的观察：（1）总是存在着人们不可以享有自由的大量事情，（2）他们从根本上说是不平等的，（3）他们根本不是情同手足的兄弟。

既然"自由、平等、博爱"皆不能得到这些现实观察的支持，政治分析也就不能以此为基础。相反，最令人畏惧的强制——战争，才是"为各民族提供生存基础的原则"，"它决定着民族能否生存以及如何生存；决定着……他们的宗教、法律、道德形式和全部生活格调"：战争不仅是君主的"最后手段"，也是任何人类社会的最后手段，它划定了特定时空中个人自由的范围。斯蒂芬用马基雅维里式的语言把自己的观点概括为一句话：权力先于自由，从本质上说自由依赖于权力；只有在明智而强大的政府之下自由才能存在。因此，对基督教敬畏有加的斯蒂芬，并不认为当年把耶稣基督钉上十字架的罗马总督彼拉多有何过错，他的"首要责任是维护巴勒斯坦的和平"，他必须为决断承担风险，即使违反密尔的自由原则。这便是斯蒂芬为何喜欢用寓言般的笔法，拿水流和疏浚工程来比喻自由与权力的关系：

> 天哪！你为何不流向大海呢？你在这里倒是自由自在，方圆数里之内，没有任何水利设施，没有水泵来吸你，没有你不得不流入的固定河渠，没有僵硬的堤岸把你限制于特定的路线，没有水坝和水闸。可是你动弹不得，你变得腐臭，滋生瘴气蚊虫，这跟奴隶有什么两样！如果那一潭死水知道如何作答，它很可能会说："你想让我推动水磨，载起舟楫，可你得先给我挖出正确的河道，提供合用的水利设备呀。"

斯蒂芬用他在印度的经历提醒读者，为自由提供权力和约束、赋予它实际内容的善观念，在不同时代和地区是大不相同的。基督徒的理想有别于古罗马，穆斯林或印度教徒几乎下意识地认为法律和宗教是一回事。"使人类结合在一起的内心深处的同情和无数纽带，是他们各具特色的性格和观念"，这会"在他们之间产生并且必定永远产生持续不断的冲突……他们之间存在着真正的、本质的、永恒的冲突"。这仿佛是对尼采"爱之火与憎之火在一切道德之名中燃烧"（《查拉图斯特拉如是说》）的回应，而斯蒂芬也确实跟尼采一样，已然置身于一个价值分裂的社会，阿克顿所说的那个"稳定、持续、自发的世界"已经一去不返，普世的启蒙精神也已丧失了自信。

但是，与看重"政治之本来面目"的很多人不同，斯蒂芬的现实主义并未使他从这种冲突中得出"强权政治"（Machtpolitik）的结论。他也没有像尼采那样，把"热爱和平只作为新战争的手段"。在冷酷的现实眼光之外，他有自己的政治理念，那是一种更开明的"治理技艺"。

一方面，他并不像那些主张政教分离的人，认为可以把宗教做非政治化的处理悬置于一边。道德对政治行为的影响是无处不在的，它像"风随着意思吹，你听见风的响声，却不晓得从哪里来，往哪里去"（《约翰福音》）。既然由道德形成的自由观因地因人而异，密尔的普世自由原则与一地法律所要保护的自由便是不相干的。法律上的权利和义务要想做到普遍有益，就要"公正反映社会的道德现状"，适应享有这些权利、遵守这些义务的人。法律的威信不是来自形而上的推理，而是来自它所服务的社会的善观念。斯蒂芬由此提出了他的立法原则：在任何情况下，立法都要适应一国当时的道德水准。如果社会没有毫不含糊地普遍谴责某事，那么你不可能对它进行惩罚，不然必会"引起严重的虚伪和公愤"。公正的法律惩罚必须取得在道德上占压倒优势的多数的支持，因为"法律不可能比它的民族更优秀，尽管它能够随着标准的提升而日趋严谨"。孟子有言，"徒善不足以为政，徒法不足以自行"，斯蒂芬的话或可作为我们先贤的一条正解。

基于这种道德和法治观，斯蒂芬在看待各种价值观的分歧时，便与"强权政治"分道扬镳了。他说，虽然利害关系和对立观念使人类免不了各种冲突，但"人生的伟大技艺"正在于对它们加以控制，"不要夸大各自目标的价值"，以使人们尽可能少受伤害。这可以让我们想到西塞罗在《论责任》中的那段名言："具有高超的政治家才干和十分明智的头脑的好公民所应当做的，不是把公民之间的利益对立起来，而是把这些人的利益在平等公正的原则基础上统一起来。"此外，有无数的差异显然也能增加人生的乐趣，如果"人人都像鲱鱼一样"，生活反而变得单调乏味。更有大量的差异和冲突，与其说存在于善恶之间，不如说存在于"善的不同形式之间"，是"好人与好人之间的对抗"。这与恶恶之间也有冲突本是一个道理，是故西谚有云：与恶魔对抗时，当心自己也变成恶魔。该如何理解这种说法？举例来说，"鱼，我所欲也；熊掌，亦我所欲也，二者不可得兼，舍鱼而取熊掌也"；或人们常提出的问题："母亲与老婆双双落水，你当先救哪一个？"这便是善善相争的含义，在今天的学术语言中，我们更多地把它称为"价值排序"。鱼和熊掌，或母亲和老婆，皆"善之属"也，但对于它们/她们的权衡或取舍却会产生严重的对立。如果这种排序的分歧发生在一个人身上，会造成严重的心理危机；如果是两人或众人的排序不同，则必会带来思想甚至行为的冲突，没有事先确定的规则——不管它会给人生带来多少不便或遗憾——这类冲突是根本无法解决的，即使你把它们处理为"权"与"道"之分，亦无法削减其尖锐性。

斯蒂芬告诉我们，在这种尚无确定的规则加以解决的价值冲突面前，你当以平和的心态检验自己的力量和技巧，而不应把对手视为你死我活的关系。用他的话说，"卑鄙懦弱的可靠标志，就是不以公正、友善的态度对待对手，缺乏欣然接受公平的失败的决心"，而英国人"足以弥补许多恶行的美德"，便是在斗争中尽职尽责、全力取胜，失败后坦然接受结果。当然，唯有独立而公平的法则，才能为这种"公平的"胜败提供保障。

其次，斯蒂芬基于他对这种"善善之间""好人之间"的冲突的认识，得出了他的平衡治理的思想。在他看来，英国拥有良好的政制，"既因为有保守，也因为有怀疑"。自 17 世纪以降，清教徒和辉格党固然取得了比保王党、托利党和保守派更多的成功，"但社会现状是双方共同努力的结果"，并非单独哪一方的功劳。政治问题上的"一切谬论之母"是，"几乎每个作者都只宣扬众多因素中的一个"，而健全的态度则应当是"按照我国的风俗参与战斗，做一个讲风度，骨子里相互友好的男子汉"。考虑到本文开头所说的思想失衡的状况，这些话是颇值得玩味再三的。

斯蒂芬是吉本的热心读者。我犹记得，被吉本推崇备至的罗马大史家波利比阿，从对命运的反思中知晓了所有的民族、城市和权威都必然衰亡，他把西庇阿有关迦太基败亡的话——常胜的罗马有朝一日也要遭受同样的命运——作为最具政治眼光、最深刻的表述，洛维特则把这种胜利之时想到命运可能突然改变的智慧，视为政治家最伟大的品质。至少就这种历史观而言，说保守主义缺少前瞻性是浅薄的。斯蒂芬正是继承了这种古老的命运观，深知在面对吉凶难测的命运时，逻辑、分析甚至经验都无法帮助我们，"只有适当的谨慎才会使我们有正确的作为"。他说，人们出于各种原因给行为分出善恶，并用劝诫和强制手段去惩恶扬善，但善恶判断是经常出错的；人类的动机固然皆出于利己，但同样真实的是，在我们的思想、感情和言行中，爱恨情仇是交织在一起的，所以切不可"为我们所看重的事情附上不着边际的价值"。通晓国故者不难看出，这与"天下之事，有善有恶……憎者唯见其恶，爱者止见其善。爱憎之间，所宜详慎"（《旧唐书·魏征传》），本是奥义相通的。

人性的演出就像自然史一样，既有美妙的节律，又时常表现得残酷无情。从既往通向未来的人类史，也像一座让人既好奇又困惑的迷宫。在这座迷宫里，正如老子所言，"祸莫大于无敌"，自鸣得意的顺畅旅程，往往意味着在失败之路上走得更远。所以我们无法把这个常令人悲哀的世界仅仅作为一个事实，而是必须做出价值判断和选择：

> 如果有人选择了完全背弃上帝与来世，没有人能拦住他。没有人能无可置疑地证明他是错误的。……人人都要按自己的想法往最好处努力，如果他错了，他也只能自食其果。我们伫立于大雪弥漫、浓雾障眼的山口，只能偶尔瞥见未必正确的路径。我们待在那儿不动，就会被冻死；若是误入歧途，就会摔得粉身碎骨。我们无法确知是否有一条正确的道路。我们该怎么做呢？"你当刚强壮胆"（《旧约·申命记》31：6），往最好处努力，抱定最好的愿望，坦然接受后果。总之，我们不要心存幻想，不要说谎；要睁大双眼，昂起头颅，走好脚下的路，不管它通向何方。如果死神终结了一切，我们也拿它没办法。如果事情不是这样，那就以大丈夫气概坦然走进下一幕，无论它是什么样子，不要做巧舌之辩，也不要掩饰自己的真面目。

不消说，这些话仍是"现实主义"的，但与飞扬跋扈的"强权政治"已经大相径庭了。无独有偶，就在斯蒂芬写下这段话的五十年后，价值混乱已是欧洲人的生活常态，技术进步不过是"扩大了心灵流浪的半径"，彼时晚年的韦伯在《以政治为业》的演讲中也说过一段类似的话："政治是一件用力而缓慢穿透硬木板的工作，它同时需要激情和眼光。所有的历史经验都证明了一条真理：可能之事皆不可得，除非你执着地寻觅这个世界上的不可能之事。……一个人得确信，即使这个世界在他看来愚陋不堪，根本不值得他为之献身，他仍能无悔无怨；尽管面对这样的局面，他仍能够说：'等着瞧吧！'只有做到了这一步，才能说他听到了政治的'召唤'。"

斯蒂芬和韦伯的这些言论，显然属于"责任伦理"的范畴，也是斯蒂芬抨击密尔自由观的重要缘由之一，虽然他这本书里的很多内容，尤其是对密尔的一些指摘，只有用"谬论中潜藏真理，真理亦有其弱点"的眼光看，才能理解其价值所在。好在这于政治学说乃是常见之事。平心而论，斯蒂芬并非不赞成自由制度，而是对它在复杂现实中的操作难度给予了更多的关注。他在判断民主与平等的趋势上是失败的，他没有托克维尔那样的眼光，既深知民主和平等之弊，也看到了它更加"符合人性"，从而预见到它将决定未来世界的政治格局。但是对于现代社会的价值混乱（而不是托克维尔担心的同质化）及其为意识形态动员提供的可怕机会，斯蒂芬却表现出过人的警觉，这是托克维尔所不及的。无论他的思想属于什么主义，表现出多少内在紧张与不连贯，他对制度容纳价值冲突能力的担忧及其相应的治理之道是充满智慧的。这种基于平衡感和责任意识的政治观，至少于我而言，是既很感人，也很健全的。

（原载《读书》2008 年第 6 期，刊登时略有删节）

腼腆的信用女神

目前这场发端于华尔街，继而迅速波及全球，至今余威犹存的金融危机，是由所谓"次贷危机"引发的。而次贷危机究其实质，是一场信用危机。随着信用泡沫的破灭，万千资产转瞬间灰飞烟灭，其令人震撼的雪崩式速度与规模，再次充分揭示了建立在信用经济上的财富，总是带有很大的虚幻性。

不过话又要说回来，在正常情况下，只要信用在可控范围内，它便是支撑现代市场经济的强大支柱。这种经济，不管你可以为它归纳出多少特点，大概无人否认，信用是它最突出的特点之一，甚至是整个经济生活赖以正常运转的基础。所谓现代社会就是"信用社会"，这已是老生常谈了。

但是，一句话能变成老生常谈，想必是有来由的。我们从中可以读出的言外之意是，在现代之前，信用并不是经济生活的基本要素，尽管经济史家告诉我们，信用就像人类经济活动的历史一样古老，但传统社会的经济生活毕竟以实物经济为主，人们所交易的都是看得见摸得着的东西，即使作用十分抽象的货币，用的也是真金白银。对于纸币，更不用说"票据"这类虚幻的凭证，世人一向是心存畏惧的。信用涉及"对未来的管理"，如果这种管理能力十分低下，由实物交易衍生出信用交易的可能性自然不大。虽然信贷现象在 16 世纪便已普遍存在于通商大驿及其沿线，但在更为广大的传统农业地区，从信用稀缺的角度看，那里倒更像恩格斯在《反杜林论》中描述的共产主义，属于一个"物的管理"的世界。

因此，若是给信用下个定义，便可用一句话来概括：为了现在而抵押未来，或者反过来说，为了未来而牺牲现在。这话听起来比较抽象，却准确反映着信用的本质。无论放贷的还是举债的，都是因为对未来收益有一个预期，不同的人在预期上的差异，使信用市场的出现成为可能。用经济学的专业术语来说，"时间选择偏好"决定着不同的人是买入还是卖出信用。然而，未来的不确定性，却使信用具有虚幻性，这种虚幻性的东西能被抵押，能被人们接受，需要一些特殊的心理条件。从这个角度讲，信用虽然完全是一种世俗现象，它与宗教信仰却有些奇妙的相似之处。第一，它关系到人们未来的幸福，这种幸福的确定性越大，它就越容易被人相信和接受。第二，它被相信的程度越高，它就越有可能产生迷狂的感觉，让人将虚幻的东西当作确凿的现实。因此如何让信用变得可信，就像宗教要维持末日救赎的可信度一样，关系到"管理未来的水平"。

在内忧外患频仍的古典社会，人们相信的是信仰掌管着灵魂的未来，命运左右着世俗的未来，而人类自身管理未来的能力则十分有限。今天我们把信用看作一个好东西，它就像一根强大的杠杆，可以用预期收益来扩大流动性，创造更多的财富。但是在信用社会诞生之初，世事难测的历史记忆，彼岸永恒而此岸多变的信仰习惯，却使不少有识之士感到信用是个很可怕的东西。与受上帝支配的永恒不变的来世相比，世俗现象受人事的影响，而人又在很大程度上受命运左右，因此未来总是不稳定的。它之获得相对稳定性，从而使信用经济得以蔓延，与现代政体的形成有着莫大的关系，它是在神权还俗之后，政体发生转型的一个结果。

因此，说到现代信用经济的成因，若是指个人或公司现象，专业经济学已有详尽的分析；至于整个社会，无论个人、公司乃至政府（其实最重要的就是政府）能够普遍利用信用杠杆去扩大消费和投资，从专业经济学本身中就找不到解释了。我们本应记得，眼下这场危机的源头，并非雷曼兄弟的破产，而是有政府背景的"两房"（房利美、房地美）信贷，那些被各大投行打包出售的所谓金融衍生品，里边装了不少"两房"的债权，而这是美国政府当初为推动安居工程而大肆信用扩张的产物。不少经济学家已指出作为政府行为的"两房"和美联储操纵利率不当与金融危机的因果关系，虽然在一年后的今天，一般媒体上几乎听不到有关"两房"的消息了。因此，眼下这场金融危机，若是以政治眼光做深入的考察，便不是个单纯的经济学问题，而是一个政治问题，或者更确切地说，是一个信用发生史的制度经济学问题。

现代史上第一次大规模的信用扩张，发生在英国 1688 年的光荣革命之后，也就是说，它与近代最重要的一次政体转型有关。据史家记载，从 1689 年到 1749 年，英国的国债数量从一百万英镑迅速增加到八千万英镑，并且其利率呈不断下降之势（1717 年时 5%，1749 年 3%）。考虑到当时英镑的币值、英国的生产力水平和不到一千万的人口，这是个极其惊人的数字。在当时的世界上，没有任何一个国家，能够像英国这样以如此低息借到如此多的钱。英政府固然是为扩建海军和参与欧陆战事而大规模举债，但它能够这样做，却是因为有越来越多的人发现能够从新政体的稳定中谋利。用史家的话来说，它基本上是"立宪政府的一个副产品"：1688 年革命确立了议会主权制之后，公债受其保障，专制君主变成"老赖"将债务一笔勾销的劣行，遂成为历史的陈迹。

这便是史称"财政革命"的事情（有关这件大事的叙述，可参见 P. G. Dickson, *The Financial Revolution in England*, *1688—1756*. London: Macmillan, 1967）。1729 年曾到英国游历的孟德斯鸠，看到这一番"革命"景象，真是羡慕得不得了。后来他在《论法的精神》中向自己的法国读者解释说，英国的立法机构能够得到举国信赖，又比一般人更有远见，所以英国人才可以受感情的驱使而无须过于理智，从事超出其力量的事业，通过借钱动员"巨大而虚幻的力量"。英国人对自身和其自由政府的信心，使他们能够利用"信用"把虚幻变为现实："这个民族有可靠的信誉，因为它向自己借，它为自己还。它可以做超过自己实际能力所能承担的事，用想象的巨大财富去对付敌人。政府的信誉和性质可以使这些想象的财富成为真实的财富。"

然而，如此大规模的举债，毕竟是历史上前所未有的事情。休谟就曾怀着忐忑不安的心情以一篇《论公债》（*On Public Credit*）特别谈到了一点。他将历史上的政府与这个"信用的虚幻世界"——就是说，将"物的管理"的时代与"透支未来"的做法——加以对照，啧啧于这种现象的怪诞。明智的古人在太平时代积谷存粮，以备将来征战御敌之需，从不指望额外的捐输，更不敢大肆举债。不论雅典人、亚历山大的继承人，还是精明的罗马皇帝，都能未雨绸缪，金银盈库，即吾人之"深挖洞，广积粮"是也。而今人却迥异于是，他们为谋取眼前利益，竟然以未来岁入作抵押，寄望于父债子还。作为一个无可救药的怀疑论者，休谟不相信人类理性掌控未来的能力（我们甚至不能确定太阳明天一定从东方升起），于是在这篇《论公债》中，便有了他那句名言：国家要么毁灭公债，要么毁于公债。

对信用扩张的担心，休谟当然不是第一人，因为这种新现象实在太醒目了，它造就了一大批食利者和奔走于伦敦街头的证券掮客，甚至吸引了一大批来自欧陆的投机者。这些人明显不同于商业资本或土地资本的传统经营者，时人有"金钱利益"（moneyed interest）一说，便是专门用来指这个与信用资本有关的利益团体。由信用的性质所定，涉足于这种资本运作的人，自然尤其关心世俗时间中的未来，而在西方文化中，从柏拉图、亚里士多德到奥古斯丁和阿奎那，世俗一向是个与永恒相对的概念，代表着令人畏惧的变化与不测，破坏与衰败。更加意味深长的是，在基督教看来，时间亦是世俗人生的同义词（拉丁文中"世俗"[saeculum] 一词便有"时间"义），世俗时间中的利益总是与易变、低级、可朽的力量联系在一起，在至善至美的永恒彼岸没有它的立足之地。故以难怪，当时有些文人，便把缺少稳定性的信用加以人格化，使之成为与其他古典诸神并列的又一位"女神"。一神的世界是稳定的，诸神的世界则是活泼多变的，这大概也是文艺复兴之后的世俗化社会倾慕于古典时代的希腊罗马的原因之一吧。

具体说来，将信用人格化为"女神"，是当时辉格党旗下两位大文豪笛福（Daniel Defoe，1660—1731）和艾迪生（Joseph Addison，1672—1719）的发明。他们把信用称为"女神"，并非如古人把艺术称为缪斯一般，只为表达崇慕之心，而是不乏挪揄讥讽的成分，甚至透着某种性别歧视的味道，反映着他们对女人性情的一些成见：多疑善变，心无定见，感性多于理性。当然，他们的言论在这里会格外引起我们留意的，不在于这些成见，而是其中的政治学意蕴。

在笛福有关信用的讨论中，想必有他因投资海运保险业而几乎陷于破产的痛苦记忆，但一辈子亦文亦商的他，肯定也有信用带来的愉快经历。身为辉格党的拥趸，他对另一位大文豪、托利党的斯威夫特（Jonathan Swift，1667—1745）把土地之外一切财产贬为"过眼烟云或想象之物"不能认同，为此写下一段妙趣横生的文字。他先把信用称为货币的"小妹"，一个"生意上十分有用的仆人"，只要"大姐"（指货币）同意她做自己的帮手，她便可补货币一时之缺，满足各种贸易的目的。

然而，这个"小妹"却是个性情怪异、不好相处的仆人。当姐姐的要常与她待在一起，安抚她，让她保持好心情，因为：

> 只要有一丁点儿失望，她就会愁眉不展，心生倦意，一脸不高兴。她会一走了之，好久不见人影。在我们的语言中，她的芳名是"信用"，在有些国家叫"信誉"，在另一些国家，我就说不上名堂来了。

> 这是个害羞的小姑娘，不可思议地腼腆怕事，但却是个极为必要、有用和勤奋的生灵；她有些很特殊的品质，举止十分微妙……一旦得罪了她，想让她再成为我们的朋友，那就成了天底下最难的事；……（人们）要当心，务必做到绝对不需要她，不然的话就离不开她了，她会狠狠报复他们，而且绝不会跟他们商量，除非对她苦苦哀求并受到失去若干年繁荣的严重处罚。

> 想来真是咄咄怪事，这是个多么固执的女士；她的全部行为是多么任性！你若非要向她求爱，你就会失去她，或是必须用不合理的价钱才能买到她；你把她搞到手了，她又会老是对你生醋意，存猜疑；你若是在自己合同里没给她一个名分，她会拂袖而去，而且在你有生之年大概绝不会再回来。就算她能回心转意，也得付出长期的哀求和大量的麻烦。

经历了此次金融危机的人，看到笛福这些写于近三百年前的话，想必仍会报以会心的苦笑。另一位大文豪艾迪生在当年著名的政论杂志《旁观者》上，也曾拾起这个话题，侧重点则放在信用女神柔弱多变的一面。她"端坐于金库中，坐在古代宪法和'革命和解'（Revolution Settlement）的徽记下，周围堆放着金块和钱袋"：

　　她的一切举止看起来确实极为腼腆；这要么因为她性格柔弱，要么因为她心绪不宁……一听到风吹草动就害怕。而且她比我遇到过的任何人，甚至是女性，都更为纤弱。由于患有时时发作的痨病，只要有人瞧她一眼，她那最红润的面颊就会消失，最健康的身体就会变成骷髅。她的复原往往也像病倒一样突然，转瞬之间就能从病病快快变得活蹦乱跳。

从两位作者的这些语言中，慧眼独具的剑桥学派三剑客之一波考克立刻便看出了其中的政治意蕴。笛福在描述信用时使用的语言，多么类似于马基雅维里笔下的"命运"（Fortuna）或"机缘"（occasione）。在《君主论》著名的第25章，命运被比作毁灭性的河流，"一旦它发起怒来，能化平原为泽国，使树倒屋塌……洪水袭来，人人奔逃，任其肆虐，毫无还手之力"。信用女神虽然柔弱，威力却不亚于命运，她亦属于变幻莫测的时间世界，象征着世俗事务的不稳定，既能带来世俗幸福，也能毁灭这种幸福。或者，信用女神更像另一位意大利作家乔瓦尼·卡瓦尔坎蒂（Giovanni Cavalcanti，1444—1509）大力赞美的"幻想女神"（Fantasia），她让人憧憬未来，用幻想决定行动。不言而喻，"幻想"（fantasia）的另一层意思是"迷狂"。看看华尔街的金融衍生品市场，或听听周立波的海派清口《我为财狂》，我们对这个字眼就会有更真切的理解。笛福在谈到信用条件下的贸易时，也正是这样说的：

> 为何英国因海盗而失去大量船只，国力却在增长？这难道不是个谜？为何贸易比战争更神秘？为何船只遭劫，东印度公司的股票却在涨价？矿业投机让年金上升，基金却在减少；他们的矿山没了矿脉，却能从股票中找到？别为这些莫名其妙的事情伤脑筋了，此等怪事不是每天都在我们中间发生吗？有人若想为这些事找答案，他们可以从一声尖叫中发现——幻想的力量是多么强大！
>
> 贸易是个谜，绝难得到完全的揭示或理解；它有自己的时机和周期，在隐蔽的原因作用下，它会发生巨大的灾变、歇斯底里的混乱和不可名状的情绪——有时它在普遍的时尚这种邪恶精神的作用下，简直像是一笔完全不合常理的横财；今天它遵循着事物的常规，服从着因果关系；明天又遭到人类的嗜好和狂乱的奇思异想所发明出来的怪诞玩意儿施暴，然后再来个一百八十度大转弯，变化无迹可寻，既有悖于自然，亦无法解释——贸易中的神经错乱无处不在，无人能对它做出合理的解释。

这种被后人称为"信用周期"（credit cycle）或"商业周期"（business cycle）的现象，其象征性的符号便是"轮子"（cycle），它跟"命运之轮"（the wheel of fortune）一样，只能存在于"有悖自然"的领域。也就是说，它违反自然法（后来杰文斯说，它跟太阳黑子的活动周期有关，果如此，事情倒简单多了），不但超出人类理性认知的范围，而且更可怕的是，它还能使人丧失理性。因此笛福看到，基于信用的贸易使"天底下没有哪个国家像我们这样表现得如此疯狂"，英国人在其他事情上"慷慨大度、温和而慈爱，有不同寻常的同情心"，可是一遇到债务问题，却变得"简直像大傻瓜、疯子和暴君一般"。

那么，对付这种现象，是不是也如马基雅维里针对命运女神所言，需要男人（"美德"[virtue] 的词根就是"男人"[vir]）的意志和机缘？他曾说过，为了驯化命运，强悍果决的"新君主"必须"对她大打出手"。但驯化腼腆的信用女神的方式，却有所不同，她青睐于另一种"美德"。

当时有位经济学家查尔斯·达文南特（Charles Davenant, 1656—1714），为我们提供了这方面最早的见识。此人虽是重商主义者、托利党的笔杆子，但在光荣革命结束后不久，他便看到了信用的好处，而且这好处不但关乎经济，而且关乎政治文化。他对信用的描述，我们已不陌生："那些只存在于人们心中的事情，最虚幻、最微妙的东西莫过于信用了。对它绝不可以强迫，它维系于意见，取决于我们的愿望和恐惧这类感情；它往往不期而至，又时常毫无缘由地离开，一旦失去，很难再全部恢复。"接下来，达文南特便把信用与政治联系在了一起：

> （信用）在很多情况下十分接近于因治国智慧或疆场上的勇猛而获得的名声和威望。能干的政治家，伟大的首领，可以因事故、失误或运气不佳而蒙羞，失宠于时见和舆论，但假以时日，只要有光彩夺目的才华，有真正优点的储备，这一切仍可失而复得。同样，信用可能一时黯然失色，经受一些困苦，但只要有安全良好的基础，它也能在一定程度上得到恢复。

在这段话的修辞中，信用与马基雅维里的"命运女神"的相似性更加一目了然了。政治与信用的直接关系虽不明朗，但"治国智慧"、政治家"真正优点的储备"和"疆场上的勇猛"这些说法，已隐然透露着信用需要某种政治品德，信用之存续与国家之繁荣一样，都需要某种"安全良好的基础"。不过，与马基雅维里的对策相反，对信用"绝不可以强迫"，因为她不并屈服于男人的强悍，而是受"欲望、意见和感情"所左右，这也正是信用女神轻浮易变、"虚幻而微妙"，能被投机商操纵的根源所在。在由此掀起的迷狂气氛中，借用波考克的妙语，她能把"一切人，尘世间的一切事物，都变成纸上的东西，这甚至比全都变成黄金打造的东西更糟糕"。但是，在达文南特看来，信用并非只有这糟糕的一面。只要人们能够形成互信，做到内心"平静安详"，他们就会产生互助的愿望，这对于作为"商业民族"的英国利莫大焉：

> 他们将会发现，商业民族不靠现货来维持自身和做生意；在把人们联系和凝聚在一起方面，相互之间的信托和信任就像服从、爱心、友情和交谈一样必要。当经验告诉每一个人，他若是只靠自己会多么弱小，他就会愿意帮助别人，并且寻求邻居的帮助，这自然会使信用再一次逐渐浮现。

"信用女神"作为一个能够培养社会美德的"公共人物"的形象，在此已经呼之欲出了。这正是令孟德斯鸠对英国称羡不已的原因：在某些政治条件下，它确实能够"不靠现货维持自身和做生意"，把不测的未来变成可以兑现的财富。

这就涉及"管理未来"的政治技术了。稍后于达文南特的笛福，在这一点上提供了更清晰的解释。既然信用关系到未来，染指它的政府就不得不承担起类似于上帝的角色，让人相信救赎的时刻一定会如期而至。光荣革命后的英国议会承诺绝不赖账，此其因也。信用由此变成了——就像经济史家赫希曼在《欲望与利益》一书中所说——能使粗野的欲望变为利益，又使利益变得合乎道德、正义与理性，成为一股有益于政治稳定的力量。关于这一点，还是笛福说得好，所以我依然不避文抄公之嫌：

"信用"的病专属于议会，恰如人称"罪恶"的病专属于主权者一样，除了它们自己以外，谁也医不好——王室的技巧中不包括治这种病的灵丹妙药；女王和议会联合起来能治好它，单打独斗则办不到。

"信用"可不是眼光短浅的政客，以至于不明白这一点——道理明摆在那儿：议会是我们公债的基础。一方面，议会的信誉和正义保护着公众，另一方面，坚定遵循信守过去的契约、弥补议会可靠性之不足这些伟大的原则，是维护"信用"的伟大手段。……"信用"不靠君主个人，也不靠某位大臣或这样或那样的管理；它靠的是公共行政的普遍信誉，尤其是议会的正义，它要维护所有那些将财产投资于公共信用的人的利益——在这件事上也不必在意党派的任何干预。因为，假如一党因另一党行使着管理权，便对出现在他们面前的大臣的缺失不管不问，议会的信用就会变得一钱不值。……

"信用"是个十分谨慎和腼腆的女士，因此她是不会跟这种平庸之辈待在一起的；你若钟情于这位处女，你的举止就要符合荣誉和正义的美好原则，你就要维护一切神圣的基础，并将日常制度建立在这种基础上；你必须回答一切请求，尊重契约的庄严与价值，尊重正义和信誉；千万不可以尊重一党一派——做不到这一点，"信用"也不会光临；哪怕是女王，哪怕是议会，甚至整个民族，都请不动她。

在这里，信用女神性情未变，却更紧密地与政体联系在一起，并且具有了完整的道德和社会含义。正如波考克所言，她只能是政治上的诚实与审慎的女儿，"一见到萨切维雷尔的暴民，她就会陷入昏厥，辉格党人的慌恐则会把她置于死地"；罗马教会、专制制度和共和主义幽灵一出现在"信用"面前，她就完蛋了，"钱袋子变得空空如也，黄金成了废纸烂账"。笛福告诉我们，信用靠的不是人治，即明君贤臣或一党一派，并不能让她芳心永驻。只有当正义感、荣誉心和守契约的精神成为一种政治文化，"日常制度"建立在"神圣的基础"之上，使人能够神经松弛，无惧于未来，对公共和平的预期变得长远，信用才会与我们同在。换言之，她健康的前提是政治的健康，而且在这件事上你千万别动骗她的念头。她像林黛玉一样，身子虽柔弱，头脑却够精明，能明察这一条件是否得到满足。与马基雅维里那个需要以强悍的阳刚之勇去征服的"命运女神"相反，你要向她展示真正的优点和真正的善意，她才会给你货真价实的回报，将虚幻的价值变成真金白银，皇家交易所才能在艾迪生眼中成为一个"物的世界"：它不是买卖股票和公债的地方，而是可靠的商人以货币为媒介交易真实商品的处所。换言之，你为了驯化命运难测的未来，先要驯化权力。或者用更积极的说法，对政府暂时牺牲当下的利益给予支持，但它必须是一个受到监管的政府。

从此后近三百年的历史来看，在赢得这位信用女神的芳心上，现代政体确实部分地取得了成功，虽然离她愿与我们厮守终身还差得远。基于法治的责任制政府使未来变得更具确定性，从而使潜藏于信用中的政治风险大为降低了。因此，至少就英美历史而言，事情并未如休谟所说，"国家要么毁灭公债，要么毁于公债"。休谟担心的是贪婪之心会使人们置未来的风险于不顾，但现代经济中的无论公共信用还是商业信用，固然有人的贪婪在其中作祟，然而它能染指信用女神，却是因为它取得了一纸政治背书——就像艾迪生说的，信用是坐在"古代宪法和革命和解的徽记之下"的，这便是后来柏克在《法国革命反思录》中要把英国公债与法国公债做一截然区分的理由。正是这种政体上的差别，使得即便信用女神一时拂袖而去，人们的贪婪也只会引起政策危机，而不至于导致政体崩盘。

在笛福时代，舆论几乎一边倒地谴责证券掮客是"腐败势力"，眼下则又有人在怪罪现代对"金钱利益"的贪婪了。这种做法就好比把政治清明仅仅寄望于政治家的品德，都是不太靠谱的事情。就像托尼当年所言，金融市场可以有许多优点，但你不能指望它是一所灌输社会道德和政治责任的学校。华尔街的贪婪，或更准确地说，人类的贪婪，乃是人性中固有的常数之一，它不会今年一个样，明年又是另一个样。所以对金融家的厌恶，大概也像货币经济一样古老，柏拉图在《法律篇》中就说过，他们只是一些"必要而又可鄙的小人"。所以，用人的贪婪来解释今天的金融危机，听上去或许义正词严，却是懒人所为，因此也是最肤浅的解释。华尔街的疯狂信用膨胀，追根溯源，是对政体信心的膨胀；它的贪婪有肆虐的机会，是因为现代的信用经济，正如本文追溯的这段思想史所示，归根到底是维系于政府，或更准确地说，是维系于"政制"（constitution）的。这种政制对自身及其"管理未来"的能力的信心，尤其是在它的貌似强大的对手苏联一夜之间便土崩瓦解之后，也有估计过高的时候，"历史终结"说大概可以视为这种想法的极端表现之一。所以它敢于在信息技术革命的第一波潜力已成强弩之末时，仍然飘飘然忘乎所以，让全世界的贪婪来为它输血。

用霍布斯的说法，现代政制是个"人为的人"（artificial man），它是"世俗化"的产物，而不是上帝的馈赠，它是在最终的救赎来临之前，人类为安顿自身的现世生活所做出的卑微努力，因此终归包含着这种生活本身无法克服的弱点，它所提供的秩序的恒久性和稳定性，也就远逊于上帝之城。所以，我们在对它抱有信任的同时，亦当始终持一份戒心。诚如孟德斯鸠所说，信用来自人们对政府的"信心"（confiance），可信心不过是人的一种"意见"而已，它可以因风俗与传统的作用而得到强化，一定的因果关系也不能说没有，但其中真正科学的成分甚少，迷狂的基因却始终存在。从这个意义说，怪罪那些经济学家们糊涂或他们的分析模型失灵，未免意气用事。同样为肉体凡胎的他们，预见不到金融海啸的发生，当属正常；极少数慧眼独具的经济学家预测到了却又没人信，亦不必见怪。普遍意见一旦形成，人们往往宁从幻觉而不信事实。在这件事上，被经济学家假设为"理性动物"的人所经营的信用世界并不那么理性，就像休谟所说，理性可以服务于欲望，却不可能消灭欲望。是故这个信用的世界，充其量只能做到把愿望和经验加以合理化，而它产生迷狂的可能性，依然丝毫不亚于信仰的世界。

所以说，目前呼声甚高的"金融监管"固然必要，但考虑到"两房"和美联储种下的祸根，可以说政府信用（即休谟所说的"公债"）的扩张，是民间信用或商业信用得以扩张的前提条件。因此，金融监管的前提也应是对并非上帝的政府的监管。原因说来有二：其一，现代政制表面的稳定性如果已俨然成为人们习以为常的事情，这也是它的重要性最易于被人忘却的时刻。其二，虽然这种政制有本事把信用女神搞到手，但她本性难改，依然是个腼腆的小姑娘，仍会使脸色，耍脾气，"一走了之，好久不见人影"。至于那些并无政制本钱却非要与她调情的人，从上次亚洲金融危机中菲律宾和印尼政府的遭遇来看，休谟说的也并不全错。

（刊于《读书》杂志 2010 年第 3 期，发表时因篇幅所限略有删节）

作为历史事件的观念

——以《德行、商业和历史》为例谈波考克的思想史研究 [1]

近年来国内政治学界有两大新景观，其一为以施特劳斯为代表的政治哲学在中土的传播骤增，相关文献也被大量译介；其二便是以波考克、斯金纳和邓恩等人为代表的所谓"剑桥学派"的引入。

概言之，这两个思想派别各秉其教义，一为古典主义（或有人更喜欢使用的"古典保守主义"），一为共和主义，但它们的共同特点都不在教义的简易晓畅上，而是绕开传统上人们熟知的一些现代启蒙符号，如自由、人权、科学、进步等等，把对政治问题的思考向着历史的纵深推进。这两派人分别以返回语境和反语境为分野，虽然都回望历史，但看待既往的眼光却大相径庭。这也是他们之间有时大动肝火的原因。[2] 施特劳斯一派学者虽以返回古典为号召，却是取历史文本为己用，旨在将政治思维重新定位于对永恒问题的追问与肯定上。他们多采用"以古观今"

1　本文初稿是在中国政法大学政治与公共管理学院和天津师范大学联合举办的"西方政治思想史暑期高级研讨班"（2009 年 8 月 11 日—16 日，北京昌平）上的讲稿。修订后刊于《政治思想史》（季刊）2010 年第 2 期。这里我要感谢我的学生傅乾在查询部分文献上提供的帮助。
2　例如施特劳斯的大弟子曼斯菲尔德与波考克的辩论，见其 "Reply to Pocock", *Political Theory*, vol.3, no.4 (1975), pp.402—405。

的眼光，以对抗"历史主义"及其导致的"相对主义"和"虚无主义"。剑桥一派学人虽然也着力从遭到后人轻忽的历史文献中发掘新意，却表现出相当浓重的历史主义倾向。借用我们传统国学的说法，这两派学者的差别，庶几类于"桐城"与"乾嘉"之分。一方执寥寥数函经典文本，用心于微言大义的解读与阐发，勇于肯定文本中不为时人所知的"本质"（它或好或坏，要看具体文本而定），志在推翻现代人从中无端衍生出的带有欺骗性的流俗话语。此派陈义甚高，却时常失之于学说背景的空疏。另一方则不相信有思想"欺骗史"的存在，视"文本能在一切时间欺骗一切公众"为无稽之谈。他们翻箱倒柜，重启大宗历史文献，运用修辞学、语言学和历史学的方法重新加以细密的追踪与辨析，试图以新的视角尽力还原西方的政治学传统。

这两派人马于 20 世纪 80 年代以来逐渐蔚成大观，在英美学术界各领风骚。随着其文献的大量引入，国内关注西方政治思想研究的学界也随之有所转向，认识朝着纵深发展，话语变得更加繁复深奥，令人对以往政治教科书中简单教义的宣示与推衍疑窦丛生。

"语境主义"和"历史主义"

在推动这一新趋势的发展上，波考克是十分有代表性的一员。他在这方面的贡献，除了大量的论文 [1]，可分别以他的三部专著作为标志。

1　波考克的论文目录见 *Political Discourse in Early Modern Britain*, ed. by Nicholas Phillipson and Quentin Skinner (Cambridge: Cambridge University Press, 1993), pp.429—436。1993 年以后的论文目录见以下网站：http://www.answers.com/topic/the-work-of-j-g-a-pocock。

1957 年他出版了成名作《古代宪法与封建法》[1]，十七年之后又有《马基雅维里时刻》[2] 问世，奠定了他在剑桥学派中的大师地位。晚年他更推出皇皇四大卷《野蛮与宗教》[3]，力图以对 18 世纪英国大史学家吉本的分析，深入揭示 17、18 世纪英国和欧洲启蒙运动的复杂话语背景。不过，与剑桥学派的另一领军人物斯金纳相比，他引起国内关注的程度却要小得多。[4]

说波考克欲揭示一种"复杂的话语背景"，并非泛泛之言，而是有所特指的。所谓"话语背景"，或被批评者恰当地称为"语境主义"（linguistic contextualism）的方法，[5] 不但为波考克所惯用，而且是其治学最突出的特点之一。关于这种方法的来历，他在 1994 年霍普金斯大学的告别演讲中回顾自己的治学经历，曾特别谈到他在 1948 年初次领悟到，政治思想史研究所应采取的方向应是"探讨特定时期的政治讨论和

---

1 J. G. A. Pocock, *The Ancient Constitution and the Feudal Law*, Cambridge: Cambridge University Press, 1957；rev. ed. 1987. 1987 年的新版本中包含波考克在初版三十年后写的一篇回应性和反思性的"回顾"，篇幅达原书一半。

2 *Machiavellian Moment*, 2nd edition with a new Afterword by the author, Princeton: Princeton University Press, 2003.

3 J. G. A. Pocock, *Barbarism and Religion*, vols.1-4, Cambridge: Cambridge University Press, 1999—2005. 此书波考克计划写六卷，因此仍有两卷待刊。

4 不知何故，与剑桥学派另一个大人物斯金纳相比，波考克在中国学术界颇受冷遇。斯金纳已有多部重要著作被译成中文，其中两卷本的《近代政治思想的基础》甚至有两个译本，而截至本文完稿时，波考克的重要著作和文集尚无一册中译本。有人曾很夸张的字眼形容波考克等人的"共和主义学派"的兴起（"西方学术最为引人注目的现象之一"；产生了"强大震撼力"；"具有极大的启发意义和示范作用"；等等。参见应奇：《迈向法治和商议的共和国》，载于《共和主义——一种关于自由与政府的理论》，南京：江苏人民出版社，2006 年，第 1—3 页），然而除了有学者翻译过他的几篇文章外，对他的研究和讨论却十分鲜见。

5 Mark Bevir, "Mind and Method in the History of Ideas", *History and Theory*, Vol. 36, No. 2 (May, 1997), p.168.

政治实践所能利用的言说和书写语汇，把政治思想史的研究转化为政治语言的研究"[1]。在2005年日本千叶大学举办的学术会议上，他又重复了以上说法，并且特别提及，是彼得·拉斯莱特（Peter Laslett）于1949年重新编订罗伯特·菲尔默《〈论父权〉及政治著作选》[2]一书，使他进一步明确了在政治思想史研究中把"历史上的政治写作纳入其语境"这一研究方法的重要价值，因而将拉斯莱特此书视为"这一研究方法的起点"。[3]这些表白中的"言说和书写词汇""政治语言的研究""政治写作的语境"云云，正是波考克所谓"剑桥学派历史写作图式"（Cambridge historiography）或"剑桥历史主义"（Cambridge historicism）[4]形成其治学方法的核心。

　　用这种方法铺陈出来的思想史虽然变得极为复杂，但它的基本特点说来并无特别深奥之处。在波考克看来，一个时代的"话语背景"是由某些特定语言构成的，它们在很大程度上支配着当时人们观察和理解自己政治生活时的态度和立场，甚至他们的思想创新也会自觉或不自觉地利用身处其中的政治和宗教文化传统中的一些概念。因此，特定时期、特定国家的政治生活形貌，与这些语言和概念释放出的可能性有着难分

1　*J. G. A. Pocock's Valedictory Lecture*, Presented at the Johns Hopkins University, 1994, with an Introduction by John Russell-Wood (Baltimore: The Archangel Foundation, 2006), p.13.

2　Sir Robert Filmer, *Patriarcha and Other Political Works*, ed. by Peter Laslett, Oxford: Basil Blackwell, 1949.

3　The International Symposium on "The Cambridge Moment: Virtue, History and Public Philosophy", pp.11—13, December 2005, Chiba University, Japan. 在本文讨论的文集中，波考克也表达了类似的看法："拉斯莱特对菲尔默和洛克著作的编订，使包括笔者在内的另一些人，学会了赖以展开研究的理论框架和历史框架。"Pocock, *Virtue, Commerce and History*, Cambridge: Cambridge University Press, 1985, p.2.

4　见 J. G. A. Pocock, *Virtue, Commerce and History*, p.13.

难解的密切关系。

不言而喻，不自觉的思维方式或情不自禁的行为，最能反映人们的真实思想，而最能代表这种不自觉表现的东西便是"方言习语"(idioms)。因此在波考克的著作中，我们时常可以看到一些被他选出来解释政治思想的字眼，如"神意""命运""习惯""末日启示""循环论"等等，而那些被后人看重的学说，则被视为在这些复杂话语作用下的理论化结果。此外，这些词语或"词语丛"(clusters of words)会随着时光的流逝发生变化，只有通过考察它们的历史语境才能得到理解。不妨打个比方，按"科学"的一般定义，它是人类观察和认识世间万物的一套体系化的知识，但是这种定义却无法告诉我们"科学"在文化史中的具体表现和复杂作用，而只有透过后者，我们才能理解科学与不同文化群落的关系。例如"科学"在牛顿那儿是认识上帝如何创世的工具，在法国的启蒙运动时代可以成为对上帝失去信仰的贵族沙龙里满足好奇心的谈资，而在百多年前的中国，它却被国人理解为救世的利器；还有像"自由""进化""种族""传统"这类字眼的含义，在五四运动时代也与我们今天的理解有很大不同，有很多字眼甚至早已退出今天的政治辩论的主流。想想这些，当不难理解波考克的方法论对思想史研究的价值。

但是，这种方法论的特殊取向，难免会给阅读波考克带来不少困难。若不搞清楚这些深植于西方政治传统中的方言习语在波考克组织其思想史的叙事脉络中的重要作用，波考克的著作读起来就往往让人觉得不得要领。[1] 但是从另一方面说，也正是这种利用当时的习语或修辞习惯来重

1　波考克常用这些习语作为其著作（例如《马基雅维里时刻》）中一些章节的标题。以笔者的体会，深入理解这些习语的含义，是读懂波考克著作的前提。

建话语背景的努力，使波考克能够一再强调，他所从事的工作并非一般意义上的思想史，更不是"历史写作图式"（historiography）一词通常意义上所指的"编年史"，而是——用波考克本人的说法——指一种"宏观历史叙事的建构"[1]。处理问题的方法使问题本身也发生改变，这是他笔下的政治思想史令人感到陌生甚至另类的一个重要原因。[2]

在这种视角的观照之下，恰当的问题便不再是前人给我们留下什么样的理论，而是他们的理论在什么环境中产生；不再是他们的理论中有哪些让今人感到可亲的东西，而是他们在面对解释、寻找或重建政治符号的挑战时，有哪些话语资源可供利用。正是基于这种考虑，波考克在其成名作《古代宪法与封建法》中，步其师赫伯特·巴特菲尔德（Herbert Butterfield）消解"辉格党的历史解释"的后尘，阐述了17和18世纪一些英国人利用普通法重建自身历史的一种特殊眼光，即因波考克的研究而广为人知的"普通法心态"（the mind of Common Law）的形成过程：当时的一批法律人为维护英国法治的连续性，用"古代宪制"具有"超出记忆的"悠久历史这种"历史写作图式"，成功代替了永恒的神意和诺曼征服所造成的断裂，从而给英格兰政体提供了一种世俗化的令人信服的正当性解释——虽然它未必那么符合英格兰的既往历史。在《马基雅维里时刻》中，他又梳理出"大西洋共和主义"（Atlantic republicanism）和"公民人本主义"（civic humanism）的政治话语脉络，

1　J. G. A. Pocock, *Machiavellian Moment*, pp. vii—viii, 559.

2　英美学术界也有不少人认为波考克的著作不易读，参见耶鲁大学 J. 赫斯特教授（J. Hexter）的无标题长篇评论，载 *History and Theory*, Vol.16, No.3 (Oct, 1977), pp. 306—337。另见 Larry, Dickey, "The Pocockian Moment", *The Journal of British Studies*, Vol.26, No.1 (Jan., 1987), pp. 96—107。

透过这种始于 15 世纪的佛罗伦萨，经由哈灵顿和清教徒移民的重新阐述传至美洲殖民地并对那儿的政治生态产生了深远影响的政治传统，讲述它为新诞生的政体提供正当性的一个艰难而又复杂的过程，由此开辟出理解英美政治发展的一个十分不同于传统的"洛克式权利解释"的视野。在《野蛮与宗教》中，他以爱德华·吉本写作《罗马帝国衰亡史》的语境作为切入点，分析"蛮族社会学"、基督教的兴起与欧洲文明演进之间的复杂关系，以此揭示启蒙运动反映着欧洲人尤其是英国人在近代化过程中动荡不安的精神状态，以及推动他们在新历史条件下前行的各种因素之间的紧张甚至对立，这使人们不再能把启蒙运动理解成"统一的现象"，它不仅是一场离弃和反叛宗教的运动，更是"宗教争论内部的产物"，是一个由世俗理性主义和基督教神学共同交织而成的历史事件。[1]凡此种种都告诉我们，面对复杂的话语世界，明智之举是不把思想的形成与发挥作用的过程描绘得过于工整（这方面的一例，清晰见于他对洛克的解释；见下）。当然，这也是运用波考克所谓"剑桥历史主义"的逻辑结果。这种"历史主义"既丰富了也限制着波考克的研究视野，为理解乃至认可他笔下的思想史增添了许多困难。[2]

就像语境主义一样，"历史主义"一向是个易于引起误会的概念。它既可导致被施特劳斯等人诟病的相对主义或特殊主义，又能走向黑格尔式的历史决定论和绝对主义。波考克等人的"剑桥历史主义"与这种一般理解的历史主义异同互见。以英人柏克和柯林伍德，德国的黑格尔、

1　J. G. A. Pocock, *Barbarism and Religion*, vol.1, p.9.
2　前引 J. 赫斯特教授的评论就批评波考克在《马基雅维里时刻》一书中有不少毫无道理的多余讨论，对思想史上一些重要人物的有意忽略也十分明显，最为突出的是在讨论 17 和 18 世纪的英国政治思想时，他几乎没有提到霍布斯和洛克。

萨维尼和兰克及法国保守主义者迈斯特和今天的福山为代表的历史主义学派[1]，要么以"特殊的集体记忆""国民性""习俗""神秘命运"作为对抗普遍主义的手段，要么通过对"历史规律性"的认识将特殊性加以普遍化，故而被哈耶克称为"与真正的历史学家并无多大关系"。[2] 在这种多以"历史哲学"面貌出现的历史主义中，"语言"有时固然也是它所强调的文化要素之一，却不具有特别突出的方法论作用。波考克的历史主义同样认为一切思想都发生在特定的历史条件下，因此无所逃于彼时彼地的特殊问题，但他并不过多渲染内在于特定民族文化传统中的"精神"（黑格尔意义上的"*Geist*"）和这种精神所展示出的因果性因素，而是以具体时空的语言所形成的"多重语境"作为中枢，进行跨文本的勾连与解析。在这种取向之下，历史主义所看重的歧异性和偶然性因素依然得到强调，决定论或目的论的"历史哲学"色彩却大为淡化。即以波考克所乐道的"共和主义传统"为例，它也并不特别具有"进步主义"或"历史规律"的意味，而更像是一个在某种话语传统的作用下发生的偶然而又特殊的政治过程。诚然，对"历史主义"这类复杂的概念做出定义往往是费力不讨好的事，但在讨论波考克的"剑桥历史主义"时，对以上两种历史主义的区别给予格外的留意，还是有好处的。

1　对历史主义的批判可参见波普《历史主义贫困论》，何林等译，北京：中国社会科学出版社，1998 年。关于德国的历史主义，有一本细致但有过度诠释之嫌的著作：伊格尔斯，《德国的历史观》，彭刚等译，南京：译林出版社，2006 年。福山著作的中译本见福山：《历史的终结及最后之人》，黄胜强等译，北京：中国社会科学出版社，2003 年。

2　哈耶克：《科学的反革命》，冯克利译，南京：译林出版社，2003 年，第 384 页。

方法及其运用

运用这种研究方法，会使思想史研究呈现出何种具体面貌？为了回答这个问题，下面姑以波考克这本重要文集《德行、商业和历史》[1]为例，来看看他为我们提供了哪些研究政治思想史的新视野。我所以选定此书，原因有三。

首先，收入该文集中的文章所涉及的内容，大体限于 1688 年光荣革命之后一百年里英国的政治思想，相对于《古代宪法与封建法》和《马基雅维里时刻》两书，今天的读者对它讲述的内容更为熟悉，而且与我们当前仍然身处其中的现代社会有着更多的相关性，这使我们可以对它面对的问题有更深切的历史理解。其次，该书既包含对《马基雅维里时刻》一书的核心问题——以马基雅维里和哈灵顿等人为代表的共和主义传统的曲折发展历程——在英国社会的具体表现的深入阐述，又有波考克后来的巨著《野蛮与宗教》中主题的预演，因此可为全面了解波考克的思想提供十分有益的帮助。《马基雅维里时刻》虽然有三章涉及共和主义思想在英格兰的传布，但以其叙事的脉络看，它只是对波氏早期著作《古代宪法与封建法》的赓续，算不上对这一主题的深入探究与辨析。最后，置于篇首的一篇晦涩的方法论长文[2]，可使我们对波考克的治学路径有较深入的了解。

让我先从最后一点谈起。对于波考克的这篇方法论文章，首先应当给予关注的，是他对"历史写作图式"一词的解释。对此我的理解也许

1　J. G. A. Pocock, *Virtue, Commerce and History*, Cambridge University Press, 1985.

2　J. G. A. Pocock, *Virtue, Commerce and History*, "Introduction: The State of The Art", pp.1—36.

有所偏差，不过大体上可以这样说：不清楚"历史写作图式"这一概念的内涵，解读波考克也就无从谈起，对这个概念的一种独特运用，几乎贯穿于波考克的所有著作中，它是使语境方法得以运用、历史主义观点得以贯彻的基础。这在很大程度上构成了波考克的一种有别于研究方法的"政治史理论"。如果说传统的"历史"（history）这一称谓没有在作为一门学科的"历史学"和"历史上发生的事实"之间划出明确界限，那么"历史写作图式"的使用则是为了刻意突出"历史写作的人为色彩"。

按波考克的解释，所谓"历史写作图式"，如前所述，是指一种"宏观的历史叙事"。那么这种叙事的意图何在呢？它的一个基本作用，便是为表面上杂乱无章的世间现象赋予意义和方向感。面对历史上的治乱兴衰，人们需要通过对各种事件带有高度选择性的解释，重新确定道统和政统的连续性或断裂性[1]，从而为自身的行为提供正当理由。近代社会给人带来的一大困扰，并不是它的变化（历史从来就不缺少变化），而是这种变化失去了以往由传统观念——神学的或自然法的——提供的稳定的解释基础。因此，如何重新理解和因应变化，甚至主动推动变化沿着"合理"的方向发展，就成了近代人绕不开的任务。

这种对"历史写作图式"的解释，也许易于使人误以为它只是换了一个说法的"历史哲学"，但它的形成并不是哲学思维的结果，而是有着层次上比哲学低得多的来源，这便是我们前面提到的"习语""修辞""话

---

[1] 中国有这方面很好的例子：《礼记》中的"改正朔，易服色"之说肯定政统断裂是君权建立正当性的要件；中国历代又有奉孔子为"素王"的传统，强调道统的连续性对政统正当性的重要。参见笔者 2009 年 4 月 21 日在北京大学国家发展研究院的演讲《时间意识与政治行为》，载《开放时代》，2010 年第 8 期。

语"及其使用者。用波考克本人的话说，"一种历史写作图式开始成形，有着典型的重心：首先是逐渐为人熟知、可以用来进行政治论证的各种'习语'或'语言'；……其次是作为历史角色的政治辩论的参与者，他们在不同的语言和另一些政治及历史背景下相互回应，这些背景使他们的辩论史成为一个十分丰富的织体"（第2—3页。按：指原书页码，下同）。在这个织体中传播思想的写作者，"生活在历史给定的世界里"，因此他所要表达的意图难免受其制约（第5页）。是故，所谓史家贵在求真与超然，在思想史研究中便另有一番意味。将这个要求落到实处，并不是要纠缠于观念本身的对错与好坏，而是它在"话语环境"中呈现出的真实面貌和作用。后者总是与处在特定时空中的人的取舍高度相关，其价值也只有透过这种关联才能得到理解。

为此，思想史研究者就要努力揭开被后人的理论化工作掩盖的内容，他必须进入作为行动者的言说者所处的语言环境，进入他们在相关社会制度中以"语言游戏"的方式而发生的实践活动，尤其是那些法学家、神学家、哲学家和商人在习焉不察中使用的、活跃于政治辩论中的特殊术语。"观察一下有这种来源的哪些语言获得了信任，成为既定社会公共言说的一部分，以及哪些文人（clerisies）或专业人士通过其话语行为而获得了权力，对于了解该社会历史上不同时刻的政治文化大有裨益。"（第8页）换言之，要研究发生于这种语境并作用于它的"言说和言语行动"，"观察'言说行动'（parole）对'语境'（langue）的作用"（第11页）。这里的潜台词是，作为思想之载体的词语，是使思想发生效力的必要条件。因此，语言先于理论，是思想史研究的一个基本预设。

波考克在这里使用的一些语言学概念——例如那些法语单词——很容易令人联想到20世纪名噪一时的索绪尔等人的语言学理论，以及后期维特根斯坦的"语言游戏"理论中有关"词的意义在于它在语言中的用法"的著名论断。这或可反证波考克本人的写作也有其特定的"历史语境"。[1] 按维特根斯坦的解释，语言游戏并非我们一般所谓"言与行之分"中所说的"言"。"言"本身也是一种"行动"，或者说，它是人类行动不可缺少的一部分。维特根斯坦给"语言游戏"所下的定义，对这一点有清晰的揭示："语言和活动（那些跟语言编织成一片的活动）所组成的整体，称作'语言游戏'。"[2] 换言之，在维特根斯坦的理论中，语言是与人的各种交往活动交织在一起的，语言所要传达的意义，只能在这种活动中被赋予。由此，所谓的"私人语言"在逻辑上是不成立的，语言只能是公共语言。具体到政治行为而言，这种公共语言便是波考克所说那些法律人、教士和商人等等的话语实践活动，只有在这种活动形成的环境中，才能理解他们的言说对他们自身和听者所要传达的意义。

这其中的道理我们不难理解，得不到实际应用的语言是死语言，就像得不到适用的法律是死法律一样，无论它包含着多么有价值的含义，它都会失去对现实生活的影响力。因此，为了理解过去的行动者，我们必须置身于他们的"有着实践之必然因素的当下"。这便是波考克要重返当时的"话语""言说""修辞"的原因。在他看来，只有通过前人使用的语言、他们的"辩论共同体"、他们所实施的"行动纲领"，再辅之以关于当时的一般历史知识，思想史的研究者才能建构起有关他们所面对的必然性和他们所要采取的行动战略的假设（第 13 页）。

---

1 另一个突出的例子是他经常使用因托马斯·库恩发表于 1962 年的《科学革命的结构》（金吾伦、胡新和译，北京：北京大学出版社，2003 年）而风行一时的"范式"（paradigm）一词，但从其著作的内容看，波考克似乎并未深入研究过库恩的科学范式理论。

2 见维特根斯坦：《哲学研究》，李步楼译，北京：商务印书馆，1996 年，第 7 节。

在波考克的研究方法中，还有一个与"历史写作图式"有着密切关系的重要概念，即被许多论者忽视的"时间意识"问题。[1]如波考克所说，"历史"是一个"公共时间"概念，"它是由作为公共存在的个人所体验到的时间"，过往的事情通过这种体验而被模式化，为人们提供了认识和解释造成社会公共生活发生变动或保持稳定的框架，这便是"历史写作图式"最基本的功能之一。基督教的"千禧年教义"（一种对现代历史学说有重大影响的线性发展的时间观）和英国的"古代宪法说"（英国人力求使建立在习俗基础上的规则永久化的法学努力）[2]，以及马基雅维里那个要与"命运女神"搏击、征服充满偶然性的时间的现代"新君主"，都是这方面人们熟知的例子（参见第91—94页）。

这种时间意识之所以对认识现代思想具有重要意义，是因为它与基

1　据笔者阅读所及，尚未见到有对波考克时间观的专门词论。波考克在本书和另一本文集中有两篇专门讨论政治观念与"时间意识"关系的文章，可参见：J. G. A. Pocock, "Modes of Political and Historical Time in Early Eighteenth-Century England", *in Virtue, Commerce and History* (Cambridge University Press, 1985); J. G. A. Pocock, "Time, In stitutions and Action: An Essay on Traditions and Their Understanding", *in Politics, Language and Time* (Chicago: University of Chicago Press, 1971), pp.233—272.

2　关于基督教千禧年主义作为一种历史时间框架的意义，Pocock, *Virtue, Commerce and History*, p.93 有一段很典型的表述："在 17 世纪的知识人看来，《旧约》的预言在《新约》中的应验，或特定预言的真实应验或象征性应验，可以被预期用于建立走向神圣未来的脚本，使受到恩宠的世俗社会可以像现在的以色列人那样实现其历史。"另见洛维特：《世界历史与救赎历史》，李秋零、田薇译，上海：上海世纪出版集团，2006 年，第 32—40 页、第 161—169 页。对"古代宪法说"作为一种建立法统之连续性的努力，参见 J. G. A. Pocock, The *Ancient Constitution and the Feudal Law* (Cambridge: Cambridge University Press, 1957), Chapter 7: "Interregnum: First Royalist Reaction and the Response of Sir Matthew Hale", pp. 148—181. 马基雅维里所说的"命运"（fortuna）始终作为一个重要时间意象存在于波考克的著作中，见 *Machiavellian Moment*, Chapters. 2—7；另见本文所讨论的这本文集的第 41—42 页、第 106—107 页、第 206—207 页。这也印证了前面所言"习语"在波考克叙事结构中发挥的重要作用。

督教意义上的世俗观有着莫大的关系，而如何理解世俗现象，毫无疑问是现代人面对的一个关键问题。在基督教神学中，所谓"世俗"一词的本义是指人活在世上的这一段时间。以神权至上为基础的信仰在世俗政治生活中失去意义之后，人们便只能从这种存在于时间中的世俗生活本身寻找维持连续性和稳定性的线索。然而按基督教的解释，世俗生活（亦即时间中的生活）由其性质所定，是由不断变化、因地而异的特殊事物所组成的，与上帝的"永恒计划"中一切皆被预定的情况相反，它只能是有限的存在。任何价值，即使它本身带有普遍性，只要寄居于特殊的世俗社会中，就会受时间这种不稳定因素的影响，总是有着衰败的可能。试图透过世俗历史去建立公共生活的价值基础，便是把它交给了变幻不定的时间，其困难和令人困惑，也就可想而知。作为政治动物的人，只能透过历史（即"公共时间"）来呈现自身的价值，由此使他变成了"历史动物"，他不可能达到像柏拉图的哲人王或亚里士多德的政治动物那样的完美状态。先对波考克的时间概念有此理解，我们才能够明白，为何他把马基雅维里的"命运"观或笛福对"信用"的解释在政治学理论中的作用，看得如此重要。

　　历史当然要比理念更复杂，而且能让理论漏洞百出。波考克在该书中对加拿大政治学家麦克弗森著名的"占有性个人主义解释模式"[1]的批评，或可作为以上方法论具体应用的一例。麦克弗森在解释现代资本主义的形成过程时假设，17世纪的政治思想受到财产可以交易这种意识的重要影响。他为此研究了当时的几个重要思想家（哈灵顿、霍布斯和洛

1　C. B. Macpherson, *The Political Theory of Possessive Individualism: Hobbes to Locke*, London: Oxford University Press, 1962.

克），试图证明"市场意识"是该时期贯穿于这些人物思想中的一个决定性因素。然而在波考克看来，这样的观点未免把理论的发展看得过于简单了。当年那些思想家的理论建构并非一个完全自觉的过程，他们并没有"像气压计那样"精确地记录了这个发展过程。更有效的假设应当是，"存在着若干种类型的占有性个人，因而也存在着若干种类型的占有性个人主义，在有关财产和个人的不同模式之间存在着争论"（第59页）。

以交易性财产这种新的财产形式而论，它对现代资本主义的意义是不言而喻的，没有为此提供保障的一套制度和意识形态话语，今人所谓"资源配置的效率"便无从谈起。那么，最能代表它发言的人是谁呢？波考克告诉我们，这种人并不是麦氏所说的霍布斯、哈灵顿或洛克[1]，而是英国主教韦尔津的弟子马修·伍林（Matthew Wren，1585—1667），他把社会中的人描绘成热衷于讨价还价的动物，强者为弱者指定谈判条件，这是财产由动产和金钱构成的社会的特点。这个占有性的个人与昔日终生守着一方水土的地主不同，他身处日益繁忙的商业社会里，因此需要有一个绝对的中央权力来管理讨价还价的过程，他要让政府花钱雇用职业军人，以便为他节省下宝贵的时间。可是，正是这样一个最能代表"占有性个人主义"的人，却是被麦克弗森选定为这种个人主义之代表人物的哈灵顿的批判者，因为后者坚信不动产才能使人成为健全的政治动物。这种想法使他看上去更像一个"农业乌托邦主义者"（第61—62页）。

---

1 洛克《政府论》（下篇）中著名的"论财产"一章所论证的重点，确实是"占有"而非"交换"的合理性（见《政府论》下篇第25—45节）。但他亦说明了稳定的产权制度作为交换的前提，对于创造财富的重要性（见第47—50节）。麦克弗森未注意到或有意忽略了洛克数次表达过的对"过多占有"的鄙视（如"过多地割据归己，或取得多于他所需要的东西，这是既无用处，也不诚实的"，见第51节）。

当时政治话语的复杂性在于，拥有大量地产的教会可以为维护迷信带给他们的财富而推行教会法，从而促进了对正义和产权的尊重；在对占有欲的辩论中，学者对法律的解释使风尚变得更文雅，社会变得更理性；哈灵顿的"共和主义"是反对精于计算的现代"资产阶级"的，但他同时也为站在个人主义立场上维护财产与个人权利的霍布斯辩护。在波考克描述的这种语境中，思想便呈现出一幅复杂的画面：是"主教们在宣扬'资产阶级意识形态'，是教义自决派（latitudinarians）[1]充当着自由主义者"（第64页）；一些"占有性个人主义"社会观的鼓吹者，是以地产（这种财产的一个重要特点是，它并不具有麦克弗森十分强调的"商品交换特征"）为基础的传统有地阶层，而不是将要取代它的"资产阶级"。

与此类似，波考克在谈到洛克思想的作用时指出，使英国的政治结构、道德风气和心理发生重大变化（见下文有关"教养"和"风尚"的讨论）的有关财产权的意识形态争论，并不发生在19世纪中叶因理查德·亨利·托尼《宗教与资本主义的兴起》一书而闻名的"托尼世纪"（Tawney Century）[2]，而是出现于1688年光荣革命之后的二十多年里。这场辩论基本上是在"根本没有提及他（指洛克）的言论的情况下进行的"，他的占有模式似乎全然没有发挥关键作用，因此麦克弗森"从洛克的思想中寻找市场意义的尝试往往像是捕风捉影"（第67页）。这一切之

---

1 关于这个宗教派别与英国宗教宽容和政治自由的关系，见 W. M. Spellman, *The Latitudinarians and the Church of England, 1660—1700*, Athens: University of Georgia Press, 1993。

2 英国史学家理查德·亨利·托尼（Richard Henry Tawney，1880—1962）在其名著《宗教与资本主义的兴起》（*Religion and the Rise of Capitalism* [1926], Penguin, 1964）中，研究了16—17世纪资本主义形成的一百年，后被很多经济史家称为"托尼世纪"。

所以如此发生，是因为当时参与意识形态争论的各方，都在利用他们自己的一些无法被方便地套入某个理论体系的话语资源，这些资源的复杂性，使他们在表达自己的意图时无法顾及后人对理论的偏爱。

波考克的语境主义方法当然要比以上介绍更为复杂（参见第6—12页），但从中已可大略看出，他的思想史研究有着突出的"技术特点"[1]。对于政治思想史中涉及的各种论题，他一般不做理论上的驳斥，而是着力于历史语境的重构。以他对麦克弗森的批评为例，对于作为后者理论核心的建构——占有性个人主义与自由主义民主制度之间不存在固有的和谐关系，它有碍于个人理性和道德判断力的发展——波考克并没有给予理论上的辩驳，而是通过对"话语史"和"言说史"的梳理，证明思想史上语言范式的转型并不契合于麦克弗森的理论前提。这便是波考克对理论的"一致性神话"（the myth of coherence）不遗余力进行批判的原因。在他看来，对理论一致性的关切从方法论角度说是错误的，它会使人自觉或不自觉地脱离思想史的实情。[2] 在重新检视18世纪几次关键性的政治辩论时，必须随着时间的推移去追踪诸多话语的演变与互动关系，从而摆脱被教科书式的教条引入歧途的"体系化理解"，重新进入"历史的解释"。

---

1 这种"技术特点"，在波考克十分推崇的拉斯莱特的思想史研究中也十分突出，例见 Peter Laslett's Introduction to *The Treatises of Government*, by John Locke, Cambridge: Cambridge University Press, 2002, pp.3—125。这篇对此后洛克研究产生深远影响的长篇导论，其最大特色在于它主要不讨论洛克的思想本身，而是通过文献史的考订，说明洛克形成其思想的时间背景。

2 参见 Mark Bevir, "Mind and Method in the History of Ideas", *History and Theory*, Vol.36, No.2 (May, 1997), pp. 167—189。

寡头政治和商业社会

历史的解释不仅需要方法，更需要"移情的理解"。方法只是手段，其目的在于帮助我们走近生活在 18 世纪英国社会中的人，看看他们如何体验和认识世俗生活的流变，一个接一个发生的事件给他们带来怎样的希望、恐惧、困惑和选择。

从《马基雅维里时刻》一书中可以看到，波考克对 18 世纪英国政治思想的讨论，源于他对"公民人本主义"作为一种话语模式在当时政治辩论中的遭遇的关切。这种在 15 世纪末复兴于佛罗伦萨的共和理想，强调人只能通过参与政治共同体的"积极生活"（vita activa）才能达成完美。使这种生活成为可能的关键，则是维持古典时代公民身份的"德行"，而这种德行与一种财产观有着密切的关系：财产是为德行服务的，它的首要价值不在于它所带来的利润和享受，更不在于它为可交换性提供的效率，而在于它为独立的身份和参与公共生活的闲暇提供了保障。换言之，古典的公民人本主义对财产的看法，更侧重于它对"积极自由"而不是"消极自由"的作用。[1] 然而，正是公民人本主义的这个特点，决定了它在 18 世纪英国衰落的命运。《德行、商业与历史》一书所讨论的主要内容，便是这一衰落发生的过程。从其中亦可看出，把波考克称为"共和主义学派"的成员，未免在对他进行理论归类上过于仓促。毕竟，波考克作为一个史家的职志，本就是为打破理论思维的独断精神而行动。

这本文集所讨论的时间范围，大体上限于英人所谓"王道盛世"（the

1　参见 J. G. A. Pocock, *Machiavellian Moment*, Chapter 11; Pocock, "Cambridge Paradigms" in *Wealth and Virtue*, ed. I. Hont and M. Ignatieff (Cambridge: Cambridge University Press, 1983), pp.235—236。

deep peace of Augustans）时期，即 1688 年光荣革命之后英国迅速嬗变为一个商业化社会的过程，它所引起的问题至今犹存，所以我们多不陌生，这也是我在前面说它与我们有着更多相关性的原因。

这个所谓的"王道盛世"，也正是辉格党寡头集团春风得意之时。在它的推动之下，英国向着一个现代商业社会迅速迈进。与当今我们的精英伴随着市场化过程发生的奇妙变形记相类，它成功完成了守旧的贵族原则和进步的资产阶级原则之间的联姻。在这个日益私人化的商业社会里，尽管依然回荡着 17 世纪激进清教徒的末日救赎观和共和主义德行观[1]，但这种观念与人们的实际生活却变得越来越无法协调。

由辉格党寡头所维持的这种新兴商业秩序，最重要的特点便是贸易的扩张和帝国的形成。波考克用不少笔墨（见第 68—71 页、第 98—100 页、第 110—113 页）特别强调了这个过程中与后来资本主义的发展关系密切的一种现象，即政府推动的信用体系的形成。通过这个体系，"收租人投资于政府股票，同时促进了商业繁荣、政治稳定和帝国的实力"增强（第 195 页）。用今天经济学家的话说，英国经济上的成功，乃是作为"内生货币"的信用这种新财富形式膨胀的结果，它与传统的"外生货币"——受稀缺性限制的黄金白银——不同，更大程度上依赖于一种能

---

[1] "virtue"这个英文单词是个极难在汉语中找到准确译名的字眼，它的拉丁语原型是 virtus（其词根 vir 的意思是"男子汉"或"阳刚气概"），还有意大利语中的 viru，以及法语中的 vertu，皆有"人的品德或品质、优点、优势、特长"等诸种含义，但这些含义的共同点是，大体而言它与人在公共生活中展示出的某种突出品质有关，而无关乎私人行为（尽管也有例外）。目前国内常见的译名有"德性""德行""美德"，就传达以上含义而言都差强人意。本文取"德行"仅为权宜，读者在读到它时还是以记住其原始含义为好。

够有效维护货币稳定和信用可靠性的政治制度。[1] 波考克之所以特别着墨于对这种现象的叙述，是因为它对促进政治话语的范式转型有着特殊的政治意义：它改变了政府与社会的关系，使财产维系独立人格和参政能力这类古典思想，日益失去了对一些政治和经济精英的感召力。

政府信用的扩张导致了"金钱利益"和"投机社会"的崛起，其中的典型人物，并不是传统意义上的工商业者（即马克思笔下的"资产阶级"），而是政治冒险家、股票持有人和公共财政的投资者，这些人在彼时的漫画中都有一幅"生硬、卑鄙而又刻薄的面孔"（第 235 页），他们的财产不是土地、货物和金银这类传统形式的财富，而是"不知何时才能兑现的票据"。这种"新的人格类型"，使"财产乃政治人格的社会基础"这种传统观念发生了动摇。正如"乡村派"的杰出辩士博林布鲁克所说，"股票经纪对贸易的作用，一如宗派对自由的作用"（第 200 页）。这句话对于古典共和派的含义是，股票和债券这类新的财产形式，并不能为政治自由提供保障，更谈不上促进这种自由。不言而喻，这里"自由"一词的含义，是指我们今天已耳熟能详的两种自由观中的"积极自由"。博林布鲁克等托利党人和地产代言人对此感到惶恐，不仅因为涉足于追求这种财富的人所表现出的疯狂，还有他们给政治世界带来的变化。他们靠政府信用进行投机，便把自己同辉格党寡头政府的稳定绑在了一起，从而丧失了公民身份最重要的独立性，这给政治秩序的未来埋下了"史无前例的危险和不稳定性"（第 235 页）。所以，就如同西方人所熟知的那个性情叵测的"命运女神"一样，甚至连当时名噪一时的辉格党辩护士笛福和艾迪生，也把"信用"描绘为一个喜怒无常的女性形象（第

1　关于货币和信用体系与制度演进的关系，简明的介绍可参见柯武刚、史漫飞：《制度经济学》，韩朝华译，北京：商务印书馆，2000 年，第 256—263 页。

99 页、第 113 页）。[1]

　　然而，这种带有极大危险性的因素，却给政治话语带来了奇妙的变化。为了使预期收益的兑现变得具有确定性，政府和投资人双方都要创造出一些使其看上去更加可靠的条件。于是，一方面，政府的守信成了一种制度要求，它必须"规规矩矩地做事"（第 110 页）；另一方面，精明的利益算计逐渐战胜了人们的单纯欲望，成为驯化和约束贪婪、使之"变得可以管理和预期"的手段。[2]英国商业繁荣的秘密便隐藏于其中，它是使英国光荣革命不同于法国革命的重要财政原因之一：英国的国债有政治稳定和商业繁荣作为其后盾，而法国国民发行的"革命公债"或"指券"（assignats）除了靠没收教会财产之外，并无任何支撑，更谈不上有辉格党所提供的政治稳定和经济繁荣，其危险性不言自明。[3]于此也就不难理解，为何在 18 世纪的英国出现了大量论述欲望变得合理，自私可以开明，因而有益于社会的道德和哲学著作，曼德维尔和亚当·斯密都是其中最著名的人物。在一定的制度保障下，对私利的追求可以成为一种推动政治稳定、促进道德风尚和提升社会整体福利的力量，在这种语境中，共和主义的"德行"无法有效转化为"利益"和"权利"的语言，其衰落也就成了顺理成章的事情。

　　由这些人系统阐述的政治经济学构成了"辉格主义"的主流话语

1　波考克在《马基雅维里时刻》一书中，对这种现象也有深入的分析，见 J. G. A. Pocock, *Machiavellian Moment*, Chapter 13。

2　深入论述这种变化的一本十分有益的著作是：Albert Hirschman, *The Passions and the Interests: Political Arguments for Capitalism before its Triumph*, Princeton: Princeton University Press, 1997。

3　参见 J. G. A. Pocock, Introduction to Burke, *Reflections on the Revolution in France*, ed by J. G. A. Pocock (Hackett Publishing Company, 1987), pp.xxviii—xxiv。

（它的另一重要思想来源是柯克和柏克等人阐述的"古代宪法说"），并发挥着双重作用：它既是一种研究新兴商业社会秩序运行原理的社会科学，又为辉格党的统治秩序提供了有效的意识形态辩护。就像任何能够取得长期稳定和繁荣的政体所能获得的支持一样，这种主流话语在当时和后来都有极强的说服力。它虽然可以被称为"意识形态辩护"，但波考克并没有步马克思的后尘，把它完全看作为获得政治正当性而编织出的"虚假的意识形态"伪装。

诚然，如上所说，在神权政治和世袭权力衰落之后，对世俗生活本身（包括它的历史）的解释便承担起了建立政治正当性的功能。统治集团为使自己的地位名正言顺，总会对这类话语进行宰割，编织出有利于自己的"历史写作图式"。然而，"辉格主义话语"并非仅仅是一种"意识形态"，它确实包含着切实有效的两党制议会主权体系、普通法、教义自决派传统，以及作为一种政治文化广为传播而非仅仅是虚饰的"教养"与"礼仪"（见下）。直到麦考莱去世之后，甚至直到巴特菲尔德写出解构这种史观的大作《辉格党的历史解释》[1]，在二百多年的时间里，它一直被很多人视为英国政治生活中的基本事实而非"历史写作图式"。这一点是颇耐人寻味的，如果"历史写作图式"的写作过于独断，以至于跟真实的政治生活判若云泥，便很容易陷入自娱自乐的泥潭。

---

[1] 19 世纪英国政治家和史学家麦考莱穷十数年精力撰写的《英国史》（Thomas B. Macaulay, *The History of England from the Accession of James II*, 5 vols, 1848—1861），被普遍看作"辉格党历史写作"最典型的作品。最先系统颠覆这种历史写作的则是 Herbert Butterfield, *The Whig Interpretation of History* (1931), New York: W. W. Norton & Company, 1965。波考克在剑桥的博士论文就是在巴特菲尔德的指导下完成的，故也难怪，他在此期间写成的《古代宪法和封建法》，也有着强烈的乃师风格——旨在将由柯克、哈勒和柏克等人确立的"古代宪法说"还原为一种带有"历史写作图式"性质的"普通法心态"。

与这种新兴的政治经济学相伴随的，还有在社会和文化话语方面发生的转变，即所谓有关"教养"的理想。波考克告诉我们，这种最先出现于 17 世纪 60 年代"王政复辟"时期的现象，乃是以"社会性宗教精神"取代"先知宗教信仰"的自由运动的一部分，它至少部分接受了欧洲大陆"启蒙哲人"（philosophes）的自然神论思想，试图用更能反映社会自然演进过程的"风尚"取代宗教，作为文明进步的关键因素。由社会教化所形成的风尚，可使人趋于儒雅温和；风气所至，政治也逐渐变得更讲究行止有度，以往的宗教狂热则成了"有失体面"的表现。

在该书的几篇文章中（参见第 49—50 页、第 188—199 页、第 209—211 页、第 236—238 页），波考克不断把我们带入这样一个世界，它的典型特点是悠闲的城市环境，随着议会贵族体制和食利阶层的成长，西敏寺和伦敦的老中心地带向西扩展，它"不是笛福、霍加特和费尔丁所说的那个疯狂扩张的伦敦"，而是"绅士和商人相互交往、学习斯文礼仪的场所。粗俗的托利党土财主和'猎狐者'被带到城里，授之以生意经和新教徒的成功之道"（第 237 页）。在这里，讲究斯文礼仪的辉格党精英尽力贬低清教徒、托利党或共和派"以不动产为基础的武装公民"。他们喜欢安定闲适的生活，便用"教养"和"自然演进的风尚"作为武器，用来"对抗新哈灵顿派的斯巴达人和罗马人的'粗野德行'"（第 238 页）。在这些喜欢稳定与节制的辉格党精英看来，必须让教会和乡村人士学会"教养"，不然他们很可能不得体地行使自己的自由权。因为在他们的记忆里，清教徒的共和主义是一场噩梦。

这个政治寡头集团的成功与强大，它对英国历史的保守主义解释，对礼仪教化的提倡与践行，逐渐变成了得到普遍接受的现实。由此造成的结果是，到了美洲危机爆发时，成熟的辉格党政治已被王权、议会和普通法制度牢牢占据，在很长一段时间里没有为其他任何政治选择留下空间[1]，甚至潘恩也承认"完全无法想象它会被推翻"（第 74 页）。这便是辉格党寡头百年不败的"霸权"。但是这种霸权，用波考克的话说，"即使在其寡头性质最严重时，它也有着法国'旧制度'所缺少的自由主义的灵活性"（第 274 页、第 276 页）。它所培养的政治平衡与中庸意识，它用"斯文礼仪"和"教养"构建的社会文化，它对个人权利和契约关系的日益有效的维护，使 18 世纪的英国成了一个对"公民德行"的古典价值越来越不友好的社会（参见第 97 页）。然而如同今天一样，英国这种政治文化的转型能否提供充分理由让人完全放弃古典"德行"，私人化的"消极自由"所带来的好处是否值得全力维护和争取，经验似乎并未给出毫无争议的回答。[2]

1　值得玩味的是，以辉格党寡头为首的议会主权体制的成功，也正是英国无法对 18 世纪 70 年代美洲殖民地的危机做出合理回应的原因。波考克把这场危机称为英美"大西洋文化综合体"的内部危机，并对其意识形态的错综复杂的表现做出了解释："（英国的）议会传统中存在着一种共和主义选择，它可以被用来否定议会的正当性，并暗示着选择另一种政体的可能。不难看出，殖民地的精英为何无法演变为议会中的绅士……有很长一段时间他们自以为就是议会中的绅士，只是在革命期间，他们才同意自己还必须担当其他某种角色。这种可供选择的意识形态——共和主义的、共和派的或乡村传统的意识形态——的重要性在于，它为美洲人提供了他们为何不能再做议会体制下的英国人的激进但有些肤浅的解释。……根据当时人们的自我理解——这正是意识形态史学真正要说明的事情——去追溯历史，并不是在玩无聊的游戏，挑出一种原因去否定另一种原因，或挑出一种因素去否定另一种因素；而是要探索当时对各种可能之事和不可能之事的认识，探索这种认识的局限性。"（第 74—75 页）波考克这段话，或可为我们认识英美政治的差异提供一个重要的线索。

2　为克服公共德行或"共同善"（the common good）与建立在个人权利基础上的自由主义之间的紧张关系，阿克曼等学者曾提出"私人公民"和"公民身份的非国家中心论"等颇有创意的概念。这方面的综合讨论可参见 Scott D. Gerber, "The Republican Revival in American Constitutional Theory", *Political Research Quarterly*, vol.47 (1994), pp. 958—997。

"古今之争"和吉本

这种以具有强烈公共精神的古典德行为一方，以作为一种商业社会中私德的教养为一方，两造之间形成的紧张，便牵涉到本文下面要谈到的英伦版的"古今之争"。波考克用"德行""商业""历史"这三个关键词为他的文集取名，自有其明确的意图。在以上三节所介绍的内容中，他的"历史主义"和"语境主义"的方法论，可视为书名中"历史"一词的所指；"商业"一词表示英国的商业化过程与话语世界的互动过程；而"德行"一词的含义则反映在他对当时英国"古今之争"的叙述中。

一般而言，我们可以把这场发生在英国的"古今之争"，视为贯穿于欧陆启蒙运动始终的那场辩论[1]向英吉利海峡对岸的自然延伸。但是由于英国当时的特殊环境，尤其是上述稳定的寡头政治与商业繁荣之间的密切关系，它又表现出一些自身的特点。不难理解，在商业上取得成功的英国统治阶层，必须对其话语做出调整。就像一切得益于"现代化"和"世俗化"的人一样，他们日益丧失了"古典德行"的优势，或者更恰当地说，他们必须放弃这种优势，另寻自我辩解的思想资源。

这种辩解的途径之一是重新定义"德行"。辉格党的政治精英们，或

---

[1] 这场在欧洲延续了一个半世纪之久的"古今之争"，有关研究文献汗牛充栋。全面的介绍及其相关文本可参见伯瑞：《进步的观念》，范祥涛译，上海：上海三联书店，2005 年，第 56—70 页。另外，为人熟知的卢梭《论科学与艺术》（何兆武译，上海：上海人民出版社，2007 年）以及贡斯当《论古代人的自由与现代人的自由》（阎克文等译，北京：商务印书馆，1999 年）皆是这场论战的典型文本。在波考克论述的这个时期的英国，著名讽刺作家斯威夫特也写过一篇涉及古今之争的著名长文《书籍大战》（"Battle of Books"），见 *The Collected Works of Jonathan Swift* (Pearland, Texas: Halcyon Press, 2009)。

如沃特金斯所说（大概也应包括我们今天的国人），一千多年来第一次感到自己超过了古人。[1] 但是共和主义德行在欧洲政治生活中有着根深蒂固的漫长传统，而且一向是商业社会的批判者最基本的话语资源之一。辉格党精英为了回应这些人的挑战，需要用古典思想来粉饰自己的事业，例如从西塞罗的"生意"（negotium）和"职责"（officium）之分中寻找辩词。这使得有人以为可以把他们称为"西塞罗风格的辉格党"（第235页）。

但是，他们虽然必须（甚或是不自觉地）利用这种在当时政治话语中无处不在的古典资源（只要翻翻亚当·斯密或休谟著作索引的相关条目，你就可以知道其流行的程度），但他们所处的环境，毕竟已大大不同于西塞罗的罗马世界。古典时代的"公民战士"（citizen-warriors）已被议会及其治下的纳税人和"经济人"取代。这类人有两种倾向，一是疏远政治，二是愿意把政治也变为生意，他们请代理人（君主、大臣和议员）来治理国家，花钱建立职业军队来保护自己（第147页），建立一个现代"利维坦"（政治代理人）的必要性，并不是来自霍布斯所虚构的丛林状态，而是来自商业文明的需要。而这种需要显然不能用斯巴达或罗马的语言为之辩护，因为商业文明更加复杂而多面，管理起来更为困难，需要更多的专业知识，它"既可以把人提升到野蛮状况之上，也能使他堕落到公民水平以下"（第98页）。

这种状况带来的结果，便是从"公民人本主义"向"市民人本主义"

1　沃特金斯：《西方政治传统》，李丰斌译，北京：新星出版社，2006年，第97页。英国人的这种感觉似乎迟于法国人，见索雷尔：《进步的幻觉》，吕文江译，上海：上海人民出版社，2003年，第69—82页。此书中也有不少关于古今之争的论述，但依然有着索雷尔一贯的散乱文风。

（civil humanism）的话语转化：财产、闲暇和参政，变成了经商、闲适和教养。此即"风尚"语言的基本内容——使人格得以完善的来源，是建立在商业繁荣基础上的社交礼仪、精致优雅的举止和个人修养。受其引导的活动，从性质上说主要是社会关系而非政治关系，因此也不宜称为"德行"。自卢梭以来，对这种"风尚"导致的人格异化不遗余力地给予批判的知识精英可谓不绝如缕，然而这也表明"文明的腐化"一旦发生，使之返璞归真便难乎其难了。

诚如柏克当年所言，讲究优美与和谐，便不会有崇高，优美需要精巧纤细，崇高则需要粗犷宏大。[1]作为共和主义者，面对佛罗伦萨腐败状况的马基雅维里，当年忧心忡忡的便是这种现象。[2]而他对刚健清廉的共和国蜕变为腐败帝国的担心，同样是"一个让18世纪担心丧失德行的思想家念念不忘的古代史主题"（第147页）。像马基雅维里一样，哈灵顿、弗莱彻和斯威夫特等共和派都将脱离了"坚实的土地"（terra firma）的商业，视为导致雅典和罗马衰败并最终灭亡的根源。土地是稳定的，生意则是流动的；土地产出的可预见性，要远远强过难以预测的商机。所以他们谴责商业是"建立在没有灵魂的理性计算和培根、霍布斯、洛克、牛顿那种冷酷而僵硬的哲学之上"的（第50页、第291页），以此反衬罗马人"自足自立，清心寡欲，不忘公益，心系农耕"的崇高与伟大。作为这种德行之基础的土地财产，使现代人的"积极自由"和"消极自

---

1 Edmund Burke, "Philosophical Inquiry into The Origin of Our Ideas of the Sublime and Beautiful", in *Works of Edmund Burke* (London: George Bell&Sons, 1909), pp.141—142.

2 参见马基雅维里：《君主论》第12章；《论李维》卷一第16—18章、第55章。不过应当指出的是，马基雅维里并不反对商业，他甚至建议君主应当创造条件鼓励商业发展（见《君主论》第21章）。他反对的是商业化的城邦国家花钱购买雇佣军的做法。另参见 J. G. A. Pocock, *Machiavellian Moment*, 2nd ed., Princeton: Princeton University Press, 2003, pp.204—211。

由"之分不能成立，它仅仅表明了与人格健全的古人——耕作于田间的爱国者辛辛那图斯义无反顾地应召参战，西塞罗隐退图斯库兰农庄以学问服务于国家，都是这方面人们耳熟能详的楷模（见第 236 页）——相比，现代人已经患上了人格分裂的顽疾。从诸如此类的话语中可以看出，在共和派眼中，财产并不是一个民法概念，而是在严格意义上涉及参政的公法概念，它与现代社会中很容易发生的财产依附于权力的现象相反，首先被视为获得和维持"政治人格"的基础，跟保持独立的同时积极参政的"德行"须臾不可分离。

但是，持"交换比占有更重要"这种商业世界观的人（第 116 页），却纷纷加入了"脱离德行、崇尚教养"的运动，辉格党的辩护士必须为此编织出另一种理想。就像后来的贡斯当——他是经历了血腥的大革命洗礼之后才有此感悟[1]——一样，他们把古代世界描述得"严酷而质朴"，在他们眼中，这是一个"因专业化低下而十分贫乏"的世界（第 50 页，另参见第 109—111 页）。以教养所确立的标准来衡量，古代公民甚至没有道德优势可言。由于经济上的不发达，他们没有"随时可以兑付的信用和现金用来支付工资给劳动者，只好盘剥不必支付报酬的奴隶和农奴的劳动"（第 195 页）。在不存在频繁而多样化的商业和社会关系的环境中，他的人格也缺少多姿多彩和优雅精致，只好把闲暇用于积极参与治理国家的活动和征战，或是用于沉思的形而上学和迷信，而这些都是易于导致狂热的因素。就像孟德斯鸠所言，只有商业才能使欲望变得优雅、使礼俗变得温和。

从英国光荣革命到法国革命之间这段时期，辉格党意识形态的中心

1　参见贡斯当前揭书，第 104—113 页。

位置便是被这些有着不同表述方式的概念——礼仪、教养、斯文和品位——占据着。在辉格党人看来，这个欣欣向荣的"社交与情感、商业与教养的新世界"，足以取代古人的"德行"和"自由"（libertas）。法学在这方面也起着举足轻重的作用，它将"物"（res）的世界安排得井井有条，终于使"物权"成为一种具有高度实践功能的"新德行"。波考克颇具创意地将其称为"商业人本主义"和"法学人本主义"（第43页、第50页），这些说法表示了人为了肯定自我而从自身的世俗生活中寻找价值的努力，"凡人不再是神秘救赎的对象，而是成了文明历史中的行动者"（第126页）。但是这里也许有必要指出，波考克所描述的这些现象，只是局限于一种特殊环境中的精英文化，并不反映一般意义上的社会史。在其他社会里，类似于辉格党寡头的上层政治精英，在现代化的演进中是充当"教养风尚"和政治转型的成功引领者，还是麻烦的制造者，或两者兼而有之（例如同时代的法国知识精英和贵族），并不是一件很确定的事情。这是排斥普适性判断的"历史主义"的题中应有之义。

由波考克对"政治上保守"但"哲学和宗教上激进"的大史学家爱德华·吉本与启蒙运动的关系的讨论中，我们可以进一步透视这场"古今之争"引起的复杂思想。吉本耗毕生精力撰写《罗马帝国衰亡史》，无论有什么其他目的，他所关切的一点是，他眼前这个蒸蒸日上的英国商业社会，是否也像后期罗马帝国一样，存在着一些有可能使其走向没落的因素？

吉本相信，他的社会已然驱逐了"德行和腐败的鬼魂"，然而他却"担心狂热的幽灵"（第155页）。这种狂热的来源，便是克伦威尔革命时期的激进清教徒——光照派（the Illuminist）和反律法派（the Antinomian）等等——对"理想德行"和"公民战士"的向往：他们希望重建"刀剑在身的有产者组成的共同体，服从他们自己制定的法律"（第 145 页）。然而吉本从罗马的历史中看到，这种古代共和国并不能避免因政治、道德和经济而走向腐败和衰落。更令人担忧的是，这也许不是事出偶然，而恰恰就是共和国"德行"本身的结果：它"具备德行，所以它能打败敌人；它打败了敌人，所以它能建立帝国，可是帝国会使一些公民攫取有悖于平等和不受法律控制的权力，从而使共和国毁于成功和放肆的行为"（第 146 页）。是帝国吞没了城邦，毁掉了它的德行——这就是吉本对西罗马帝国做出的最后判断。它衰败的原因在于它没有意识到自身的强大中包含的危险，"它消亡的故事一目了然……是没有中庸精神的辉煌大业自然而不可避免的结果"（第 147 页）。

那么，商业化社会能否避免这种结果？商业人的"教养"跟古人的"德行"一样，亦难称完美。基于物权、契约和交易自由的社会关系并没有免除败落的因素。在深受波利比阿循环论影响的吉本眼中，人类进步的动因中总是包含着将其引入歧途的成分。进步同时也意味着衰败，就像德行给罗马人带来的强盛能使其毁于自己的成功一样，现代文明释放出的能量也会导致人不知有所收敛。正如我们所知，从后来发生的事情看，在变成了世俗宗教的"科学"与"进步"的旗帜之下，功利主义、物质主义确实能够与新的千禧年信仰的狂热熔于一炉，用波考克的话说，"柏拉图理性精神与对摩西启示的信仰的统一"（第 153 页），大概是最令经历过极权主义的现代人害怕的东西。

这便是波考克和他笔下的吉本为我们描绘的画面。"古今之争"是一种与现代社会始终相伴随的现象。当今有人对一个真诚、单纯、简朴和平等社会的向往，适同于当年批判"腐败的商业社会"的英格兰共和派和乡村派；在马克思克服异化、恢复人格完整性的理想中，显然回响着人们对古希腊城邦公民的人格统一性的眷恋；基督教信众重返"失乐园"的渴望，也从未完全消失——正如吉本所说，"四万名清徒，如同他们在克伦威尔时代可能做的那样，还会从坟茔中爬出来"（第 155 页）。现代社会对于这种对古代典范的顽固记忆的恰当反应，只能是适应、调和、改造与利用，不然它便无法学会与"人格的分裂"和谐相处。吉本为了克服这种命运，把政治保守主义跟启蒙精神奇妙地结合在一起，力求用历史智慧去抵消意识形态的冲动。他固然受启蒙运动影响甚大，但毕竟是生活在政治治理已取得相当成功的英国，所以他更关注如何做到长治久安，而不像欧陆的启蒙思想家那样把开创新社会的任务放在首位。[1] 至于波考克在书中着墨颇多的柏克（参见第 193—213 页），我们也可作如是观。

然而，因政治成功而产生的保守心态，以及启蒙运动的影响，也使吉本不能像托克维尔或一些能从宗教传统内部观察近代社会政治转型的人那样，把共和主义与清教民主精神的结合视为塑造现代社会的要素之一。[2] 在启蒙运动的熏陶下，吉本认为这种混杂着新教信仰的共和思想中潜藏着危险的狂热（参见第 149—151 页），这使他担心发生于罗马晚期的"野蛮和宗教的凯旋"（第 146 页）会在现代社会重演。在对待这一问

---

1 参见贝克尔：《十八世纪哲学家的天城》，何兆武泽，北京：生活·读书·新知三联书店，2001 年，第 94 页。
2 现代社会的出现是个"世俗化过程"似乎已成定论。但这种观点显然忽视了英美社会的现代化过程中也有宗教信仰的强大动力，即其"拒绝世俗化"的一面。关于这个复杂的话题，可参见凯利：《自由的崛起：16—17 世纪加尔文主义和五个政府的形成》，王怡、李玉臻译，南昌：江西人民出版社，2008 年。另可参见 J. G. A. Pocock, *Machiavellian Moment*, 2nd ed., Chapter 15: "The Americanization of Virtue". 托克维尔对宗教文化在美国政治生活中的作用的深入分析，见其《论美国的民主》，董果良译，北京：商务印书馆，1996 年，下卷第一部分第 2 章至第 5 章。

题上，波考克本人的历史主义和语境主义的方法便显现出它的睿智。他以辩证的眼光向我们展示了清教徒的共和主义的复杂作用，在说出下面这一番话时，他也一定想到了托克维尔所描述的美国："无论是共和主义的话语，还是使用这种话语的人，都不能仅仅因为他们受到现代化意识形态的反对，便将其贬为反动或怀旧，就像不能仅仅因为他们受到盘踞不去的贵族的反对，便赞之为资产阶级和进步的话语一样；全面地说，他们同时受到两者的反对。共和主义话语使一些人能够追求现代化，使另一些人能够批判它，还使为数不少的人既能参与其中，又能对它予以批判。作为辉格党体制的反对派登上世界史新舞台的美国，大概是这种思想二元性的登峰造极的事例。"（第309页）不言而喻，这种"思想二元性"透露给我们的信息是，从长时段和"大西洋文化综合体"的宽广视角来看，古今之争的战线十分开阔，但并非营垒分明。

结语

理解这些既相互对抗又相互渗透的观念，分析由它们交织而成的复杂语境，或者更深入地说，将各种话语作为一个历史地形成的政治共同体中的观念载体，把流行于其中的公共言说、辞令和习语视为其制度、价值和事件的符号表现，即它的充满了当下因素的实践活动，以此揭示它们所形成的各种主题对于行动者的意义，这便是波考克这本文集中诸篇文章的用力所在。

人类面对的一些根本问题——知识与传统、理性与情感、统治与被统治的关系，以及和平、自由、信仰、福利等等——也许是普遍而永恒的，但它们对人类提出的实践性挑战总是特殊的和具有时间性的。借用史家卡尔的妙喻，人们恒久持有的一些价值观如同银行支票，自由、平等和正义等等是印好的部分，但只有当补充上需要我们填写的部分时，它才会生效。我们得写上打算给谁多少自由，认为谁与我们平等，这个过程只能到历史中去寻找。[1] 从这个意义上说，我们确应像波考克在一篇文章中所言，把"观念作为历史事件"[2] 来看待，或如波考克的一位评论者所说，把政治思想视为只能存活于时间之中。[3] 这也是基督教传统上一向只把精神（或曰"灵魂"）归于永恒的世界，而把政治归于多变的尘世的根本原因。当吉本观察他的古代世界时，像"腐败""德行""商业""异教徒""爱国者""循环"等等观念，作为当时活跃在英国政治话语中的修辞进入他的脑海，成为他组织其罗马史文本的要素；约西亚·塔克（Josiah Tucker，波考克在书中有过深入讨论的另一位思想家）在一百年后抨击洛克，也不是出于他对洛克的财产观的反对，而是因为他认为对人们与政治权威的关系起着决定作用的是历史上形成的政治关系，所以他无法同意洛克将抽象的"自然权利"作为权威的来源。波考克重新讲述这些思想史往事的用意在于，他担心后人的理论，或者说，喜欢体系化的现代理性思维，总想修整和完善前人的思想，却容易成为思想的谋杀者。

这里有必要指出，波考克在导论中虽然视"思想史"和"观念史"

---

1 E. H. 卡尔：《历史是什么？》，陈恒译，北京：商务印书馆，2007 年，第 78 页。

2 J. G. A. Pocock, "Political Ideas as Historical Events: Political Philosophers as Historical Actors", in M. Richter, ed., *Political Philosophy and Political Education* (Princeton, N.J.: Princeton University Press, 1980).

3 Iain Hampsher-Monk, "Political Languages in Time", *British Journal of Political Science*, Vol.14, No.1 (Jan.,1984), pp.89—116.

为"话语史"（history of discourse）和"言说史"（history of speech）的同义词，但他也意识到这种做法"并非毫无问题或无可挑剔"，因此还是舍弃了"言说史"和"话语史"之类的说法，而更乐意保留"思想史"这一传统称谓（见第1—2页）。从他对柏克、塔克、吉本、休谟和辉格主义的研究来看，他确实没有像一些擅长从"权力话语"角度去拆解成说的同行（例如福柯）那样，热衷于在原始文本上别开新意，另立异说，破坏既有话语体系的本意，而是大体上依然保持了思想史写作的传统风格。

一个得到普遍公认的趋势是，近三十年来，政治思想史研究领域的历史主义倾向得到了强劲复兴。这种变化或许是人们对于一百多年来纠缠于各种抽象理念的意识形态之争已感到厌倦的结果，他们希望透过重新理解历史语境去认识自己，而不是让不知源头为何的口号宰制自身的生活方向。以波考克的研究观之，这种复兴的关键便在于有越来越多的研究者认识到，重要的理论文本本身并不构成历史意义上的思想史。历史可以被各种文本塑造，但这种塑造却只能发生在由特定的人所组成的情境之中，他们只能理解和运用在他们看来有意义的事情，文本的作用也就总是摆脱不了与时代和地方的关联。因此，在研究文本之前，必须先搞清楚在当时语境中的作者和读者如何理解它们，为那些核心观念保留了哪些旧的含义，赋予了它哪些新的含义。进一步说，无论是文本还是词语的含义，都会随着时过境迁而发生变化，历史语境本身就是多义的，所以只有在做出重建当时话语环境的努力之后，才能对文本进行哲学或理论的思考。[1] 从这个角度说，思想史的研究要优先于哲学家和理论

---

1 Iain Hampsher-Monk, "Political Languages in Time", *British Journal of Political Science*, Vol.14, No.1 (Jan, 1984), p. 90.

家的工作。如果研究者弃特定的语言背景于不顾，只把文本中的话语作为讨论一般性抽象问题的对象，是不恰当的。

但是，事情总有另外一面，再高明的理论也难以逃离自己的阴影。

通过阅读波考克，我们或能相信，就传承和塑造英国政治的主流话语而言，柏克要比洛克更重要，爱德华·柯克的作用大过霍布斯。然而，以现代思想传播的特点而论，"话语史"并不能完全代替学说史或教义史（history of doctrines），这大概就是波考克不愿意用前者完全取代后者时背后的考虑。因此我们有充分理由提出一个问题：波考克是否低估了理论本身的作用？他的带有高度选择性的叙事方式，是否有意回避了一些有着悠久传统的理论的作用（例如在 18 世纪的苏格兰启蒙运动中极为活跃的自然法语言）？理论虽然存活于"语境"中，甚至就是源于其中的"话语"，但它却是思想传播最重要的方式。常识告诉我们，在意识形态（没有贬义）的传播和教学中，理论或观念体系的作用要远大于"习语"和"修辞"，甚至可以通过理论的解释而使历史事件变得对后人更具意义。体系化的观念固然要通过地方性的因素发挥作用，但它并不会因此而失去其超越时空的价值和力量，总会有些观念因其历久弥新的价值而从抽象世界不断走入特定的时间；反过来说，也会有思想因其强大的感召力而从特殊走向普遍，超越一时的作用而变为持久甚至是永恒的观念。从这个角度来说，如果波考克的语境主义只是为提醒读者，单纯的理论宣示具有掩盖历史的虚假作用，那么他的努力自不容低估。但是如果他因此要我们放弃一些古老的价值观念与当代生活的相关性，那他的思想史研究便要被打上一个大大的问号。在《马基雅维里时刻》中，当他谈及"特殊"与"普遍"的关系这一要害问题时，曾说过一段很有意思的话："即使普遍因素是实在，它们也是理性的实在；它们的'存在'

（esse）是'规定的'（percipi）……虽然普遍因素内在于人类的法律，但人类的法律本身并不是普遍的；它们是特殊的人类决定的结果（recta ratio agibilium），针对的是人类的特殊境况，并且存在于时间中的特殊时刻。普遍因素只能被认知，决定和行动只能为特殊因素立法。国家治理和公民活动的成果，仍有可能表现为特殊的和暂时的。"[1]但是，法律之能成为法律，取决于它的效力的普遍性与持久性，所以它不可能只存在于"时间中的特殊时刻"。因此我们不妨把波考克的说法做一颠倒，或许更为合理：具体社会中的法律本身或许不能称为普遍的，它只能是特殊的人类决定的结果，但其中的某种普遍因素，例如考文曾经考察过的英美法传统中的那些"高级法背景"[2]，却总是存在于人类的法律之中，使之成为规则的稳定性之源，不然它便不可能成其为法律，至少它被人尊崇的地位就要大打折扣。

这些带有普遍性的观念，即我们的先圣所谓"吾道一以贯之"的东西，其重要性不但在于它跟特定历史环境的关系，而且在于它穿越漫长历史时空的能力。因此我更愿意相信，一些具有根本性的价值观念，虽然可能有着不同的表现方式，却并不能被赶出历史，而是会通过生活在历史中的人们发现其与自身实践生活的相关性而不断展示其生命力。对于人类来说，这些价值便具有超越一时之现实（即"特殊性"）的性质，正是由于对它们的认识和肯定，后人才会通过历史中的行动去逼近这一

1　J. G. A. Pocock, *The Machiavellian Moment: Florentine Political Thought and the Atlantic Republican Tradition*, Princeton and Oxford: Princeton University Press, Second paperback edition with a new afterword, 2003, pp. 65—66.

2　考文：《美国宪法的高级法背景》，强世功译，北京：生活·读书·新知三联书店，1996 年。

价值，借助于有利的时机和自身的实践去丰富和修订它的含义。这便是每一种价值都有自己的一部历史的确切含义，也是人类会在这些价值上争论数千年的原因。在这件事上，合理健全的方式也许只能是为它们保留继续生长的空间，当它们重新出现在政治辩论中时，在它们形成的压力与现实需要之间保持适当的平衡。像柏拉图或亚里士多德笔下的"民主"，与我们今天所说的民主殊为不同，自古至今一直受到许多人的诟病，但它毕竟包含着公民参政和权力源于人民这样一些核心价值，它在现代社会的可操作性是经历了漫长的怀疑、辩难与实践而被不断"发现"的。正如托尼所说，总会有一些似乎已被人们埋葬数百年的思想争端，其实并未死亡，而只是在沉睡；考察它们所采取的形式和历史遭遇，不是出于考古癖，而是因为它仍能感召活着的人。[1] 再以波考克着墨颇多的诞生于文艺复兴时代的"人本主义"而论，它在世界范围内的世俗化过程中作为现代人的一种带有普遍性的范式，其影响要远大于波考克所说的英国式"法学人本主义"或"商业人本主义"，后者只能被视为"人本主义"在英国的地方化，却不可断言是对它的否定。

习语不出门，教义传天下；引用福音书是无须考虑它的时代背景的。看看启蒙运动以来各种"主义"的出现及其在不同语境中发挥的作用，便不难明白其中的道理，尽管这是否为一件好事，想必是个很有争议的问题。从波考克讲述的"大西洋共和主义"在英美两国的遭遇，我们便可清晰地看到它作为一种规范的顽强生命力。它所包含的古典德行观念在 15 世纪末的佛罗伦萨得到复兴，传到英格兰之后，一度与清教的千禧年信仰混合为一种激进的革命精神，但最终还是没有抵挡住普通法的话

---

1 Richard Tawney, *Religion and the Rise of Capitalism* (1926), Penguin, 1964, p.5.

语传统和 18 世纪形成的"教养"风尚，在政治讨论中被逐渐边缘化。用波考克的对手曼斯菲尔德的说法，经过 1688 年光荣革命之后辉格党对英国旧制度的改造，像哈灵顿和阿尔杰农·西德尼这一类乌托邦共和主义者"便成了可有可无的人物"。[1] 可是，就像任何一场革命一样，北美殖民地的独立运动也必有其宗教或宗教式的理想为之提供动力，经由哈灵顿的著作和清教徒移民在美洲的传播[2]，这种带有乌托邦色彩的共和主义（或许还裹挟着从罗马继承而来的帝国野心）又焕发出新的生命力，尽管所谓"共和主义学派"对它有所夸大[3]，但它至今依然是美国政治辩论中不可忽视的因素[4]。对这一传统深有研究并有所偏爱的波考克也说，它一向拒绝"作为一种规范"从历史中消失，认为它已被赶走，是"社会思想史所犯下的最大、最常见的错误"（第 122 页）。

　　不过，这属于另一个曲折复杂的故事，其细节可以在波考克更具理论野心的《马基雅维里时刻》一书中看到。

　　（刊于《政治思想史》2010 年第 2 期）

1　Harvey C. Mansfield, Jr., *Taming the Prince: The Ambivalence of Modern Executive Power*, The John Hopkins University Press, 1993, p.xx.

2　哈灵顿在波考克对大西洋政治话语的构建中有着特殊的重要性。这方面的讨论见他为哈灵顿著作所写的导论：Harrington: *"The Commonwealth of Oceana" and "A System of Politics"*, *Cambridge Texts in the History of Political Thought,* ed. by J. G. A. Pocock, pp.vii—xxiii。

3　参见 Luigi Marco Bassani, "The Bankruptcy of Republican School", *Telos*, Summer 2002 (27), p.131。

4　最近出版的一本译著便是这方面的一例，佩迪特：《共和主义：一种关于自由与政府的理论》，刘训练译，南京：江苏人民出版社，2006 年。

20世纪的维也纳学人

　　就是十几天前,《时代周刊》把世纪风云人物的桂冠戴在爱因斯坦的头上。在许多人看来,这也许是个最不会引起争议的选择。至于个中原因,一是爱因斯坦的贡献确实无人能比,可能许多科学家自己也会同意,诺贝尔奖的评委们在 20 世纪犯下的最大错误,就是只颁了一个奖给他——就算给他三五个,他们也绝对没意见。再一个原因便是"科学无国界"的性质,这不只是指他那个令世人震惊的 $E=mc^2$ 到处适用,并且它根本就不管你赞同还是不赞同:什么"亚洲价值观"之类的批判,在这里派不上用场——"它就在那儿"。一些生活在前现代或后现代的人士会说,科学在 20 世纪不但霸气十足,那些所谓的成就,也不过是打开了一个又一个"潘多拉魔盒",是祸是福还说不定呢。从这个角度讲,爱因斯坦打开的魔盒是最大的一个。然而这种"说不定",也正反映了把科学的优势和劣势全都集于一身的"中立性"。因此不论种族国家,我们在祸福问题上可以各执一端,但对于它的重要和影响力,还是较易于达成一致的。

　　距爱因斯坦思考他那些完美公式的伯尔尼以东 200 多公里的地方,还有一座城市;规模若放在今日中国,勉强只能算个中等城市,但它的名声却不可谓不大。在一般人的心目中,它首先是个"音乐之都",莫扎特、舒伯特和施特劳斯这些音乐巨擘挥之不去的灿烂余晖，使它始终笼罩在一片温馨迷人的气氛中。但是我总觉得这个在大众中广为流行的"音乐之都"的名声，只是这座城市文化中很表象的东西（请爱乐者们宽恕），而且掩盖了它给我们做出的另一些重要贡献。

大体上说，也是在爱因斯坦构想他的伟大自然学说的同时，在那个城市里还生活着或诞生了另一些人物。他们给人类知识的贡献，或许没人敢说像爱因斯坦那样大，名声更未能像莫扎特那样，在平民大众中也如雷贯耳。但是他们的影响也是世界性的，我作为一个喜欢念书的，而且我相信远远不只是我这个喜欢念书的，都不会否认他们的确非常了不起。如果把刚刚过去的这一百年称为"维也纳人的世纪"，大概有些言过其实，不过我并不以为这是个很严重的错误。

他们的名字，读书人大都熟悉。若论名声最大者，有弗洛伊德、维特根斯坦、卡尔·波普和弗里德里希·哈耶克，如果把标准放宽一点儿，我们还可以再加上门格尔、米塞斯、熊彼特、贡布里希和茨威格等人。一座不大的城市（甚至可以说只是一所大学——维也纳大学）能够为20世纪的人类知识遗产提供这样一份名单，大概也只有巴黎出产的大知识分子数量能与之媲美。

这些人对20世纪的思想影响，我们自然要从弗洛伊德说起。如果回到第一次世界大战前后的欧洲，随便问个受过良好教育的人，他认为那时最了不起的知识成就是什么，他多半会回答是爱因斯坦的相对论和弗洛伊德的心理分析。弗洛伊德的影响在当年何止巨大，简直就是轰动，在二三十年代更是达到如日中天的地步，用句俗不可耐的话说，他的心理学构成了当时知识界"一道最靓丽的风景线"，尤其是在他非常厌恶的美国文化中间。由于他在古典文学上造诣甚高，又不满足于专业心理学的狭小领域，因而常用那些"力比多"和"本我"什么的来分析艺术人物（譬如莎士比亚和达·芬奇），甚至敢冲着"文明的起源"下笔，这使他对后来的众多领域产生了巨大影响。以至于到了后来有人会说，"今人翻阅一本小说，读一点史书或一本传记，讨论一件艺术品，参加一次社会学讲座，甚至为邻居家孩子行为不端而纳闷时，不想到弗洛伊德是不可能的"。好莱坞的电影产业更是多亏了弗洛伊德，专讲心理变态的电影一度使它盆满钵满。

在大众文化中取得的这种巨大成功，使弗洛伊德敢于把自己同哥白尼及达尔文并列，自认为他们三人是在打破人类神话上贡献最大的三位——哥白尼把人从宇宙中心的位置上拉了下来，达尔文的进化论又使人在本质上不同于其他生物的幻象破灭，而他本人则证明了人甚至算不上自己头脑的主人，而是被无法控制的潜意识左右。以今人的眼光看，弗洛伊德的心理分析学说因为"无从证伪"而受人诟病，在科学界并没有获得有效的支持。因此他虽然名气甚大，却终未被世界上任何一所著名大学授予荣誉学位。

不过公平地说，他的思想并不能和传统意义的形而上学或神秘主义画等号。他的方法论和经验主义科学观是一致的，他对潜意识的分析不但保持了逻辑上的一致性，并且虽无实验心理学的支持，却有不少人生活体验的佐证：人类"在文明生活的压抑"下只能挫折重重的命运，至今仍会深深撼动我们的感情。他坚信人类本性不可能完美，坚信对人性中的侵略性和反社会的冲动若不加以限制，文明将不复存在。这也使他在社会变革问题上采取深刻的怀疑主义态度，反对任何乌托邦主义的政治方案，因此也从未对生前那些集体主义试验表示过好感。希特勒和斯大林憎恨他，不光因为他是个犹太人或"反动资产阶级学者"，更源于他们出于权力的本能，不喜欢这个揭破"领袖神话"的人——他秉持一种个人主义的认识论，把一切信仰都视为一种"集体主义神经官能症"。因此在他的眼里，人们乐于编造领袖神话，不过是一种个人解除心理压抑的手段而已。

这种方法论的个人主义在维也纳人手里的另一次杰出的运用，便是门格尔的经济学。今天在经济学之外知道他的人寥寥无几，然而专业圈内的人没有谁会否认，是他为理解现代经济生活提供了最重要的一块基石。不管多么珍贵的东西，供应太多就会让人餍足——这个生活中的常识变成分析市场运行原理的利器，门格尔的《政治经济学通论》可谓厥功至伟。他这种在 19 世纪后期默默无闻，到了 20 世纪才被发扬光大的学说，即后来人们所说的边际效用理论，在今天的中国也已成为显学。他这种为了"对社会经济追根溯源，找出它的那些仍然有可能进行一定观察的最简单的因素"而建立的学说，利用了他自称"原子论"的方法对个人理性的经济行为加以分析，这也就是后来哈耶克所说的"方法论的个人主义"。

在我们今天看来，门格尔在经济学上最为重要的一项突破，便是他把一般科学所包含的经验研究，同一种"主观的"方法结合了起来。他相信，我们观察人们的行为，需要采取一种与探究自然现象不同的立场，不但要了解这种行为的客观结果，还得借助于我们对这种行为之意义的"理解"能力。这种立场的特点就在于，科学"观察"不像行为主义者所认为的那样仅仅具有客观属性，而是同马克斯·韦伯文化理论中的"Verstehen"（理解）联系在一起。因此在门格尔的理论架构内，支配着商品或服务这个物质世界的，并不是物质世界的规律，而是它满足人类主观需求的潜在能力；因而商品价值的形成，只能取决于它对不同个人的相关程度以及它们之间的调整过程。在这样的解释下，物品不再是它本身所固有、与人之好恶无涉的属性，而是成了这种关系的一个方面。用门格尔的话说，价值"是经济人对他们为了维持自己的生活和幸福而支配的货物之重要性所做出的判断"。不难想见，今天我们耳熟能详的"边际替代"和"最佳资源配置"等等说法，没有门格尔的这种理论便是难以想象的——正是通过对人和物之间这种互动关系的认识，我们才有可能在考虑一种物品的用途时，也想得到另一些人有可能为其找到的更好的用途。

边际效用理论另一个我们今天已十分熟悉的重要成就是，当我们真正认识到决定商品供需关系的因素的主观性质时，对于能够满足需求的数量，我们也会认识到它们之间有着一个不断进行调整的过程，由此引起的供应稀缺现象，在指导每个人的经济行为中发挥着重要的作用——如此一来，市场便可以被看作一个信息传递的过程，一个能够使每个人利用更多信息和技能的巨大的时空场。我们国人很少知道的另一个重要事实是，这一理论当年竟给马克思带来极大的麻烦。20世纪80年代中期一位精研过《资本论》的朋友，曾因为看到马克思在第一卷出版后那么多年不再动笔，向我述说他的困惑。而约齐姆·赖格（Joachim Reig）在为庞巴威克讨论马克思剥削理论的文章所写的前言中告诉我们，马克思是在读过门格尔和杰文斯的著作之后，对自己的资本论研究失去了信心。从这个角度看，我们不但要承认马克思的伟大，而且还应当说，他也许比他后来的那些追随者所认为的还要伟大。

维也纳人中间的又一位奇才，便是被不少人视为20世纪"最伟大哲学家"的维特根斯坦，因为他的名字同20世纪哲学的"语言学转向"这一重大事件，有着密切的关系。他的语言哲学我几乎一窍不通，但其人品却曾让我敬仰备至。当年看英国 *Encounter* 月刊上的一篇回忆文章，读到他为姐姐亲自设计并建造了一所大宅子；放弃了继承的巨额遗产；《逻辑哲学论》出版后，他认为此书即出，再无讨论哲学的必要，跑回奥地利乡下当了一名小学教员，住在楼梯下一间简陋的斗室内终日以吹单簧管自娱；他拿自己的工资买来显微镜给孩子们讲授动物解剖，出钱领他们参观城里的博物馆；他用自己掌握的机械学知识帮助当地人修理重型机械，当人们坚持要有所报答时，他就让他们买布为穷孩子做成衣服，而且就像许多圣人一样——他终身未娶。读到这些"平凡而伟大"的事迹，他的形象在我眼里简直比康德还要高大，我觉得他就像个下凡至人间的天使。

　　不过从这些事情中，也隐约透露着他执拗的一面：他不但给小学生讲生物，甚至向他们传授高等数学；当涉足于哲学研究时，他也是采取了一个几乎会让所有哲学家感到愤怒的起点——他要用逻辑分析来埋葬哲学。后来我又得知，20 世纪 30 年代末的维特根斯坦在凯恩斯那个著名俱乐部里不时行为反常。当他想要证明"这全是琐细无聊的问题，根本不值得讨论"时，竟会抓起火炉上的拨火棍一边挥舞一边大喊大叫。哈耶克就曾回忆说，他看到维氏舞动着拨火棍，冲着屋里的人高喊，在座者为求自保纷纷躲向墙角。"坦率地说，我的印象是，我这个可怜的兄弟疯了。"无独有偶，另一位来自维也纳的卡尔·波普也受到过他的攻击。当他在俱乐部里讲论"是否存在哲学问题"时，便曾惹得对这个话题不耐烦的维特根斯坦又抓起拨火棍来挥舞。我们当然不难理解他的怒火，因为波普对这个问题做出了一个十分幼稚的解答："假如没有哲学问题，也就没有哲学家存在的理由了。"而在维特根斯坦看来，那些哲学家之所以存在，完全是因为他们提出了一些在他的语言分析中完全是子虚乌有的"假问题"。

像这样的思想分歧，我们在维特根斯坦同波普和哈耶克之间还能找到很多。就像许多在自己的领域里名震全球的思想家一样，维特根斯坦与他这两位了不起的同乡相比，在政治上表现得十分幼稚。1936年他去苏联一游，便认为西方媒体的负面报道是别有用心。1938年3月，就在希特勒吞并他祖国的前一天，他还曾向剑桥的同事们信誓旦旦地保证，关于奥地利将同德国合并的谣言纯属无稽之谈，希特勒根本就不想侵略任何国家，更没有理由侵略奥地利。在希特勒的反犹太法令颁布后，他作为犹太家庭中的一员，竟写信安慰自己仍在奥地利的姐姐"没有必要害怕，那么多人尊敬你，谁敢加害于你呢？"因此也不足怪，哈耶克同他这位堂兄一直关系冷淡。

大概也是因为他们在思想上隔阂太深，哈耶克虽然曾是《逻辑哲学论》最早的读者之一（出版当日，他便买了一本"一头扎进去"想看个究竟），但他后来为论证"自发秩序"而四处寻找证据时，竟没有留意到维氏思想的价值，这不免让我感到奇怪。其实，他在《法律、立法与自由》第二卷里深入讨论"语言规则"的形成时，本可以从在这方面比他高明很多的维特根斯坦那儿大有获益的。根据后者的语言观，世间没有任何规则能够限定语言如何产生，句子的含义是通过它在人类活动中的作用表现自身的，而且任何外在的规则都无法决定这些活动是什么或能够是什么——语言的游戏规则都是"玩儿出来的"，因此没有语言之外的某种势力能够说明或"解释"它。

维特根斯坦基于这一认识，常把语言比作一个有机整体，并且认为理解它的唯一办法，就是让它自由游荡，观察它的习性、它如何生存、它在做些什么。所以他也强烈反对"私人语言"的说法，认为语言从本质上说是社会的，没有任何人能够"创造"出一种语言。虽然我们不好把这些反映着后期维特根斯坦观点的话硬往别的领域上扯，但是假如把他的"语言"一词换成哈耶克那个著名的概念"自发秩序"（甚至也可换成门格尔的"价格"），它们在认知形式上的同构性却是显而易见的。

对于哈耶克和卡尔·波普这两位来自维也纳的好友，他们在 20 世纪为坚守自由主义阵地而做出的巨大贡献，今天的读书人已经耳熟能详，无须我再饶舌。不过他们二人深厚的友谊，也常掩盖他们的不同。作为经济学家，哈耶克锁定的攻击目标是那些要给天下人包吃包住的管家式政府，而波普更多是从观念层面反对包打天下的意识形态，因此他并不怎么反对社会主义，他曾无保留地支持后来人们所说的福利国家的政策——失业保险制度、养老保险制度、充分就业政策、为每个愿意工作的人提供收入保障、不考虑收入状况向一切人提供教育等等各种防范不稳定的社会保障形式。今天正在我们这里似隐似现的"第三条道路"与自由主义相抗衡的格局，在波普身上竟统一在一起，这也许是个奇妙而又值得思考的话题。

但是，在人类知识的开放性和不确定性问题上，波普和哈耶克显然有着高度的一致。他们都把人类文明视为一个"进化过程"（波普《客观知识》一书的副标题便是"进化的态度"），并在有限理性的概念中找到了传统与创新之间保持一定张力的奥秘。同波普的"证伪法"易于留给人的激进主义印象相反，他相信，人们虽然经常用"革命"一词来形容现代科学的飞速发展，但是传统主义也正确地强调，包括科学态度在内的我们的一切信仰，却主要来自继承。科学精神与各种宗教和习俗的主要区别，并不在于它的反传统，而在于它总是以理性的批判态度讨论传统信念的品质。

哈耶克从知识的高度分散性和主观性来论证集中管理有着无法克服的缺陷。波普出于同一目的，则提出了我们的所有知识，尤其是有关社会因果关系的知识，都有着高度易错性的特点。这意味在社会改造的问题上，合理的选择应当是零打碎敲而不是整体主义。由常识可知，人们对局部改变的后果有着更多的经验，而对于大规模的或"整体主义"（即波普所谓的"刮干净画布"）的社会改造的全部可能的作用，我们显然所知甚少，当然也没有多少能力预见它们的后果。因为社会试验的规模越大，同时产生的后果也就越多。人们即使不是不可能，也很难搞清楚哪个原因造成了哪种结果，因而很可能导致无法挽回的巨大错误。因此他说，"对待因果理论的怀疑主义态度，知识上的谦逊，是……一个最重要的道德责任"。

哈耶克和波普的一致不是难以发现的，但若是想在这些维也纳学人中找出一些共同点，也许是件费力不讨好的事。不过大致说来，在我的印象中，他们大都给人一种知识贵族的感觉，博学而不乖张，理性与常识交融；虽然同属于德语文化，他们并不像德国人那样工于纯粹思辨和理念的伸张，也缺乏马克思、黑格尔、尼采等人那种披坚执锐的王者气象。导致这种现象的一个原因是，他们的思想不管如何精深，其世界观却都不是"目的论的"，从这个世界的运动中，他们看不出它在明确地指向某个目标。这决定了他们的思想都不曾掀起过什么"社会运动"。如果按这个标准，他们的重要性与譬如萨特或马尔库塞这类风云人物相比，当然就要大打折扣，这大概也是他们在大众文化中形象不够伟大的原因之一吧。

"不够伟大"的另一个原因，大概也与他们总是愿意从当前的各种话语体系中退出一步有关。这是一种不太容易说清楚的品质，一种在知识追求上本能地与一切既有价值体系拉开一定距离的能力，它并不是一种单纯的"问题意识"或怀疑主义精神，虽然我们得承认这些因素也起重要的作用，它或许还有着一种力求超越区域性亚文化或民族限制的内在动力——一种在知识领域里既安守本分又胸怀博大的品质。

我们看到，他们所究诘的问题，首先是一些认知性的问题，而不是海德格尔式的"意义"问题。他们求知的欲望，要远远大于道德的或美学的冲动。因而他们能够不惜触犯众怒，向世人揭示一些令人不快的实相。维特根斯坦的哲学是以"反哲学"起家的———一切哲学家所研究的所谓"哲学问题"真的存在吗？哈耶克的问题则是，让知识对人类做出尽可能大的贡献的方式，只能是充分运用我们的理性吗？门格尔——商品的价值真像人们认为的那样，是由它的客观属性决定的吗？波普则把人们所谓的真理观完全颠倒了过来：它是得到证实的知识，还是恰恰相反呢？

许多人不喜欢他们的思想，可能并不是因为他们的观点本身不正确，而是觉得那里边总有一些欠缺：他们的个人主义只有"方法论"的意义，其高度的形式化表现得非常缺少"自我意识"。包括弗洛伊德的精神分析在内，他们的理论几乎从不涉及个人的救赎或价值重建。这样的学说，不能像存在主义那样，在"生死意义"这种问题上给人们引领道路。这使一切对"意义"问题有着内心焦虑的人，会不时觉得那是一种"冷漠的"语言。

说得通俗一点，他们属于那种活着不管是好是坏，先得图个明白的人。若论人文修养，谁也不会否认他们都是顶尖级的，但他们并不怎么鼓吹"人文精神"。这样说吧，他们认为常与"终极关怀"联系在一起的人文主义精神，是个"个体选择"的问题，它只能在"抽象的"个人主义的制度架构内，由每个人分别做不同的实现，因此他们才不愿意自视为我们理想中那种"铁肩担道义的知识分子"。在他们中间，哈耶克大概是最讲"价值"的一位，但是他一直否认自己和社会主义者的分歧是"价值分歧"，而是认为用他们的方法并不能达到他们的目的（一个事实或逻辑的问题）。在他的众多文章中，我们甚至可以不断看到他嘲笑那些以社会公正为己任的"知识分子"。因为在他眼里，知识领域中只有各个专业合格的科学家，并没有什么"知识分子"。用他的话说，大多数自称为"知识分子"的人，可能都是些专门以半瓶子醋的方式"倒卖别人思想的二道贩子"，其结果往往不是传播了正确的知识，而是大大地误导了公众。令人不解的是，近年来有关"知识分子使命"的话题和哈耶克的思想一道在中国广为传播，却无人提及他这方面的言论。我有时不免想，不管人们赞成与否（很可能大多数人都不赞成），如果他的那些论述在我们这里可以得到重视和深入的讨论，说不定会加深我们对"知识分子立场"的认识。

这种认知先于价值的思想倾向，我想也许同一个民族独特的成长史大有关系。三百多年前的哈布斯堡王朝时代，位居欧洲腹地的维也纳，所辖包括了中南欧的一大片人种杂居之地，为了统治这片语言文化和习俗上差异甚大的地区，容不得这个古老的奥地利王室强求一律。为了长治久安，它更乐于让纷至沓来的各地贵族保留一份各自的乡土文化，使维也纳在当时便成为一个汇聚各种审美情趣的国际化都市。前些日随便翻读刘向《说苑》，看到"人君之事，无为而能容下，夫事寡易从，法省易因，故民不以政获罪也"，令我恍然觉得，中国古代先贤的这种治国理想，倒是在数千里之外的维也纳这个异邦得到了落实。

这种使民以宽的政风和哈布斯堡王朝一起，延续数百年不坠，使得茨威格在记述两次世界大战之间的故乡时，充满留恋地说维也纳是个

"超民族主义者和世界主义者"的城市，它"把民族和语言的一切对立因素融合在自身之中，成为西方一切文化的综合"（见其《昨日的世界》）。贡布里希在《艺术与人文科学》一书中也说，统治着维也纳的"一直就是贵族和以宫廷为中心的没有自我意识的文化"。马克斯·韦伯在第一次世界大战期间的 1916 年曾到维也纳大学短暂任教，这个城市给他留下的印象，恰好可以印证茨威格和贡布里希这两位维也纳人的赞扬，并非出于对本乡本土的偏爱。韦伯在给夫人的信里说，在维也纳，"我又会见了很多喜悦的人们，他们都从容不迫，细致优雅，如此的闲适，还具有我们所缺乏的世界主义胸怀"。

这种"世界主义胸怀"，这种"没有自我意识"的品格，也再好不过地反映着贡布里希本人的艺术态度。我相信很多读过贡布里希的人，都会被他那种超然的态度感动（或迷惑）。因为和许多只想在价值符号中找寻微言大义的人相比，他的叙说几乎是平淡如水的。他对古往今来的艺术流派，除了品鉴其风格本身的高下之外，从不愿意引申出艺术之外的话题。那种在价值判断上的审慎，简直可以让人失去任何争论的勇气。

今天的维也纳人是否也像对待莫扎特那样把这些人引为自豪，我不得而知。出于种种原因，除了去世于 20 世纪 20 年代的门格尔，他们大多数人都远走他乡——这一曲 20 世纪的"蓝色多瑙河"，有一多半是在泰晤士河畔谱写的。但是他们的思想成长过程，无可否认地同维也纳这个"音乐之都"联系着。

这又让我想到毕生热爱音乐的波普，他在自传《无穷的探索》中，曾用不少的篇幅拿贝多芬和巴赫做比较（大多数爱乐者可能不会接受他的观点）。在他看来，贝多芬有过多的灵感来自音乐之外，来自他的反贵族、反等级的民主理念，他总是想借音乐来表达一种目的论的历史哲学，对于信奉"开放社会"的波普来说，这是无法接受的。而巴赫的音乐，却是三尺钢琴童子也可以学习的——它不但在音乐风格上既工整又变化丰富，而且在理念上也较少个人色彩，具有充分的普世主义和"开放性"。因此和贝多芬相比，他为新乐思的展开提供了一个极为广阔的平台。我们不妨说，进入了贝多芬的世界，你只能沿着他指引的道路勇往直前；而在巴赫那里，自行拐弯的机会就多得多。

说到音乐，莫扎特这位真正的维也纳人，在歌剧《女人心》中曾戏谑地嘲弄世人相信女人的忠贞。那个玩世不恭的老头阿方索让两个对自己的情人坚信不疑的年轻人乔装打扮，分别去追求对方的所爱。他们一番软硬兼施后一一得手，结果对女人的忠诚大失所望。然而这个故事并没有摆出一副道学家的面孔。它让那两对情人重归于好——一个欢天喜地的结局，一个在贝多芬那里也许会酿成悲剧的喜剧故事。因此不管是从莫扎特的歌剧还是音乐中，我都觉得他是个从天性上便信奉"和为贵"的人。

把他的这种精神扩而大之，我们便可得到一种体现在那些维也纳学人身上的品质，即在价值上宽容而职业上进取的精神。在这种精神之下，我们仍可在世间各自追求一些十分可取的事情，如坚贞的爱、终极的善、完美的理性、造福社会的计划，但是在这些事情上却不应过于专断，因为对于命运多舛的世人来说，它们也许像阿方索唱的那样：

"如同阿拉伯的凤凰，

大家都说它确实存在，

它在哪儿无人知晓。"

（刊于《读书》2000 年第 4 期，原题为"维也纳人"）

贡斯当：自由的还是保守的？

在 20 世纪 80 年代出现的青年学者中间，甘阳先生是我素来敬重的一位。正如他在《自由主义：贵族的还是平民的？》（见《读书》，1999年第 1 期）中所说，是他在 80 年代最早开始向国人介绍"英美自由主义"的思想，其中他引介的"消极自由"与"积极自由"的概念，曾促使我对伯林的思想做更深入的了解。然而，也是由于他在这篇文章中的一些叙述，我以为自己若是采取那样的立场，会对理解政治思想史中的一个十分重要的个案，即英美自由主义在 19 世纪初法国的发展脉络，带来很大的不便。

甘阳先生说："正是在（柏克对法国大革命的保守主义立场）这一点上，伯林对柏克的批判以及他关于'那些反对法国大革命的人都是真正的反动分子'的严肃警告，是极其值得今日中国知识分子深思的。因为这一警告事实上提醒我们，自由主义对法国大革命的批判，并不等于柏克式的保守主义批判。……伯林在法国大革命上的这一立场乃根植于他本人直接继承的一个独特自由主义思想传统。……这一可称为'大革命后的法国自由主义'路向的最突出特点就在于，其代表人物一方面深刻总结大革命的教训，另一方面则又以捍卫大革命的原则为己任。"

我十分担心自己误解了甘阳先生的意思，才大段引用他的原话。我想我们不难从这段话中得出一种印象，即伯林之援用贡斯当的自由主义，是因为他与柏克的保守主义属于十分对立的，或至少是很不相同的思想流派。

首先我得说明，甘阳先生就自由和民主的关系所阐明的看法，凡是对这一问题背景有所了解的人，都不会否认其重要性，所以我虽然不喜欢他的一些很情绪化的语言（譬如中国知识界的"集体道德败坏症""集体知性低能症"），但是对于他就孤立的自由主义本身所内含的危险倾向给我们发出的告诫，我还是非常赞赏的。正像孤立的民主经常会受到"多数专制"的诘难一样，自由主义不利于某些类型的民主和平等诉求这一天然倾向，当然也是个经常引起人们不安的问题。甘阳先生就"自由主义与民主及平等之间的张力"这个十分棘手的"老问题"所表现出的关切，我们没有任何道理忽视其重要性，因为他希望说明，"这一张力不可能性以一方压倒另一方来解决，亦即'不平等的自由'与'不自由的平等'都是不可接受的"。大概也正是为了表明真正的自由主义者应当对自由与平等这些理念给予同等的肯定，他才从伯林的自由观与贡斯当的关系中，扩展出对柏克的保守主义在近代民主化中的适时性之否定。

但是，姑不论把柏克的保守主义搬到今天的中国是否属于"时代错置"，从问题本身的逻辑理路上说，即便做出十分繁复的思考都不易说得十分妥当，而且它与思想史中的一些事实也是有出入的。贡斯当是个法国人不假，但他是否代表一种"独特的法国自由主义传统"，他是否那样肯定作为法国大革命思想旗帜的那些理念，他在保守主义的态度上是否与柏克对立——简言之，在自由与民主及平等的关系问题上，是否能够拿贡斯当来反对柏克，我认为是很成问题的。

实际上，对于贡斯当的自由主义立场，尤其是他那种法国文人式的既铺张又有些卖弄的文风，虽然我们不能说那是标准的英国自由主义，却很难认为它代表着另一种"法国的自由主义"。贡斯当青年时代在英国爱丁堡大学受过正规教育，凡是了解他对君主立宪制下的"英国的自由"不断发出的赞美的人，大概都不会否认这种教育对他的思想所产生的作用。对于柏克的"反革命立场"，贡斯当更是系统地（绝不是偶然地）做出过十分正面的回应。不错，他确实不赞成柏克为旧制度进行的辩护，但那不是因为他赞成法国那场"漫长而悲惨的革命"（贡斯当语），而是因为柏克对引发这场革命的原因实在太无知。贡斯当对柏克的这一诟病，也为后来的大多数柏克研究者所认可。

然而，贡斯当确实领会了柏克保守主义的实质。他像柏克一样认为，发动一场建立在某些"普遍原则"之上、丝毫不顾及传统和习俗的革命，对于既需要个人自由，又需要常规和稳定的近代商业社会是多么危险。还是让我们来看看他本人是怎么说的吧：

> 也许有一天，我会仔细审视那些作者中最出类拔萃之辈的理论，找出它的荒谬和不可行之处。我相信《社会契约论》那种狡诈的形而上学，在今天只能用来为各种各样的暴政——一个人的、几个人的人或所有人的暴政——提供武器和借口，使之以合法形式或通过大众暴力实施压迫。（见《篡权政治》第7章）

> 卢梭忽视了这个真理，他在《社会契约论》中所犯的错误，经常被用来作为自由的颂词，却是对所有类型的专制统治最可怕的支持。（见《适用于所有代议制政府的政治学原理》第1章）

> 没有比借口服务于民族利益而对习俗使用暴力更为荒唐的事情了。幸福是首要的利益，而构成我们幸福的基本成分就是我们的习

俗。(《征服的精神》第 13 章)

　　当我们看到伏尔泰和其他许多作家对众多与法兰西共存的相互对立的习俗而义愤填膺时，我为他们因迷恋对称美而导致的这类错误感到惊讶。"什么？"他们喊道，"同一个帝国的两个地方服从着不同的法律，仅仅是因为它们隔着一座小山或一条小河！难道山的两侧和河的两岸有着不同的正义吗？"但法律不是正义，它们只是伸张正义的形式。如果把长期各立门户的两个相邻部落合并在一起，你会发现他们仍将保留不同的体制，而评价这种差异的根据，决不是地理上的远近或者名称上的异同，而是与世代相传的法律的精神联系，那是他们分析一切事物的基础。(《征服的精神与篡权政治》第 1 章)

　　由此可见，贡斯当对社会由"成长"或"进化"生成的习俗，取十分尊重的态度，大概没有人可以否认；而这尊重正是"保守主义的精髓"。因此可以说，贡斯当在这里所遵循的就是柏克式的"英国自由主义传统"。贡斯当最重要的著作之一《适用于所有代议制政府的政治学原理》，其实就是一部为法国建立立宪制而精心设计的方案。我们可以想象，在这一传统中思考政治变革之人，自然不会相信完美的理性主义原则无条件地优于"时间这位伟大的老师"留给我们的智慧。在表述这种智慧方面，我们不太可能说得比贡斯当更好，所以还是让我更多地引用他在《征服的精神》第 13 章所说的话来说明这一点——因为它简直就像是完全出自柏克的笔下：

　　　我们可以大胆断言，法律固有的优点，远不如一个民族信服并遵守法律的精神重要。如果一个民族爱护并遵从法律——因为这些法律出自一个神圣的源头，是它所崇拜的一代代先人的遗产，并与它的道德观念水乳交融——那么法律就会使它品德高尚，而且，即使这些法律并不完善，但是同仅仅根据权力的命令而实施的更好的法律相比，仍然会产生更大的美德，以及随之而来的更大的幸福。

我必须承认，我极其崇拜过去。越是得到经验的指点或反省的启示，这种崇拜就越是与日俱增。尽管会引起现代改革者们的极大反感，我还是要说，如果有一个民族……把那些被先验地说成是最完美的制度拒之门外，而对自己祖先的制度保持忠诚，我将赞美这个民族，而且我会认为，尽管它的制度有缺陷，但与所有计划中的改进相比，能使它的情感和心灵更加幸福。

人类很会适应那些他发现已被建立起来的制度……他会根据这类制度的缺陷调整自己的利益、他的构想和他的全部生活计划。这些缺陷会逐渐得到弥补，因为一种制度若能持之以恒，制度本身和人的利益之间就会出现某种交易。人与人之间的关系和人所怀抱的希望，无不以现存的事物为转移，要改变这一切，即便是出于好意，也会对他造成伤害。

为了避免天真的"时代错置"，对贡斯当的这些话，我们当然不必急于表明是否赞成。但是有一点是无可否认的：从这些话里我们不可能看到他与柏克对立。因此，说贡斯当反对柏克的"'尊重等级制、尊重贵族精英的统治'这类极端反自由主义的观念"（甘阳语），是很难让人信服的。贡斯当像后来的托克维尔一样，对旧制度时代的法国贵族啧有烦言，他认为在法国的中央集权制度下，贵族身份仅仅成了一种高雅的装饰，"贵族显赫的地位几乎只有消极的作用：它所体现的与其说是既得利益阶层的明确优势，不如说是对平民百姓的排斥。它毫无节制地惹是生非。它不是一个能让人民遵守秩序、维护自由的中介机体。它是一个没有根基的团体，在社会机体中没有固定的位置"（《适用于所有代议制政府的政治学原理》第 4 章）。

但是对于英国的贵族制度，贡斯当却有着完全不同的态度，他说："我们看到，在大不列颠，世袭贵族同高度的公民自由及政治自由和谐共存，所有出类拔萃的公民都可以得到它。它没有世袭制中那种唯一真正令人厌恶的特征：排他性。任何公民，从被授予贵族爵位那一天起，都可以享受最古老的贵族世家所享受的同样权利。英国非长子后裔要回到民众的行列，他们构成了贵族与国民之间的纽带，就像贵族本身构成了国民与王室之间的纽带一样。"（同上）

我想这里有必要指出，保守主义之常被人误解，固然有它那种故步自封的心态作祟，而且常常有人从它背后看到一种维护既得利益的动机。但是我们不应当幼稚地认为，像柏克或贡斯当这样的保守主义者，如果他们唯一的长处就是无条件地维护既有体制，他们还能在身后享有那么大的名望。我们应当明白，他们之所以要"保守"，其中还有着一个更为深刻的认识论原因：在理解社会本身的运行机制方面，人类的理性有着不可克服的局限，这就是休谟所说的"人类理解力的狭窄疆域"或哈耶克的"人类不可避免的无知"，由此造成的一刀切式的变革，牺牲的不但有和平，还会有许多个人的自由选择。也正是在这一点上，自由主义与保守主义汇合到了一起——当他们意识到现状必须有所改变时，宁可让其尽可能在人们细小而自愿的相互调整中完成，而不去诉诸集体主义的决策。

就此而言，我认为贡斯当在这方面所表现出的"反理性主义"，甚至比柏克更为卓越："有些人似乎认为，我是在建议人们尊重过去，同时又谴责一切革新，拒绝观念的进步，没有认识到时间必然会给舆论、从而也必定会给人类制度带来不可避免的变化。然而我所尊重的过去不包括任何非正义的制度。我承认没有任何传统可以使非正义合法化。但是，如果事情只是有待完善，如果预期的变革并非严谨的衡平法所必需，而只是受想象中的功利性目标的刺激，那么我认为毫无疑问的是，人们只应缓慢而有节制地进行那些革新。"

自由的保守主义在一个方面的见识可以说是无人可比的，这就是它反功利主义的"历史感"：它不但从空间维度上承认哈贝马斯所谓的"主体间性"，而且把它扩大到了时间维度。和这一理路上包括柏克在内的所有思想家一样，贡斯当认为人之聚合为社会，不可能只是为了眼下的某个目标，而是一种始终与过去和未来皆存在着利害关系的合作行为，正义的永恒性不可能是一蹴而就的事情，它只能在时间中徐徐展开。因此，急功近利的设计即使是出于善意，也会导致邪恶的后果：

> 任何改良，任何改革，任何弊端的清除，只有在它们符合国民愿望时方有益处。如果它们超前于国民的愿望，它们就会变成邪恶。它们将不再是善举，而是暴政。平心而论，重要的不是如何迅速地完成善举，而是制度是否合理。……所有的弊端都息息相关，个别弊端甚至与社会大厦的基础紧密相连。如果舆论尚未把它们识别出来，你在攻击它们的时候，将会摧毁整个大厦。……应当服从时间的安排，每天都要做好当天该做的事情，不要固执地维护行将崩溃的事物，也不要过于急切地建立好像是一厢情愿的东西。要忠于

正义，它属于所有的时代；要珍重自由，它会带来种种益处；要让许多事业没有你也能发展，让"过去"来保护它，让"未来"去完成它。

从一个村庄到另一个村庄，最直的路线无疑就是最短的路线……但是，假如你只有靠拆除民宅、荒废农田才能拉直这条道路，假如你这样做了之后需要动用警察的手段才能防止人们回到老路上去，假如你需要宪兵去逮捕擅入者，需要监狱容纳他们，需要狱卒看守他们，这不是更费时费力吗？如果权力能够在不侵犯私人财产和个人权利的情况下开辟一条道路，那真是善莫大焉。但是在开辟那条道路时，最好不要封闭那些由来已久的道路——尽管比较漫长且多有不便。但愿他们放弃同习俗作战的嗜好；一旦得到人们的普遍关心，预期的变革就会以更小的代价获得成功，并将证明更为彻底，而且不可逆转。（《征服的精神与篡权政治》第1章）

我希望以上这些抄来的文字，已足以让我们辨明贡斯当和柏克的思想关系。当然，一篇短文不可能把他的思想交代得十分完整，但就我所知，贡斯当在他所有的政治著作中从未攻击过柏克却是个不争的事实。其实，了解那段历史的人都知道，若想如甘阳先生那样，从民主和平等的立场上修正柏克，最合乎逻辑的人选是攻击柏克不遗余力的伟大的民主战士潘恩，而不是被法国冷落了一个半世纪之久的贡斯当。当然，我在这里无意夸大他的保守主义的"适时性"，因为毕竟它也是经常失败的，面对急切的或貌似急切的社会危机，稳健持重的声音不易入耳，经常是让人无可奈何的事情。然而我们也不能否认，几百年来世界范围内的现代化过程，不断地在向人们提出如何在变革与稳定中重新整合社会这个尖锐的问题，而保守主义对这个问题做出的一些回应是我们绝对不应忽视的。不错，有时我们感到，历史的巨轮就在耳边轰响，狂风暴雨般的大变局势所必至，此时再谈保守，无异于另一种幼稚的"理想主义"。但是，这种局面到底是证明了保守主义的失败，还是因为一味否定保守主义而造成的失败，并不是一个十分容易讲清楚的问题。

就民主化的大趋势与维护自由与和平的问题而言，我当然十分赞成甘阳先生力主不可弃民主而言自由主义（或相反）的立场，但是我想有一点是必须表明的，那就是"民主"对于我们而言，永远只是一种手段，个人自由才是它所应当效忠的主人。尽管到目前为止，民主是我们所知道的维护自由的最好手段，但是如果脱离了自由这个起价值规范作用（即限制民主的应用范围）的目标，民主所能引起的灾难，的确会丝毫不亚于最可怕的暴政。

（原载《读书》1999 年第 5 期）

小观念里的大见识

我利用 2014 年暑期把赫希曼这本小书《欲望与利益》重新译过，是因为十几年前便与它有过一点缘分。当时有一套"不死鸟丛书"，我忝列编委之一，还没来得及做点什么，丛书出过四种之后便无疾而终，不过其中就有赫希曼这本《欲望与利益》。当时出版社曾惠寄一册，我读过之后甚为喜爱，但总觉得译文有不尽如人意处，这对于这么一本构思精巧、文采斐然的著作，未免令人惋惜。当浙江大学出版社的朋友告知有意出个新译本时，我便爽快地应下了这件事。

此次翻译采用的版本，与十几年前那个译本稍异，是普林斯顿大学出版社 2013 年刚出的一个新版本，前面仍有阿马蒂亚·森的序言，正文部分也无多少变化。不过，为了纪念前一年刚去世的作者，书后多了一篇由杰里米·阿德尔曼（Jeremy Adelman）写的跋。他是普林斯顿大学史学教授、赫希曼的年轻同事，也是 2014 年甫一面世便好评如潮的《赫希曼传》[1]的作者。在这篇跋中，阿德尔曼以很文学化的笔调，向这位"20 世纪伟大的知识分子之一"（阿马蒂亚·森语）表达敬意，回顾了他在普林斯顿高等研究院写作《欲望与利益》的过程。

1　Jeremy Adelman, *Worldly Philosopher: Odyssey of Albert O. Hirschman.* Princeton University Press, 2014.

马基雅维里在他落魄的晚年，曾给好友圭恰迪尼写过一封著名的信，记述自己伏首写作《君主论》和《论李维》的情形。白天他"四处游荡，捉画眉，拾柴火，跟当地粗人一起打牌，玩十五子棋"，傍晚回家后，他"脱掉脏兮兮的衣服和靴子，穿上宫廷的华服，与宫廷中的古人一起用餐……毫无羞涩地与他们交谈，向他们请教他们的行为动机，他们也友善地回答我。这时我几个时辰都不觉得无聊"[1]。据阿德尔曼说，毕生喜爱阅读马基雅维里的赫希曼，在写作《欲望与利益》的过程中也像马氏一样，将自己沉浸在与古人的对话之中。那时的赫希曼，在卡片上记满了古人的名字和箴言，"与古代哲人一起追思旧邦……连他的衣着，都让人想起文艺复兴时代的服装。在普林斯顿高等研究院的大厅里，人们一眼就能认出既博学又衣冠楚楚的赫希曼"（第 137—138 页 [2]）。

马基雅维里缅怀旧事，是为了让他的同胞重建罗马人的荣誉意识；赫希曼回到古人中间，则是要唤醒今人对早期资本主义的记忆，恢复他们对其诞生的"奇迹感"。因为在他看来，那个时代的道德焦虑推动着对人性的反思，但人们通常都低估了它内生于传统话语的程度（第 4 页）。那是一个在既有的人性论内部发生缓慢变化的神奇过程。

其实，赫希曼本人的一生就是个很传奇的故事。2012 年年底他去世后，《纽约客》专栏作家马尔科姆·格拉德威尔（Malcolm Gladwell）曾著长文《怀疑的才能》[3]，讲述了他不同寻常的经历。1915年赫希曼出生在柏林一个犹太富商之家，1933 年入巴黎索邦大学，然后去伦敦政治经济

1　John M. Najemy, *Between Friends: Discourses of Power and Desire in the Machiavelli-Vettori Letter of 1513—1515*. Princeton University Press, 1994.

2　按：这里标注的是原书页码，见《欲望与利益》边码；下同。

3　Malcolm Gladwell, "The Gift of Doubt", *New Yorker*, June 24, 2013.

学院，最后是在意大利拿到经济学博士学位。这样的教育背景足以使一个人有开阔的知识视野。而在学业之外，他的经历更加不同寻常。西班牙内战期间，他曾投身于共和派反抗佛朗哥的战斗，二战初期在法国马赛大力营救过数千名犹太人，其中包括画家杜尚、人类学家列维－斯特劳斯和政治哲学家汉娜·阿伦特。太平洋战争爆发后他加入美军成了一名文官，在意大利参与过对纳粹战犯的审判。战后他先是供职于美联储，参与过马歇尔计划的实施，然后在南美的哥伦比亚为世界银行工作多年。当赫希曼真正转向学术生涯时，已过不惑之年，先后任教于加州大学伯克利分校、耶鲁、哈佛和普林斯顿几所精英大学。他留下的著述并不很多，却常有独特的创见，以致有人认为，他没有拿到诺贝尔经济学奖，不是他的遗憾，而是诺贝尔奖委员会的错误。[1]

　　确实，赫希曼通常被人视为一个杰出的发展经济学家。他的《经济发展战略》和《退出、呼吁和忠诚——对企业、组织和国家衰退的回应》[2]，使他在经济学界享有盛誉。但赫希曼同时也是一个喜欢跨学科思考的人，现代森严的学科壁垒可以成为"专家"躲开质疑的避风港，但在赫希曼看来，却是使人眼界狭窄的知识牢笼。所以我们看到，写出《经济发展战略》的赫希曼，同时也是《欲望与利益》的作者，前者是典型的发展经济学理论著作，后者则是对 17 和 18 世纪观念史甚至是修辞史的精深研究。它的主题虽然涉及经济行为的动机，亦有对斯密和重农学

1　见 Jeremy Adelman, *Worldly Philosopher*, p. 613.

2　Albert O. Hirschman, 1958. *The Strategy of Economic Development*. New Haven: Yale University Press, 1958; *Exit, Voice and Loyalty: Responses to Decline in Firms, Organizations, and States*. Harvard University Press, 1970. 赫希曼两书都有中译本：《经济发展战略》，曹征海、潘照东译，北京：经济科学出版社，1991 年；《退出、呼吁与忠诚——对企业、组织和国家衰退的回应》，卢昌崇译，北京：经济科学出版社，2001 年。

派的讨论，叙事方式却完全回到了古典语境之中，调动的许多知识资源通常不会进入经济学的研究视野，例如培根、维柯、斯宾诺莎、孟德斯鸠和米拉等等。

在这一点上，我们可以清晰地看到赫希曼与哈耶克——他自 20 世纪 40 年代便喜欢阅读的学者之一——的相似之处。第一，他们两人都是不好归属于任何学科的思想家；第二，与哈耶克的无知理论相似，赫希曼认为，社会生活的复杂性给人类的认知能力设定了根本性的限制，但这种限制本身并不是一个不利因素，反而为人类以纠错方式发挥创造力提供了广阔空间，所谓发现无知要比已知更令人着迷，改进的动力也正是来源于此。这种思想在他写于1967年的名篇《隐蔽之手原理》[1]中有最集中的体现。或许经历过太多人世间的不测，他对那些以理性假设为前提的理论推衍一向不以为然，更看重计划的失败为创新提供的机会："创新的出现总是令我们惊奇，在它出现之前我们不可能想到它，甚至难以相信它是真的。换言之，我们不会有意识地从事这样的任务，它所要求的创新我们事先就知道将会发生。我们能让创造力得到充分发挥的唯一方式，就是对任务性质的错误判断。"[2]无知确实能酿成恶果，但那多是因为政治领袖们的虚妄。他们宣称拥有自己并不具备的整全知识并强力加以贯彻，结果是扼杀了个人根据变化做出调整的机会。

尽管赫希曼本人宣称，《欲望与利益》一书与他过去的经济学著作有着截然不同的性质（见第xxii页），但我们从这本著作中仍可以看到以上思想方法的运用。他认为，新的观念并不是从外部对抗旧的既有体制中

---

1 Albert O. Hirschman, "The Principle of the Hiding Hand", *Public Interest,* vol. 6, Winter 1967, pp. 11—23.

2 同上，p. 13。

产生的，而是出于内生性危机因素的意外作用。《欲望与利益》前言中的一段话，可以视为这种认识方法的反映："人们通常低估了新事物源于旧事物的程度。将漫长的意识形态变化或演变描述为一个内生的过程，较之把它描述为独立形成的反叛性意识形态与占主导地位的旧伦理的衰落同时兴起，当然要更为复杂。"（第4—5页）新思想的产生类似于一个应激性的进化过程，而应激源只能从它的机体内部去寻找。为描述这个过程的发生，就需要考察和辨别一系列相互关联的观念与主张，找出其源头与变异的来龙去脉。

从这个角度来观察思想史，往往会发现一种新观念的产生并不是来自周密的论证，而是一些存在于原有话语体系中的"小观念"和"局部知识"，它们在意识形态中看似不占核心位置，更不能提供认识社会的整全知识，但是在某种社会变迁——本书中的例子是商业活动的增加——的刺激下，却具有动摇既有意识形态的强大力量，能够引起社会风尚的深刻变革。此外，17和18世纪的思想者，与今天的理论家们最大的不同，大概是他们喜欢讨论的不是"主义"，而是"人性"。翻一翻譬如说洛克、亚当·斯密和孟德斯鸠的著作，我们便会发现，他们很少讨论以"主义"冠名的各种思想，也不会把带有"ism"后缀的词作为核心概念。毕竟那时的西欧尚未进入"意识形态"时代，其世界观仍是以自古典时代便已形成的各种人性论及其相关概念作为基础。当然，这也是赫希曼能够从修辞学角度分析那个时代的商业伦理的前提。

像"欲望"（passion）和"利益"这类概念，便是能够引出大见识的小观念。《欲望与利益》的副标题是"资本主义胜利之前的政治辩论"，由此可知它是一本有关资本主义早期观念史的著作。为了寻找这些小观念的影响，赫希曼必须冒险步入那个丰富而复杂的思想大厦，重建观念序列而忽略其各种思想体系（参见第3—4页），这使此书更像是对17、18世纪思想生态的一次田野调查。那个时代发生过一场对商业行为的思想推销运动，采用的方式之一，是对包含在"欲望"这个古老概念中的某些成分重新给予伦理学解释，使人们从其负面价值的负担中解脱出来。

据赫希曼本人说，他这本书的构思，肇端于孟德斯鸠《论法的精神》中的一句话："幸运的是人们处在这样的境况中，他们的欲望让他们生出作恶的念头，然而不这样做才符合他们的利益。"他由这个表述察觉到，对于人的"欲望"，自17世纪始，一些思想家开始从中区分出一种"利益"的成分，而在过去这样的区分是不存在的。"欲望"中最突出的表现之一，即对财富的贪婪，它一向被基督教认定为人类"七宗罪"之一，奥古斯丁将它同权力欲和性欲并列，称为导致人类堕落的三大诱因。不过基督教神学的希腊化因素也给奥古斯丁的思考留下了烙印，他在谴责欲望的同时，还观察到在不同的欲望之间存在着某种张力。比较而言，权力欲也许比另两种欲望要好一些，它包含着追求"荣誉"和"公共美德"的倾向，可以抑制另一些罪恶。这虽然仍是一种古代世界的欲望观，但它提示了欲望的不同成分是可以进行语义学操作的，这就为以后的"欲望制衡说"埋下了伏笔（参见第9—10页；指原书页码，本篇下同）。

比如，就贪财这种欲望而言，如果决定某种行为是否有利可图是来自经济上的考虑，那么它是否应当被人广泛接受，甚至得到赞美和推崇，则主要取决于道德上的说服力。就像韦伯在解释资本主义与新教伦理的相关性时所说，赚钱的动机、经济上的利己主义，是每个时代都常见的动机。正如中国有重农抑商的传统一样，它们在过去欧洲的基督教文明中，也仅仅是被人默默接受，而从不给予道德上的张扬。需要一项观念上的重大转变，才能把一种原来被视为人性中的恶的因素，变为值得称颂的美德。

一种发生在语言深处的变化，逐渐完成了这一使命。此一现象我们并不陌生，曾几何时，"投机倒把"或"三座大山"等习语，都曾发生过这种对意识形态起着解构作用的再解释。如果发挥一下想象力，甚至在从狩猎时代向农耕时代过渡时，可能就曾发生过这类道德符号的意义变化，比如"残暴"作为一种美德让位于"勤劳"，只是我们无从知晓它的细节罢了。按赫希曼的分析，在前资本主义时代，基督教力主戴罪之人当以谦卑为上，文艺复兴之际则出现了十分排斥利益考虑的"荣誉观"和"英雄主义"。然而不知起于何时，这两种价值观开始同样受到怀疑，一种为商业行为的新辩护诞生了。它既不像基督教的谦卑观那样压抑欲望，也不像骑士的荣誉意识那样放纵欲望，而是对欲望加以解剖，区别出它的不同功能。在赫希曼看来，最能代表这种思想转变的，便是维柯下面这段话：

> 社会利用使全人类步入邪路的三种罪恶——残暴、贪婪和野心，创造出了国防、商业和政治，由此带来国家的强大、财富和智慧。社会利用这三种注定会把人类从地球上毁灭的大恶，引导出了公民的幸福。这个原理证明了天意的存在：通过它那智慧的律令，专心致力于追求私利的人们的欲望被转化为公共秩序，使他们能够生活在人类社会中。（第17页）

这段话的意义在于，以往被认定为"人性之恶"的欲望，只要为它注入"智慧的律令"，便可以变为有益于人类福祉的力量。人类持有善恶观或是一个常数，但何为善恶却未必是一个常数，人作为一种能反思的动物，会随着环境的变化对其进行调整。

　　这一调整的大背景是，文艺复兴以后，尤其是 17 世纪以后，人们对于用道德教化或宗教戒律来约束人类欲望，已逐渐失去信心，于是他们开始寻找约束欲望的新方法。神的权威既已不足恃，重新解释欲望本身的努力也就随之产生。帕斯卡为赞扬人类的伟大而找出的理由是，他"经努力从欲念中梳理出了美妙的格局"和"美丽的秩序"（第 16 页）。人的欲望是"有秩序的"，而在理性主义者眼中，秩序永远是美丽的。它的美也许处于欲望者的意识之外，但就如同物质世界一样，可以通过理性的分析对它加以认知甚至操控。

　　这种基于理性分析的思考，引发出许多非常著名的学说。培根站在唯物主义的立场上，严肃地思考"如何让一种欲望对抗另一种欲望，如何使它们相互牵制，正如我们用野兽来猎取野兽，用飞鹰来捕捉飞鸟一样"（第 22 页）。斯宾诺莎更是直接断言："除非借助相反的更强烈的欲望，否则欲望无法得到限制或消除。"曼德维尔从欲望中区分出奢侈与懒惰，休谟则将贪财与贪图安逸相对照，他们都认为，前者要比后者对社会更加有益（参见第 24—26 页）。

　　然而有一个问题。这些见解不管从哲学角度听起来多么动人，它能否落实为一种真正可以制服欲望的制度，仍是非常不确定的，按休谟的著名说法，理性很容易被欲望征服，成为它的奴隶。需要一种新的解释方式，使欲望能够与理性建立起可靠的联系。完成这一解释任务的关键，便是"利益"的概念。

　　赫希曼在"一般利益和驯化欲望的利益"这一节中，追溯了它的出现与词义变化的过程。最初它见于治国术中，罗昂公爵提出了"君主主宰臣民，利益主宰君主"一说（第 34 页）。继之又有爱尔维修对道德家的讽劝："假如有人打算劝说轻佻的女人端庄而收敛，他应该利用她的虚荣心去克服她的轻佻，让她明白端庄稳重是爱情和优雅享乐的来源。……用利益的语言代替欲望有害的语言，他们便有可能成功地使人接受其箴言。"（第28页）另一位活跃在18世纪中叶政论舞台上的英国主教巴特勒，则对利益和欲望的区别做了最清晰的表达：

> 特殊的欲望有悖于谨慎和合理的自爱，后者的目的是我们的世俗利益，一如它有悖于美德和信仰的原则；……这些特殊的欲望会诱发不利于我们世俗利益的鲁莽行为，一如它会诱发恶行。（第35页）

在传统的道德说教失效的情况下，"利益"这个概念的好处是不言而喻的。它不是一个独立于欲望和理性之外的概念，而可以成为沟通和平衡两者的桥梁：使欲望变成融入"理性"的欲望，使理性成为替"欲望"服务的理性。这种从利益的角度处理欲望的方式，促成了古老的人性论的一次制度主义转折。由于人们认识到，欲望虽然无法克服，却有可能使之向着利益的方向转化，这不但"能使欲望更好地得到满足"，"在获得财富方面有更大收获"（休谟语，见第25页），而且较之受单纯欲望驱动的行为后果，它具有另一个明显的优点：可以形成一种社会风尚，使贪婪在商业社会中变得有益无害（参见56—60页）。

正如斯密在《国富论》中所说，长期经商会使商人养成"长时间的勤勉、节约和小心经营"的习惯。曼德维尔在对比商业社会与古代社会的人格时，将这一点说得更加清楚："未开化者的……种种欲望更游移、更善变。在野蛮人身上，那些欲望比在有教养者身上更经常地相互冲突，争占上风。有教养者受过良好的教育，已经学会了如何获得个人安逸和生活舒适，如何为了自身利益而遵守规矩和法令，常能屈从较小的不便，以避免更大的不便。"[1] 当然，这种驯化欲望的利益也使理性不再那么洁净，而归属于算计利益的个人。然而正是有此一认识，才使得思想家们能够阐述商业活动在敦风化俗方面发挥的良好作用，这在孟德斯鸠"哪里有商业，哪里就有良好的风俗"这类著名的说法中，得到了最好的表达。据赫希曼的考察，用利益去对抗其他欲望，以此推动社会进步，"这种思想已经变成了 18 世纪相当普遍的智力消遣"（第 27 页）。

此外，它对政治生态也产生了重大影响。一方面，商业利益的发展使统治者获得了影响社会的巨大物质力量，后来的福利主义和帝国主义都可由此得到部分解释；另一方面，它使统治者的滥权行为也受到了一定限制。其中作用最为明显的，就是孟德斯鸠所大力赞扬的动产的增长，它不同于土地这种传统的财富形式，其易于流动性限制了君主的暴虐。孟德斯鸠认为，人类的权力欲就像贪欲一样，也是自我膨胀和不知餍足的，但利益的考虑同样能够使之得到驯化。他把当时流行的利益制衡欲望的观点与他的权力制衡理论融合在一起，阐述了汇票和外汇套利可以成为"宪法性保障"的补充，充当对抗专制主义和"权力肆意妄为"的堡垒的观点（第 78 页）。

当然，欲望向利益的转化并非没有问题，在很多人看来它会让世界变得"庸俗"，使人生"无趣"，更严重的是，它阻碍了"人类个性的充分发展"。马克思的"异化说"、马尔库塞的"单向度的人"，都是对这种现象最著名的批判。对此，赫希曼以反讽的口气说，这类指责恰恰表明，早期资本主义辩护家所取得的成就，已经在很大程度上被人遗忘了。透

---

1 曼德维尔：《蜜蜂的寓言》，肖聿译，北京：中国社会科学出版社，2002 年，第 481 页。

过赫希曼还原的思想史场景可以看到，早期思想家对商业社会寄予希望，恰恰是因为"人性的充分发展"并不可取，而商业能够"抑制人类的某些欲望，塑造一种不那么复杂和不可预测、更加'单向度的'人格"（第132页）。他们对欲望可能释放出的能量有着强烈的道德忧虑，所以才将利益驯化欲望作为商业社会的伟大成就之一。而一个多世纪之后，这项成就却被谴责为资本主义最恶劣的特征。

赫希曼在这本书中与斯密乃至韦伯一样，同样关注理性对资本主义行为合理化的作用，但他用更加具体鲜活的"利益观"取代了韦伯的"新教伦理"。这一论证路径的缺点是没有解释为何资本主义在一个地区得到接受的程度强于另一地区，好处则在于它为认识资本主义发生学提供了一个更加一般性的视角。我们也可以由此重新检讨一个被赫希曼一笔带过，没有深入讨论的问题：现代资本主义的全球性扩张，与以往历史上的大规模征服有何不同？

赫希曼在全书结尾处谈到资本主义带来的"有益政治后果"时，引用了熊彼特的一段话："一般说来，领土野心、殖民扩张的欲望和好战精神并不像马克思主义者所说，是资本主义制度不可避免的结果。倒不如说它们产生于残存的前资本主义精神。……然而不幸的是，这些精神深深地植根于欧洲主要国家的统治集团之中。"（第134—135页）熊彼特这段话并未涉及欲望和利益之分，但它却暗含着这样一层含义：殖民扩张是源于赫希曼所说的"欲望"，而不是"利益"。在很多痛恨资本主义扩张的人看来，这种区分或许没有意义，但忽略这种区分，可能也意味着看不到历史上不断发生的征服与资本主义扩张有何性质上的不同。

我们不必否认，资本主义为殖民扩张提供了强大的技术和物质手段，但这种征伐与扩张的原始动力，与其说是来自资本主义本身，不如说同奥斯曼帝国、蒙古帝国或西班牙帝国的前现代扩张方式的关系更为密切。就如赫希曼所说，在 16 世纪的西班牙人看来，"尊贵之人靠征战获得财富，要比卑贱之人靠劳动挣钱更光荣，更快捷"。当他们从"再征服"（reconquest）中崛起时，这成了他们特有的基本信念（第 58 页）。换言之，它背后的动力是作为"欲望"之古典含义的贪婪，而不是受到现代商业社会推崇的"利益"。不妨这么说，满足欲望无法使人与动物相区分，获取利益才是文明人的特征。所以，从赫希曼的分析来看，这种扩张与掠夺的现象，也只能视为一种前资本主义欲望的遗存，而不是来自"开明的自利"——工商业阶层对"欲望"的一种独特理解。这个团体也重视民族国家的建设，但是与过去的征服者不同，它的"利益观"使它并不把国家的武力，而是把"温和得体的商业活动"，视为获取财富的主要手段。它最想直接获得的不是金银财宝，而是市场；它所建构的体制，也不同于近代之前的帝国体制，而是被差强人意地称为"资本主义"。

最后，我想有必要解释一下翻译上的一点问题，尤其是"passion"和"doux"（及其名词形态"douceur"）这两个单词，它们在赫希曼对商业社会辩护话语的分析中起着枢纽作用，不得不多说几句。

在浙江大学出版社近几年举办的有关苏格兰启蒙运动的多次讨论会上，参与苏格兰启蒙运动相关著作翻译的学者们，对如何翻译"passion"这个频繁出现在亚当·斯密和休谟等人著作中的单词，有过多次讨论。我印象中大多数人主张将它译为"激情"；我的朋友罗卫东先生在一篇介绍赫希曼的文章中，也曾特别指出应当把"passion"一词译为"激情"[1]。他们这样坚持自然有着充足的理由。从词源学来说，"passion"第一义

1　罗卫东：《激情还是利益？》，载《浙江社会科学》，2015 年第 1 期。

是专属于耶稣的"受难"，与这里的讨论无关；第二义则是"Any kind of feeling by which the mind is powerfully affected or moved；vehement，commanding，or overpowering emotion"（能强烈影响精神状态的任何感情；猛烈的、不可抗拒的或压倒性的情欲），由此译为"激情"大体是不错的。但问题在于"passion"一词涵盖的"感情"十分宽泛，举凡"ambition，avarice，desire，hope，fear，love，hatred，grief，joy，anger，revenge"（野心、贪婪、欲求、希望、恐惧、爱恨、悲伤、喜怒、报复心）皆可纳入到其义项之下。[1]事实上，赫希曼本人在讨论"passion"时征引的许多文献，也多与以上这些心理或感情状态有着密切的关联。按基督教的传统观念，它们大多属于人性中的固有之恶，而中文的"激情"一词的内涵远远没有这么丰富，而且在使用中多以正面含义为主。譬如，我们会说一个人在谈恋爱或创业上有激情，却几乎不会说他的报复、仇恨或贪财也很有激情。因此我在这个译本中还是沿用了原来那个旧译本的"欲望"，它所表达的感情强度虽然比"passion"弱了一些，但好处在于它是个比较中性的概念，大体可以将上述情绪都包括进去。

另一个更大的麻烦是"doux"这个不断出现在书中的法文词，它的原意是"qui produit une sensation agréable；manque d'assaisonnement；cause un sentiment de bien-être，de contentement；qui agit sans brusquerie；qui est de charactére tacile"（令人愉悦的、不生硬的、柔和舒心的、平易近人的）。[2]孟德斯鸠用它来形容人在商业活动中的行为表现，无论英语还是汉语，于此皆无贴切的对应说法，所以赫希曼在文中只好不加翻译，

---

1 *Oxford English Dictionary,* Oxford University Press, 1989，"passion"词条。

2 *Petit Larousse illustre*, Paris: Librairie Larousse, 1985，"*doux*"词条。

径书以法文原文。法英转译之难尚且如此，汉译的难度更是可想而知。我在文中出于不得已，勉强将其译为"温和得体"，只能算庶几近之，在此略做交代，以方便读者体味其中意蕴。

除了这些令人挠头的概念，译文中难免还会有一些因理解偏差或疏忽造成的问题，读者诸君若有明察者不吝赐教，则本人幸甚焉。此外，本书责任编辑王长刚先生做事一丝不苟，订正了初稿中的若干错讹之处，在这里我应特别向他致谢。

（赫希曼：《欲望与利益》，冯克利译，杭州：浙江大学出版社，2015年，译序；同时刊于《读书》2015年第2期）

欧洲人阿克顿

阿克顿乃 19 世纪英国史学家，大半生在维多利亚女王的大英帝国鼎盛时代度过。他生前便享有盛誉，却不以著作名于世。今人记得他，大多只因那句著名的格言：权力导致腐败，绝对权力导致绝对腐败。

但阿克顿的身世，却对后人有无限的吸引力。他的祖上是查理一世册封的英国贵族，祖父是意大利那不勒斯王国首相。父亲虽为家族旁支，却幸运地继承了爵位，因英年早逝，其爵衔和家产便留给了阿克顿。他母亲出身于更显赫的德国达尔伯格公爵家族，其继父则是格兰维尔伯爵，当时辉格党的内阁重臣。阿克顿本人娶了德国阿尔科伯爵家的玛丽，两家人同为天主教望族，又是远房亲戚，所以这门婚事还要罗马教皇亲自批准。此三国背景，使阿克顿一家在欧洲贵族圈子里亲友无数。

阿克顿年轻时便当选为英国下院议员，短暂的从政经历虽无甚建树，却使他得以结识英国一代名相威廉·E.格莱斯顿（William E. Gladstone），成为其密友和私人顾问。阿克顿还担任过几年宫廷侍官，一个陪女王聊天的闲职。晚年他被册封为剑桥大学钦定教授，筹划出版的剑桥现代史丛书，百年之后依然"香火未断"。当然，最重要者，他是虔诚的天主教徒，其信仰无甚玄妙，但执之甚坚，为此他不惜开罪于教廷，论述教皇权力的小册子差一点被列入梵蒂冈《禁书目录》。他一生与教会乃至教皇本人，有着剪不断理还乱的复杂情结。

集如此经历于一身的学者实属罕见。但这样一个奇特的人物，今人若要追寻他的行迹，坊间读物并不多。盖现代学术风气之下，治史多求道德上严守中立，以史料分析见长。阿克顿的思想风格与其相貌一样，贵族气派十足，长于义理而拙于雕虫末技，所谓君子不器是也，故学院派专家大多提不起为他作传的兴致。还有一个更大的困难是，他的大量书信和手稿，英法德意文并用，典故隐语杂陈，学养不及者，处理起来着实不易。好在他与亲友的一些信札早已出版，也被公认为书信体写作的典范，才使他一直为后人所铭记。那句脍炙人口的名言，便是出自他写给《英国历史评论》主编曼德尔·克莱顿（Mandell Creighton）的私信。

阿克顿离世百年后，耶鲁大学出版社推出德裔英国资深报人罗兰·希尔的《阿克顿勋爵传》（Roland Hill, *Lord Acton*, Yale University Press, 2000），皇皇六百余页。今人想了解阿克顿的生平，总算有了一个完整的渠道。

成年之前的阿克顿，生活在轩冕云集的贵族圈里，他因天主教信仰被剑桥大学拒之门外，只好赴德就教于教会史家多林格（Ignaz von Döllinger）门下，并且经常"周游天下"（grand tour），这是欧洲贵族子弟增广见闻必修的科目，书中对此皆有细致的描述。这部分内容，吾辈可以看看热闹，充作谈资，断无引为楷模的可能。

对成年之后阿克顿的人格特征，希尔在书中有个总的交代，对理解其人其事颇有助益。要之有三。

其一，由其家庭背景和信仰决定，阿克顿与其说是英国人，不如说是欧洲人，这反映在他的思想上，便是一种整体史观，还有他对民族主义和帝国主义深恶痛绝。其二是阿氏的天主教信仰，使他一生坚信历史是神意的展现过程，其核心则是人对自由的理解与实践；他对英国，尤其是爱尔兰受到排斥的天主教群体毕生怀有特殊的关切。其三，阿克顿虽然强调书写历史要有道德判断，毕生坚守弗渝，但他并不是通常所说的道学家，或"维多利亚时代伪善"的产物，而是有着强烈的审慎与平衡意识。在他看来，人世间最可怕的局面，莫过于"在宗教、道德、政治诸方面只有一个立法者和一个权威"，人世间所能享有的无论宗教还是世俗自由，皆是力量平衡的产物。是故除了私人信仰之外，无论何事，他从不偏执于一方。

阿克顿从德国完成学业返国后，参与了几份天主教刊物的创办和编辑，这项工作使他得以全程参与报道第一届梵蒂冈大公会议（1869—1870），这是阿克顿一生中重要的插曲之一。此次会议上，全球各地的数百位主教云集于罗马圣彼得大教堂，为一件今天看来很荒唐的事争得面红耳赤。所争论的标的，是将"教皇永无谬误说"（papal infallibility）颁布为教义。我对神学过于隔膜，不好置评，却不敢轻言它完全无稽。彼时意大利统一运动风起云涌，圣座的世俗权力面临土崩瓦解。阿克顿从这场史称"罗马问题"的危机中，反而看到了教会的生机：当它不再为俗权所累，超然于民族之上，它才能最好地服务于信仰的事业。但是忠于教廷的主教们为壮大教会声势，却搞出了这个无谬说的教义，而且最后居然能够得逞。阿克顿将此事视为暴露了天主教最恶劣的一面。那句臭名昭著的箴言——"目的可以为手段正名"——并非只对恶棍有效，善良之人出于强烈的爱，也会把明明白白的错与罪视为善，只要它有益于教会即可。此事或可证明，权力危机导致的意识形态失措，能把自己最可贵的才俊推向对立面。不过，若想力挺某人一贯正确，从这场荒诞剧中，也可以找到不少教益。

阿克顿虽然信仰坚定，却不是一个头脑单纯的人。最让人感到意外的，是他对乔治·艾略特（George Eliot）的仰慕。这位蜚声文坛的女才子，被阿克顿引为铸其心智的作家之一，她去世时，阿克顿形容自己的感受"恍若赤轮陨落"。然而她却是个坚定的无神论者。阿克顿与她相识时，她正与一个已有妻室的情人蛰居于伦敦郊区的林中别墅。阿克顿作为笃诚的天主教徒，何以能接受她，让人颇费思量。须知他与自己的妻子虽多有芥蒂，对婚姻却从无二心。但按他本人的说法，艾略特所追随的思想体系及其社交圈，"在伦理学是无能的"，可是她在最幽暗的启示下，为自己"创立一种崇高而完美的道德观"。阿克顿从艾略特身上，似乎看到了无神论最好的一面。她生活在嘲讽者、卑劣教授、不识崇高事物之人、缺乏道德法典的哲学家中间，却提供了"人类史上最精彩、最神奇的壮举之一"，以至于阿克顿"愿意用莎士比亚以降英国的所有虚构文学，去换取艾略特的作品"。阿克顿大概深知明大义者不可陋于知人心，精神的内在品质比信仰的形式更重要，也或许艾略特无神论的道德境界使他陷入深深的困惑，我们皆不得而知。

另一件引人瞩目的事，是他身后留给剑桥大学的七万册私人藏书中，有四十多个不同版本的马基雅维里《君主论》，足见他对这位现实政治祖师爷的重视。他对"纯政治"并无智趣，但是治世俗历史的人却必须面对政治。他披览史籍，看到马基雅维里的影响无处不在，政治这个"不受道德管辖的领域"自不待言，甚至教会也可以让人名正言顺地作恶。所以观史之人"要努力去理解正确并非只存在于一方，好人往往是错误的，而恶人有时做到了国家福祉所必要的事情"。

阿克顿虽然力主公正观史，却始终贯穿着对善恶的斟酌。与阿克顿同时代的美国教会史大家亨利·C. 李（Henry C. Lea）曾指称阿克顿的道德评史为大谬，讽其落笔如写"阿克顿通谕"（借用了"教皇通谕"的说法）。语虽刻薄，却道出了阿克顿历史观的核心。他相信历史中有神的意志运作于冥冥之中，需要心中装着上帝的人去慢慢体会与把握。有个阿克顿的同道，曾记下他口述历史观给自己留下的深刻印象：

> 他只讲了六七分钟，情绪激昂，仿佛置身于高耸入云的山巅，他看到脚下人类进步的曲径，从史前阴影中昏暗的西米里人海岸，变得更加丰满，它从未中断，时隐时现，成为现代文明之光。他雄辩滔滔，然而比雄辩更伟大的，是他洞察从古至今万事万物的深邃眼光，民风的力量塑造和改造着制度，赋予人类精神形式不断变化的动力。整个历史图景似乎被一缕刺眼的日光照亮。此后，我再没有从别人或他自己的口中，听到过这样的论述。

尽管有此恢宏的胸襟与眼光，阿克顿在晚年仍坦言自己是个失败者，他承认自己离开官场这一能影响国家的有利地位，去追求"达不到的目标"，是犯了人生的一大错误，因为他"自己在根本的道德立场上是绝对孤独的，因此也是无用的"。确实，以阿克顿兀傲的信仰和整体史观，在那个民族主义乃至种族主义当道的时代，这位"欧洲人"觅同道者难矣。是故他计划中的著作，多成了"永远画不出的圣母像"。

但西谚有云，时间是最伟大的讽刺家。趋时之人，时过境迁之后，常常沦为笑谈，而阿克顿还有一些话，我以为是足堪与那句名言一样被后人引为警句的。例如，"对于敌人我能自卫，而上帝保护我免受朋友的伤害"。我们不可比照国人的聪明，理解为"害人之心不可有，防人之心不可无"的西洋翻版。阿克顿是要告诫人们，同情和爱会使我们失去公正，偏袒罪恶，这是最不易察觉的危险，政治和宗教的血光之灾便多源于此，因为赤裸裸的营私我们不难分辨，打着公义旗号的危险却最难防范。他在写给格莱斯顿女儿的信中说，"少数派的地位和安全乃是检验自由的标准"，其含义不言自明。这个世界若没有了表达异见的可能，只能是因为两种情况：或是天国已降临人间，一切皆已圆满，异见与自由选择再无必要；或是强权窒息了一切，开口的代价很可能是性命不保。但我们都知道天国并未来临，而凡尘中的改良机会，常属于少数派一边。类似的话还有："如果我们没有学会怀着同情从不同的方面去看待事物，那么历史只能教会我们去培养和鼓励自己的激情。"这里流露的仍是阿克顿卓越的平衡意识，按我的理解，此为世上最难之事。喜怒哀乐，饮食男女，我们可以受之于先天，平衡意识却只能得之于后天的涵养，并且情急之下亟易丢失。若只以偏执的教义观史，则历史也会变成笃定的教条，变成奉承我们的自大工具，让我们沉迷于义愤的自我放纵中不能自拔。

（罗兰·希尔：《阿克顿勋爵传》，冯克利、苗晓枫译，北京：中国方正出版社，2017年；原载《财新周刊》2016年第23期）

迈斯特《信仰与传统》译者前言

　　本书作者约瑟夫·迈斯特，无论个人身份还是思想，都算不上一个中心人物。他的家乡地居法兰西文化的边陲，他的名声大体局限于当年激烈反对法国大革命的立场。至于其思想的细节和来龙去脉，感兴趣的只限于少数思想史专家。[1]他的思想贡献，不是那种一目了然的系统理论，需要读者去努力分辨和体认。

　　迈斯特 1753 年生于萨伏伊的尚贝里。这个今属法国中东部的地方，在当时是皮埃蒙—萨丁王国的领地。迈斯特成年以前所受的教育基本上是法国式的，但他从来不是法国公民。我们从其早年的笔记和通信中可知，他的兴趣极其广泛，对哲学、神学、政治学和史学皆有涉猎：举凡希伯来和基督教经典、希腊和拉丁古典作家、文艺复兴和 17 世纪的作家以及欧洲启蒙运动的重要学者，都在他的阅读视野之内。除了自己的母语法语外，他还通晓意大利语、英语、希腊语、拉丁语、西班牙语，并且粗通德语和俄语。

　　在都灵大学拿到法学文凭后，他同父亲一样，先在萨伏伊参议院

1　中国学界过去对迈斯特的研究几乎是一片空白，直到现任职于北京外交学院的施展先生的著作《迈斯特政治哲学研究——鲜血、大地与主权》的出现（法律出版社，2012 年；此书是作者在北京大学历史系博士论文的基础上修订改写而成的），这种情况才有所改观。

（司高等法院职，地位相当于当时的法国议会）供职，后于 1788 年成为参议员。跟一些自由派贵族相似，迈斯特在法国大革命前是个温和的改良派，既不特别反动，也不十分固执。事实上，从迈斯特在 1789 年以前的生活中，很难预见他后来会成为著名的反革命政论家。有必要一提的是，在 1774 年到 1790 年这段时间，他经常光顾尚贝里一个共济会小团体的聚会，这个教派的神秘主义信条，与他后来大力抨击 18 世纪的理性主义和反宗教时尚，有着内在的关联。

法国大革命爆发前几年，迈斯特就开始密切关注法国的政治变化。当巴士底狱陷落时，他仍把法国议会视为改革的领袖，甚至一度打算竞选法国三级会议的代表（他的家族在法国有地产）。但没过多久，巴黎的事态便让他大失所望。他预言以"平等"相号召的革命者，必将导致"罪恶泛滥成灾"。1792 年法军占领萨伏伊时，迈斯特逃离家乡，先是代表萨丁国王担任驻瑞士洛桑的外交官，后又出使圣彼得堡，在那儿一待就是十四年。在洛桑期间，迈斯特曾拜访过斯塔尔夫人（Madame de Staël）著名的反革命沙龙。

从此以后，他成了一个至死不渝的反革命分子。凡是与启蒙理性沾边的东西，与"巴黎文人"有关的一切，统统被他视为与自己不共戴天的敌人。他撰写抨击革命的小册子，文采飞扬，措辞激烈，旋即引起世人注意，其中以 1796 年在洛桑写成的《论法国》（翌年出版）最为著名。此书为他在后来的保守派、保皇派、教权至上派中奠定了牢不可破的地位。

在圣彼得堡期间，他成了社交圈的宠儿。他温文尔雅，魅力非凡，是个亲切可人的出色对话者和让人开心的伙伴。在圣彼得堡的宫廷里，他如鱼得水，颇受沙皇亚历山大的赏识，经常被其引为政治智囊。正是在圣彼得堡这段春风得意的岁月里，他写下了自己最重要的著作《论教皇》（*Du Pape*，1819 年出版）、《圣彼得堡对话录》（*Les Soirées de Saint-Pétersbourg*，未完稿，1821 年出版）和《论宪政的生成原理》（*Essai sur le Principe Générateur des Constitutions Politiques*，1809）。

1817 年他被萨丁国王召回都灵任国务秘书，后于 1821 年悄无声息地离世。在最后一本著作《圣彼得堡对话录》中，他发表了一些有关刽子手、战争和流血的言论，以惊世骇俗的宿命论笔法，讲述人类为非作歹的必要性。以赛亚·伯林视他为最具现代性的思想家之一，并把他同 20 世纪法西斯主义的泛起相勾连，便是以这些言论作为根据。

然而，迈斯特对后世的影响，远不是一个简单明了的现象。二百年来，他对许多立场迥异的思想家都有影响，如法国的圣西门、孔德、诗人波德莱尔、俄国小说家托尔斯泰、纳粹法学家卡尔·施米特和解释学人类学家保罗·利科尔等。

迈斯特传世最广的著作，是他写于 1796 年的《论法国》。在思想史上，此书常与柏克的《法国革命反思录》（出版于 1790 年）并列为当时反革命阵营中最具代表性的文献。这两本著作受到广泛关注，也证明了革命的局中人无力审视革命的隐患，只能有劳他们的对手。从迈斯特的笔记中可知，他读过柏克的《法国革命反思录》。和柏克一样，他对这场革命中的理性精神、崇尚暴力、反道德和无神论的倾向，也表现出强烈的反感。两人同样维护既有的制度，厌恶无节制的创新欲。在他们看来，理性的放肆甚至比疯癫更可怕。所以在有限的意义上，可以把迈斯特的著作看作柏克在法语世界的回响。

不过，两人也有着一些显著差别。柏克身后的拥趸虽然保守派甚众，但自由派更多。在法国大革命前，柏克的大多数著述和演说，都是在捍卫自由主义或"辉格党传统"。他在晚年向右转，更多的是出于法国革命对世俗政治秩序的威胁，而不是出于神学的考虑，尽管其中仍有鲜明的信仰底色。迈斯特在革命前也表达过一些重农主义和自由主义的观点，但是与柏克那些老练的辉格言论相比，他在这方面的言论是微不足道的。在他所生活的政治世界里，并不存在辉格主义传统需要他去捍卫；在柏克那里世俗政治与宗教可以相得益彰，而在迈斯特的心目中，对有着上千年历史的教权发起挑战的世俗化过程，是一切罪恶的渊薮。更纯正的神学政治学的考虑，对于他显然更为重要。与柏克的另一点不同是，他的文风更为简洁明快，不像柏克那样下笔恣肆汪洋。

在《论法国》一书中，迈斯特开篇即表明了他的天命论或神学的历史观。他说："我们大家全都被一根柔韧的链条拴缚在上帝的御座下，而上帝是在约束我们，并非奴役我们。"这明显是阿奎那的"神不取消天性，而是使之更完美"的另一种说法。接下来是一段有关"宇宙秩序"的宏论："在宇宙的普遍秩序中，最令人惊叹的是，自由人的行动冥冥中都受着神灵支配。他们自由地做着奴隶，其行动既是自愿的，又是必然的。"正是由于人类在当下行动中有一种"自觉自愿"的幻觉，他们轻忽了历史中恒久存在的一些因素，如天命、信仰的权威，以及一些有着悠久演化史的安排，如保障权利和自由的制度。现代人视为自由主义基石的"自由意志"，在迈斯特看来并没有逃脱神的掌控。即使像大革命这种旨在涤除一切陈规陋习的运动，其过程也不是人力所能为，而是真切地展现着上帝的意图。在轰轰烈烈的创造场面中兴奋不已的人，并没有真正成为历史的主宰，因为"不是人发动了革命，而是革命利用了人"。

他以极其轻蔑的口吻谈论那些在革命中先后登场的大人物。像罗伯斯庇尔、科洛或巴雷尔这些"非常平庸的人"，是在客观形势的驱策之下，不知不觉建立了革命政府和恐怖体制。他们只是"自由地受着奴役"。这帮"坏透了的暴君"貌似强大，但当他们"罪行累累，令人忍无可忍时，一阵微风便把他们吹倒了"。面对隐藏于革命背后的那股驱动力，人力是微不足道的，任何反抗者都会"如一片轻薄的草叶被革命席卷而去"。上帝通过这场革命清楚表明了自己的意志，他把革命党从地狱中派出，给他们以开创未来的错觉。雅各宾的恐怖，只是在替上帝修剪枝杈丛生的树木；最卑劣的人性让法国浸入血泊，使其心肠变得冷酷无情，这既是对法国人的可怕惩罚，也是拯救法兰西的唯一办法。

这种以天命去解释人类重大灾变的做法，在欧洲乃是一种源远流长的史观。在基督教传统中，一向便有把人间灾难解释为神意安排的传统，如《路加福音》将兵戈之乱作为报应和救赎的前兆，《马太福音》预定了要用"民攻打民，国攻打国"来考验信众的信仰。不信神的马基雅维里则用"命运女神"来为自己循环论的历史观正名，迈斯特同样对他赞赏有加。信仰上截然对立的人，也会因政治大乱局而惺惺相惜。迈斯特重新拾起这种宿命论的历史观，一方面可以使他把启蒙思想的泛滥和大革命的爆发视为皇权和法兰西文明浴火重生之前必不可免的一劫；另一方面也可以使他宣称，旧制度的失败与其说是屈服于敌人，不如说是屈服于上帝为人类安排的命运。

这种认可革命之必要性或必然性的立场，也以不同的形式，为后来的黑格尔、马克思、大革命史学家米涅、梯也尔等人所继承。他们都潜心研究使人类成为历史法则之工具的那些必然性和历史架构，力图透过外在的表象，为貌似杂乱无章的历史事件搭建起"骨骼"。他们沿着这一思路尽展才华，把历史的去向描述得比实际情况更加清晰确定。这种接受"历史必然性"的观念导致的一个严重后果是：它引起了人们严重的心理混乱。革命造成的社会瓦解只是一种表象，它更严重的后果是道德与反道德从此变得难以判断，此种风气扩展至全世界，至今仍未消失。"功过是非不堪评说"的窘境，总是与某种目的论联系在一起的，只要我们认定历史的背后有某种不可动摇的力量在支配着人的行为，那就总会出现在道德评价上无所适从的危险。

不过，迈斯特没有像后来一些史家那样，为忠实于"历史铁律"而"给断头台镀金"。他的道德判断依然是清晰可辨的。从《论法国》一书可以看到，在他追随天命的旅程中，出于道德义愤的诅咒俯拾即是。对于那些声称"杀人十万的事就不要计较了，只要我们能获自由就行"的人，他用上帝的口吻讥讽道："我同意你的看法，但是得把你杀掉凑数。这有什么不公正吗？"在他看来，革命固然是上帝用来涤荡污泥浊水的手段，但它无论如何都是"完全罪恶的，毫无崇高和尊严可言"。上帝借助于恐怖的屠杀，是要暴露那些革命者的"卑鄙下流"。这种最基本的善恶观，促使迈斯特去思考约束人性作恶的制度因素。他所调动的思想资源，混杂着权威至上的教权和君权观、休谟式的经验主义和社会演化史的卓识等，它们一起勾兑出了他的宪政观。

迈斯特在讨论世间种种现象的法则时，受阿奎那以来的基督教理性主义的耳濡目染，也喜欢谈论"上帝是永恒的几何学家"；历史如同"钟表"一般，它的内在机理固然复杂，但"总是不变地指向时间"。与很多自然神论者一样，他也认为大自然这架机器的运行"轻缓适中，庄严宁静"，有着"完美的匀称、精确的均衡和严格的对称"。这些"几何学""钟表""机械"的比喻，自文艺复兴时代以后，便逐渐成为神学和世俗思想家解释社会现象时共同使用的套话，而且在大多数情况下，它们为很多人提供了一种相信进步的乐观主义理由。

迈斯特接受这种观念却是有条件的。较之那些遵循理性主义基督教传统的思想家，甚至与柏克相比，他对理性人的能力的看法要悲观得多。阿奎那曾言，有理性的生物以最优异的方式服从神圣的天命，"永恒的理性"为他的行为目的赋予了一种天然倾向，渴望参与到永恒的自然法则的运作之中。柏克虽然也认为人是一种"非常愚蠢的动物"，但他并不否认只要假以时日，人类几乎总能正确地采取行动。从这个角度看，迈斯特与其说是个基督教的卫道士，不如说更像个借基督教之名发出咒语的巫师。

在他看来，人由上帝赋予的理性固然是个好东西，但它卑下的从属地位是不容怀疑的。离开神的庇佑，人不过是一群"笨蛋、稚童、疯子"，他们对自身的理性越是自信，越是只倚靠自身，理性就越是会被滥用并暴露出自身的弱点。一般说来，人类如果只求诸己，那么他是太邪恶了，根本不配享有自由。他提醒人们说："我们是什么东西？是卑微盲目的人呵！我们称为'理性'的那一缕微弱光线，又算得了什么？我们考虑所有的可能性，查阅历史，讨论所有的疑点和利害，我们所得到的可能仍然不是真理，而是一团令人迷惑的烟云。"这是有自然史为证的，与自然界生成的神奇之物相比，人类的产品跟其制造者一样低俗可怜，他"视野有限，方法生硬，头脑固陋，左支右绌，工作成果自然是单调乏味的"。因此，对于那些相信理性的人，他极尽嘲讽挖苦之能事，说他们在高谈人类的自由和优点时，恰似"一个人老珠黄的高等妓女，却故作童贞女羞臊难当的情状"。

由于秉持这种反理性的人性论，在他的眼里，如果没有上帝的约束，人类便极易变成败坏家财的业主，所以必须把人的一生视为一段"需要狱卒看管的服刑期"，而看管人类服刑的"狱卒"，只能是"王座和圣坛"

（throne and altar）。在世俗化浪潮汹涌澎湃、绝对主义体制摇摇欲坠的时代，混乱的前景令他不寒而栗，而所谓的"哲学"——这是迈斯特对启蒙思想的通称——却主张人可以凭借理性单打独斗争取自己的幸福，此乃"人间最大灾祸的原因"。在描述这些灾祸时，迈斯特不时表现出卓越的经验智慧，以浓墨重彩描述人类之间战祸频仍，把各次战争的死亡数字一一罗列于读者的面前，甚至想绘制一张"大屠杀一览表"，像天气预报那样揭示兵连祸接乃人类命运中的一个常量。从这些言辞中，我们分不清他究竟是个虔诚的基督徒，还是一个马基雅维里式的现代邪教徒。不过有一点似乎可以肯定，这些明显带有恫吓性的描述，大都是为他督促人们重建旧制度的权威服务的。

奇怪的是，这种竭力给人类抽象理性的认知能力抹黑的做法，并未妨碍他通过经验观察肯定自由的价值。迈斯特并不否认，某些地方的人生活在一种特殊的宪政之下，所以他们享有令人羡慕的自由。这是他在1809年写作《论宪政的生成原理》的一个基本前提。与十几年前的《论法国》相比，这本小册子在语气上已经缓和许多，文体也从论战式的檄文变为更合乎当时学术话语的论说，阐述的内容更为深入而缜密，但基本思路和目标并未改变，针对的仍是法国大革命中甚嚣尘上的一种观点："合乎理想的制度"可以经由人类制定法律而建立。这种与卢梭的"公意"、孔多塞的"正义观而非中庸精神乃立法之本"，甚至洛克的革命宪政主义相关的思想，在他看来是荒谬至极的。

那么，一种能够保障权利与自由的制度，是如何产生的呢？人性之卑微的意识，在对这个问题的解答中再次发挥了枢纽的作用。他考察人类行为同宪政体制形成的关系，发现人类不过是个简陋的工具，"只以极卑微的方式参与其中"。为证明这一点，他再次使用了自然界的比喻。人可以播撒种子，为了使之优化，甚至能够进行修剪或嫁接，但也仅限于此。因为有机体生长的复杂机理，远不是人的智力所能洞察的。同理，在一些地方存在的自由制度，也是因"大量偶然情况的汇集，而在不知不觉中悄然肇端的"，"人的眼睛，怎能看清所有那些使一个民族适用一种特定宪法的全部环境因素？只存活于一时一地的人，哪能具备这样的智力？"因此他断定，宪政体制的根本原则总是先于任何成文法而产生，成文法仅仅是对已存在的权利的阐发或认可。

他给宪法下了一个定义，适足让今天各种色调的保守主义者把他引为同道："宪法是什么？还不就是解决下述问题的方案吗：一个国家根据其人口、风俗、宗教、地理状况、政治关系、财富资源、良莠品质等情况，找到适合本国国情的法律规则。"这段话的认识论基础，便是他在《论法国》中那句为后人津津乐道的名言："敝人有生以来见过法国人、意大利人、俄罗斯人等等；多亏了孟德斯鸠，我甚至知道了还有波斯人。至于'人'这种东西，我要声明，我这辈子还从未遇到过。"这是一种未经理性照射的"自然状态"，由此形成的宪政，只能是一种来自"内源代谢"的产物：虽然追根究底它是神意所赐，但上帝的分配并不公平，这项恩典并不为人类所共享。

因此，像法国革命中接连出台的那些只考虑"人"的宪法，不是为法国人所准备的，更没有"写在法国人心中"，而是为"从中国直到日内瓦的所有人"制定的。但是，"为所有人制定的宪法，乃不属于任何一国的宪法"，"上帝的玉玺不会盖在这种宪法上"。任何一个民族的秩序和权利观，都是上帝在适当的时间和环境中赋予人们的，他们的政体只能在本土本乡中渐趋成熟。在这一点上迈斯特偏离自己所信奉的基督教传统最远，他把上帝改造成了一个为本土化背书的权威，成为后来德国及东欧民族主义兴起的开先河者。大概正是出于这种考虑，以赛亚·伯林才把迈斯特称为"现代性"中颠覆启蒙思想大潮的先驱人物。

由这种宪政观所决定，我们也不难理解他痛恨成文法的原因。如同英国普通法传统的众多维护者一样，迈斯特不断强调真正的宪法有着"不立文字"的特点，不过他的基本逻辑依然来自神学：如果只有形诸文字的法律才能成为根本大法，那么写下这种法律的权威肯定也有废止它的权力；除非有个为其提供保证的更高一级的权威，否则它断不会具备神圣而不朽的特点。因此如卢梭或洛克所说的那种经由公意形成的法律，只配称为"规章条例"或"合约"，由于缺少上帝的权威，没有"神圣立法者的教义"为其提供保障，它们是靠不住的。

除了这种神学的考虑以外，他还有社会人类学的理由。无论君主、议会还是人民代表所立之法，都不是真正的"宪法"，因为人类通过形成一定的秩序而得以群居，这种现象先于一切文字，更不用说法律了。以此观之，"社会契约论"的荒唐无稽是不言而喻的：契约或承诺的有效性，需要以人的遵守为前提，而具有这种遵纪守约意识的人，肯定已经生活在成熟的复杂社会里了。丛林中的土著为建立某种所谓的社会契约而聚在一起，假如他们真的已经具有这种想法，那一定是某些社会观念——如相互守约、责任、义务和履行承诺——的产物。具备这些观念的人也无须建立一个社会，因为他们已经生活在社会中了。所以说，社会无论如何也不是立法或契约的产物，这种关系应当颠倒过来才符合事实。

那么，"宪法性法律"是如何发生的呢？透过对这个问题的回答，我们可以再次见证迈斯特思想的复杂性。一方面，像所有为绝对主义政体辩护的人一样，他认定规范民众权利和义务的法律，只能来自君主的天赋权力。君主在认可这种权利时，甚至可以为维护其主权而要权谋，搞小动作，只在迫不得已时才把权利公之于众。然而另一方面，当迈斯特谈到这些权利（其中也包括自由）的真正来源时，又遵循着欧洲法学中的另一个悠久的传统。规范公民权利的法律尽管需要得到君主的认可，然而那些权利本身并不是由君主的法律所创设的："权利从来不是用成文的基本法培育出来的"，"拥有非凡权力的立法者本人，向来只是命人收集民众的习惯和性格中早已存在的材料"。因此，尚无自由意识的民族，也不可能使自己获得维护自由的法律，而一个自由的国家，其"天赋政体"中便必定包含着一些与该国同样古老的自由萌芽。

可见，掌握立法权的人虽然能够颁布法律，却不能左右权利的发生，他制定的法律仅仅是在"宣布既有的权利"，并且经常是在先已存在的权利出现纠纷时才会导致立法的必要。为说明这一点，他再次采用生物学的比喻：大树尚不歪斜，是不必给它外加扶持的；当它需要扶持时，肯定已经受到外力的破坏；人体如果生长顺利、体格强健，便不会操心于探查自身。只有当疾病缠身时，人们才会产生自我认知的强烈愿望。同理，假如一个国家的宪法性成文法陡增，那一定是因为社会冲突增多或存在着毁灭的危险。只要看看成文宪法条款是简洁还是繁复，便可判断一种宪政体制的优劣。迈斯特这些认识，使他与现代威权主义者拉开了距离，由此也不难理解，他为何极为推崇英国的法律传统。

它绝非一时的人力所能成就，只能经由漫长的岁月逐渐形成，迈斯特基于这种观点向热衷于改造世界的人发出的告诫，也与柏克如出一辙："如果有人轻率从事，通过莽撞的改革来破除限制，则该民族就会丧失既有权利，更达不到追求的目的。因此……只能一点一滴、时刻小心、战战兢兢地进行改革。"为证明这一点，他向我们讲述了基督教为何能发育成一个普世教会，伟大的罗马制度中为何不存在具文载明的"权力制衡"

条款，以及梭伦改革和斯巴达制度为何优劣分明——梭伦的改革造就了古代最脆弱的制度，使他的继承者得以大搞专制，雅典的盛世也就此告终；与此相反，斯巴达拥有最具活力和持久的制度，是因为"那里什么也没有写"。姑不论迈斯特笔下的斯巴达是不是真正的斯巴达，显然，貌似绝对皇权派的迈斯特，向往的是一个法省事简的古典社会。他对不成文宪法的赞颂，不免让人联想起"大音希声，大象无形"的道家智慧。他对人性丑恶一面的揭示，不断提醒我们，理性既是文明发展的产物，也是文明中最危险的因素之一。在这一点上，他的反理性主义信念有着真正的深刻性。

基佐在谈到法国大革命时说，18世纪世俗主义的"精神自由"阔步前进，法国的旧政体却裹足不前，这两者之间的矛盾，在很大程度上决定了后来欧洲的发展。迈斯特的缺失，便在于他没有意识到这种冲突的历史意义。坚持保守立场，使他难以理解现代社会的一些重要趋势。当他看到"道德准则普遍弱化，公众意见纷乱歧异，众多君主国根基不固、摇摇欲坠"，人类因种种传统纽带的松弛而变得"需求膨胀，资财匮乏"，他更加坚信自己所捍卫的"王座与圣坛"。但是与迈斯特这种真理相反，现代社会的发展正是建立在"公众意见纷乱歧异"之上的。社会的整合不是来自王权的意志，而是对这种意志的驯化。迈斯特对英国赞美有加，可他似乎没有看到（或有意回避）英国就是个货真价实的"公众意见纷乱歧异"的国家。在具有包容性的政制之下，这种状态不求"和谐大同"，但求"分而不乱"，不但不会使国家"根基不固、摇摇欲坠"，反而能成为一股强大的福利力量。这种情况，是不知教义宽容为何物的迈斯特做梦也不敢想的。他在为绝对主义的主权论辩护时，认定民众"没有能力"知道如何正确行使权力，所以必须由权威机构代行正义。自由主义者用性恶论来阐明权力制衡的道理，迈斯特却用它来论证绝对专制主义的合理。所以，假如我们今天听到仍然有人持这种论调，是不必感到奇怪的，它毕竟有着极其漫长的信仰史。但是，当他说"人们总在谴责君主的专制，他们本应当谴责人的专制才对啊"，这时他为之辩护的，并不是君主专制，而是一种超越人类的"高级法"，他的眼睛盯着的是超越于凡世的东西。

哈耶克对于迈斯特这一类保守主义者，曾有过一段公允的评价。他说："不论柯勒律芝（Coleridge）、伯纳尔德（Bonald）、迈斯特……这些人在政治上多么反动，他们在现代科学研究方法或研究路径发展起来以前，就已对种种自生自发形成的制度（如语言、法律、道德和风俗等等）所具有的意义有了十分深刻的理解，而自由主义者极可能已从中得益良多。"同时哈耶克也指出，他们对自由的赞美只适用于过去那些自由的发展，他们"缺乏勇气去迎接同样属于不是出于设计的种种新变化，而正是在这些变化中，会生发出人类奋斗所依凭的各种新工具"。

哈耶克在这里点明了迈斯特在思想史上的特殊意义。他处在一个千年未有的大变局之中，面对这种处境，渴望秩序的人会更急迫地去反思秩序的生成问题，柏克、迈斯特、贡斯当和夏多布里昂都是这方面的明证。他们提倡的"政治考古学"，将传统看作一个长时距的现象，纵然强权也无力对其发号施令，正如他无法改变自然规律一样。同样，从这种长时距的角度来看，迈斯特与他的死敌卢梭相比，也许有更多的机会说自己是对的。

最后有必要交代一下这个译本。我所依据的版本是由杰克·莱弗利编译、1965 年出版的《迈斯特文集》（Jack Lively ed., *The Works of Joseph de Maistre*, London: Macmillan，1965）。这个编选本大体囊括了迈斯特的重要著作，虽是节本，但足以让读者了解迈斯特思想的概貌了。比较遗憾的是它未收入迈氏写于 1794 年至 1795 年的未完稿《论自然状态：对卢梭一部作品的评价》（*De l'État de nature，ou Examen d'un écrit de Jean-Jacques Rousseau*，英译本见 *Against Rousseau: "On the State of Nature" and "On the Sovereignty of the People"*，trans. by Richard A. Lebrun. McGill-Queen's University Press，1996）和他晚年的另一部重要著作《培根哲学评价》（*Examen de la Philosophie de Bacon，ou: l'on Traite Différentes*，英译本见 *Examination of Philosophy of Bacon*, trans. by Richard Lebrun，Montreal: McGill-Queen's University Press，1996），希望以后有机会在保守主义丛书中将它们奉献给读者。

（迈斯特：《信仰与传统》，南昌：江西人民出版社，2017 年）

因袭的智慧

一

收入这本《法国革命补论》中的文字，计有两本小册子和五封信。第一篇写给法国的年轻贵族弗朗西斯·杜邦的信，可以说是《法国革命反思录》（以下简称《反思录》）的前奏。读过那本书的人都知道，它就是以致杜邦信的形式面世的。除了这封信之外，其余各篇都是柏克在《反思录》出版之后所写的。

促使柏克把一封信扩展成《反思录》的诱因是，除了法国事态的迅速扩大和演变之外，就在他落笔写下这封信的同时，非国教牧师理查德·普莱斯（Richard Price，1723—1791）1789 年 11 月在伦敦革命学社发表题为《论爱国》的布道，他借纪念光荣革命之名，为法国人追求自由的壮举大唱赞歌。柏克与普莱斯之间并无个人恩怨，但是他不忍心看到对自由有着"精湛理解"的英国人，被普莱斯鼓吹的法国式自由引入歧途。他要提醒那些为法国革命而兴奋异常的英国人，正在巴黎发生的事情并不是光荣革命的继续，更不是它的升级版。把两者混为一谈，会给英国乃至欧洲的社会秩序带来严重的恶果。

《反思录》面世之后，以法国的事态之巨，柏克在政坛上名声之隆，免不了引来坊间各种议论。且不说报刊文章如柏克所说，"万箭齐发，遮天蔽日"，仅回应它的小册子，半年之内就出了二十八种之多，其中自然少不了嘲讽乃至谩骂。柏克后来写信告诉友人，他不屑于同那些"恶棍"和"瘪三"争论。对于这种一时难有定论，却极易触发强烈情绪的问题，迎头反击并不会带来荣誉，反而有可能徒增对手的名声，所以柏克采取了更明智的做法：保持沉默。收到文章和小册子后，柏克便把它们丢在一旁，"我知道他们改变不了我的想法，我也改变不了他们的想法，所以不想再引起进一步的争论"。

但是，柏克对法国的事态并未放松关注。在此后一段时间里，他一边忙于黑斯廷斯弹劾案，同时仍密切注视着法国事态的发展，不时结合英国的内政外交问题发表意见。除了《论与弑君者讲和》（*Letters on a Regicide Peace*，1796 年）因篇幅过大只能单独成书之外，本书大体上汇集了柏克这个时期有关法国最重要的言论。

就像柏克以往的著述一样，若以思想的系统性为标准，这些文献依然让人感到有些杂乱无序，但我们大体上可以把它分为四部分内容。首先是对法国事态的进一步评论，尤其是大革命给整个社会结构造成的破坏。其次，《反思录》的出版给柏克带来了一个始料不及的结果，以福克斯为首的辉格党上层日益与他疏远。虽然大多数人并不反对柏克的立场，但是他们不想与对抗王权的中坚人物福克斯闹翻，所以也不愿意公开站在柏克一边。这迫使柏克不得不为自己的反革命立场辩护，为此他写下了最著名的小册子之一《老辉格党致新辉格党的申诉书》，为自己忠实于辉格党传统的立场做了深入的表白。从这篇文字可以看到，柏克的政治理念使他不可能成为肤浅的党徒，他既不会一味反对王权，也不会无条件地支持人民；他毕其一生所反对的，唯有任何一种专横的权力。对于后来柏克遭受的背叛了自由事业的指责，这本小册子足以还他清白。

另外，柏克也讨论了法国革命政府的颠覆活动对欧洲秩序的破坏，以及结成反法联盟的可能。与评论国内政治采用的立场类似，他认为法国的革命意识形态给欧洲大陆传统的势力均衡造成了严重威胁，从中我们可以看到柏克对威斯特伐利亚体系的维护。最后一部分是他就退出政坛后领取王室年金所做的辩解，此事表面上不涉及公共话题，而且是源于一种曾受到柏克指责的王室陋习，但这里同样透露出柏克对政权和财产如何才能获得正当性的独特认识。

这几部分内容虽然各有侧重，但都隐含着那个始终贯穿于《反思录》的主题：一个秩序井然的自由社会，是如何形成和生长的。不明乎此，维护文明社会的存续也无从谈起。

二

柏克在 1789 年 11 月写给杜邦的信中表示，他一直关注着海峡对岸正在上演的"令人错愕的大戏"。大概是因为对事态仍缺乏细致的了解，他在信中只是概括地谈了谈他对法国革命者极力标榜的"自由"的看法。柏克给出了自己对自由的理解：

> 我所说的自由，是社会中的自由。它是自由受到平等的限制所保护的状态。它是这样一种制度，任何人、任何人类团体、任何成员的自由，都不能侵害其他任何人或任何一类人的自由。其实，这种自由不过是正义的别称……只要自由与正义相分离，那么依我之

见，两者便都不再安全。（第 8—9 页；按：指原书页码，见译本边码，本篇下同）

接下来柏克罗列了一系列"假如"能在法国出现的情况。这些假设的条件都与理论无涉，而是柏克观察和判断一个良好社会的经验标准。后来他在《反思录》中对此做了概括。他说，自由必须"与政府结合在一起，与公共力量，与军队的纪律和服从，与有效而分配良好的征税制度，与道德和宗教，与财产的稳定、和平的秩序，与政治和社会风尚结合在一起"。

显然，柏克罗列的这些事项，大多属于自由在政治和社会生活中受到的限制性条件，也可以理解为他对法国革命表达的希望。他说，倘若这些假设的条件出现，他就会支持法国人争取自由的行动，不然他绝不会送上自己的祝贺。

但是，柏克对此显然没有信心。他很快就看清楚了，法国人正在建立的新制度，是一种无法仅凭经验加以评说的统治形态，而且它不可能提供自由的前景。法国革命并不是"暂时的罪恶，一定会带来长久的好处"；它也不是尚不完备、可以逐渐成熟的自由计划。它从根本上就是错误的。（第 83 页）

可怕的不仅是罪恶的规模，还有造成那些罪恶的理念。从某种意义上说，柏克或许是明确预感到现代"革命意识形态"全球化过程的第一人。他指出，法国正在发生的事情，迥异于一般的骚乱，它"扩展到了人类的思想结构"（第 280 页），其基本成分是"信仰改宗"的精神。法国革命是一场"教义和理论信条的革命"（第 85 页），就像过去的宗教改革和教皇党与皇帝党之争一样，从本质上说它不是地方性的现象，它所信奉的教义不可能对法国人正确，对其他国家却是错误的。它不受地点和环境的影响，"以其巨大的灵活性向四处扩散，结果是到处都发生了大分裂"（第 209 页）。柏克把这种四处蔓延的新教义形容为从冥府跳出来的"鹰身女妖"，它"到处交配下蛋，在每一个邻国的鸟巢里孵化"；它像一只"邪恶而贪婪的巨禽，在我们头上盘旋，扑到我们的桌子上搞得狼藉一片，用它的排泄物玷污了一切"（第 291 页）。柏克警告说，假如"法国这个万恶之源的大学校"所宣扬的原则得势，世界上的任何政府都不可能安全。后来他在《论与弑君者讲和》中更是尖锐地指出，法国革命的影响并不是一个帝国向境外的扩张，而是一个"志在建立普世帝国的宗派的扩张，法兰西不过是它的第一个征服对象"。

如此恶毒的诅咒，当然不是因为柏克要充当传统教义的维护者。作为务实的政治家，他对单纯的理论或教义之争一向不感兴趣。他痛恨法国革命，说到底与他对社会的认识有着更为密切的关系。

在上面那段有关自由的引语中，尤可注意的一点是，柏克把自由的存在同两个实践性的概念紧密联系在一起。他特别强调了他所理解的自由是"社会中的自由"，而且必须符合"正义"（justice，与"司法"同义）。就像后来的自由主义者一样，柏克笃信自由应当受到平等的司法保护，一个人的自由应以不侵害他人的自由为界。只有公正的法律能为这种自由提供保障，这就是柏克所说"正义不过是自由的另一种说法"的真正含义。熟悉约翰·密尔《论自由》的读者，对这种个人主义的自由观大概都耳熟能详。

然而柏克除了承认人在人格上的平等以外，从任何意义上说都不是个人主义者。他承认每个人都有自由的权利，甚至同意它是人"天生的权利"，是一项"人类的特权"（第 8 页）。但是柏克在给杜邦的信中也特别表明，他所说的自由，不是"孤独的、与他人无关的私人自由"，而是"社会中的自由"（第 7 页）。就像人的任何欲望一样，自由只有通过某种长期的群体生活，才能提升到比原始本能更高的层次。具体到英国人的自由，柏克从来不认为它是"天赋人权"，而是把它视为一种"因袭的权利"（prescriptive rights），顾名思义，这种权利只能发生在历史性的社会关系之中。所以柏克十分坚定地排斥从形而上学的意义上理解个人自由，而是始终把它看作一种社会现象，或者更准确地说，自由是"文明社会"培育出的一项最珍贵的成果。柏克或许不会否认对于人类来说，自由有着固有的或"内在的"价值。但是，仅仅由这种内在性，无从确定自由是不是人类生活的福祉。自由的含义和价值，只有根据它与社会演变的关系才能做出判断，或者反过来说，只有在鲜活的社会生活中，自由才能充分展现出它的道德意义。

与这种"社会的自由观"相对应，柏克更愿意把"人民"理解为一个具有"社团"（incorporation）（第 164 页）性质的群体。形成这个社团的要素，是宗教信仰、道德风尚、习惯、案例和法规的长期适用。它是一个"具有真正政治人格的群体"，而且与一般社团法人不同，它"永远不会死亡，也绝不会因为有人死亡而失去它的成员"（第 134 页）。就像柏克在《反思录》中的著名表述，它是死者、生者和未诞生者共同组成的共同体，个人的自由就蕴含在他们相互之间绵延不绝的权利义务关系之中。

在这个问题上，把柏克的社会观和著名的社会契约理论作一对照，可以更清楚地看出他和现代政治学主流学说的对立是多么严重。例如在卢梭的理论中，人类社会是因一个所谓的"原始契约"而形成的，并且这个契约是源于一种罪恶：当有人指着某种物声称归他所有时，人的堕落就开始了。而对于柏克来说恰恰相反，契约只能是社会生活的产物，产权是文明秩序的基础。柏克是接受"社会契约"这个概念的，例如他在《反思录》中就说过，人类社会确实存在着一个"伟大的初始契约"，而且他像卢梭一样认为，这种契约是使个人服从于共同权威的最重要的前提。但柏克和卢梭之间的相似性也就到此为止了。

卢梭说人生而自由，却无往不在枷锁之中。而在柏克看来，把社会规范一概视为"枷锁"，无异于对文明社会的彻底颠覆。人并非如卢梭（或霍布斯）所说，要放弃自己的"自由意志"才能结合为社会，而是只有在社会中才能享有真正的自由；社会的黏合剂不是所谓的"公意"（或"利维坦"），而是个体在漫长的群体生活中形成的习惯。英国人得以享有"高贵的自由"，是因为他们有"自己的家谱和显赫的祖先，有他们的支柱、他们的徽符，有他们的肖像画廊、纪念铭文，他们的记载、物证和勋衔"，这些才是"我们继承的遗产"。每个人从他出生的那一刻，通过这些遗产，就进入了许多契约关系，例如家族关系、财产和商业关系、社区和教会等等，这些契约关系都不是自由选择的结果，无论是个人还是"人民"，都没有权利随意加以改变（第51页）。即使是形成国家的政治契约，也不过是封建民事契约关系的延伸，从柏克极为推崇《大宪章》的内容和行文风格，便可以清楚地感受到这一点。

既然社会从来就不是根据"自由"或"人权"这些抽象观念建立起来的，所以柏克也不需要"人生而自由"这个形而上学假设。在柏克的视野里，作为社会成员的个人，与其说是"生而自由的个体"，不如称之为"自由的后裔"。无论人在卢梭所谓的"自然状态"中是什么样子，对于柏克来说，自由只能是文明社会秩序的产物，这是由柏克对人性的经典定义——"技艺是人的天性"——决定的。技艺在文明社会中的演进给人类提供了种种便利，其中无一不附带着权利义务关系。

由此衍生出了柏克对"自然状态"的独特理解："文明社会的状态……才是自然状态，与野蛮人毫无章法的生活方式相比，它是更为真实的状态。"在这里，我们读到了柏克对人如何才能获得自由"资格"最精当的评论：

> 人们在文明社会中享有自由的资格，与他们用道德来约束自身嗜好的倾向成正比，与他们把对正义的爱置于他们的虚荣和傲慢之上成正比，与他们更乐意倾听智慧友善的劝告而不是流氓的奉承成正比。除非对意志和嗜好的控制能够得到落实，社会是无法生存的，这种控制力在人心中越弱，在外部就只能越强。按照事物的永恒规定，头脑放纵的人不可能有自由。他们的激情铸就了他们的枷锁。
>
> （第 69 页）

于此我们也就不难理解，为何柏克在《致一位国民议会成员的信》中，向卢梭发起了最猛烈的攻击。在柏克看来，革命者把这个人奉为神明，是因为他提出了可以用来取代"过去一直用于规范人类意志和行为的所有原则"的原则。不论卢梭有多么出色的文学才华，他是个不折不扣反社会的人，坚持"反社会的独立精神"。这让柏克怒不可遏，用语尖酸刻薄，他把卢梭称为"虚荣哲学大师""虚荣的大英雄"，虽然卢梭不时混杂着动人心魄的文字表达，炫耀的却是"阴暗而庸俗的恶行"，"虚伪的恶习和堕落"，"最不易率直地公之于众的事情"。最令人不可容忍的是，这个"铁石心肠的下流父亲"，一边向人类释放着无远弗届的柔情，同时却把自己的子女送进了育婴堂，从而颠覆了家庭的信任和忠诚，而正是后者构成了社会生活的基础（第50—51页）。气昏了头的柏克可能忘记了一点，卢梭把自己的骨肉送进育婴堂，正是其伟大教育理念的完美实践：让他们回归"自然状态"。

三

从这种自由与社会关系的角度，柏克也谈到了他对法国社会的看法。按他的观察，在法国的旧体制中，最初也存在着像英国一样完备的原则（第66页）以及根据这种原则形成的"宪政"。它有自己"传统的条件、关系和人们的相互权利"，有从国家的环境和财产状况中成长而来的社会结构；由三个等级形成的宪政是"自然的"，可以作为"法国唯一正当的代表"（第69页）。后来托克维尔曾指责柏克幼稚地建议法国模仿英国的制度。但是至少从柏克在这本书中的论述来看，他认为以法国贵族和第三等级的政治素质而论，英国的两院制在那里未必行得通。他为法国旧制度的辩护，在很大程度上是出于他相信法国有着和英国大体一样的社会结构，它的君主制、贵族、教会和第三等级，都是可以培养出"宪政"的社会要素。

柏克虽然没有推销英国的制度，但是他强烈建议法国人采用英国的改良原则。他们应当像他的前辈、那些著名的老辉格党一样，"小心地防止把革命原则同个人或人民权利的空泛信条混为一谈"（第144页）。在柏克看来，维护道德秩序，尊重古老的因袭权利，谨慎地实行变革，不但适用于英国，对法国甚至印度也同样有效。在法国这样一个已经高度文明的社会里，无论建立还是改造政体，首先应当考虑的事情是不同利益原则之间的平衡，"阻止其中的任何一条原则像在理论中那样一意孤行，走得太远"。即使在革命的极端情况下，也应当仅限于改造"违规的部分"，以确保不致引起整个公民社团和政治结构的崩解，使社会的原有要素得以衍生出新的公民秩序。

如果说柏克有任何政治理论的话，他关于均衡的"混合宪政"的言论，可能最接近于一种政治理论了。这也是英国政治文化的传统之一，我们从《大宪章》中已经可以看到它的雏形，在17世纪的政治论战中它成为激烈辩论的主题，甚至从查理一世的文告中也能看到对它的表述，在史学家爱德华·吉本和同时代的美国国父约翰·亚当斯那里，混合政体的思想更是表达得淋漓尽致。柏克坚信，英国的宪政是由不同的成分——国王、贵族、教会和平民——组成的，这些成分可以表现为不同的统治原则。良好的政体，应当允许各个不同的成分追求各自的目标，同时又使它们分别限制和控制着其他成分，从而达成政治结构的平衡，这种状态要远比单一统治原则的完美表现——君主的仁政、贵族的贤能统治或大众民主——更为可取。柏克在《反思录》中那句著名的脏话"民主是天底下最无耻的东西"，也只有放到这个混合宪政的话语背景中才能得到正确的理解。柏克这里所说的"民主"，当然不是后来在北美和西欧逐渐成形的代议制有限民主，而是更接近于亚里士多德政体分类中的共和政体堕落后的"平民政体"。柏克对亚里士多德的政体分类学是很熟悉的，多数、少数和一人统治作为政体的基本组成，是他头脑中一个挥之不去的意象，而单纯的平民政体无疑是一种腐败的政体。他的道理很简单，如果"任何一群人的意志强大到足以蔑视自己的义务，他们就不会再承担任何义务了"，由此导致的专横意志，不管它是来自君主还是人民，都只能意味着权力的腐败。

基于这种平衡感，柏克在《申诉书》中明确表示，他不是维护英国宪政某个特定成分的党徒，而是从原则上强烈信奉整个体制。在现实的政治世界里，如果宪政的一个成分受到威胁，他会"拼尽全力，充分运用他所具备的陈述、论证和渲染的力量"去维护这个受到威胁的成分，而不是像理论家那样同时照顾到所有其他成分（第102页）。为了防止可能的误解，柏克又特别说明，他维护的具体对象可以此一时、彼一时，但是"他今天为维护民众权利竖起篱笆，〔不应〕据以推断他明天会赞同把国王拉下马的人；第二天他捍卫王权时，也不应该认为他就放弃了人民的权利"（第103页）。柏克在美洲独立战争期间为殖民地人民的权利大声疾呼，在法国革命爆发后又拼死捍卫君主制，正是这种立场的完美体现。

很多后世的历史学家认为，柏克对法国社会的认识未免过于天真了。按托克维尔和泰纳等人的观察，对法国社会结构的破坏并非始自大革命，而是早在路易十四时代就开始了。随着中央集权的趋势有增无减，王室卖官鬻爵愈演愈烈，贵族和教会逐渐丧失了地方治理的功能，封建贵族守土有责的荣誉感，让位于攀附王室的虚荣心。他们纷纷涌向巴黎，变成国王的附庸，以至于到了路易十五时代，在他们眼里"凡尔赛宫的前大厅就是整个世界"（泰纳语）。柏克缺乏对旧制度的细致研究，并没有清楚地看到法国中央集权的严重程度，大革命对社会织体的破坏，其实不过是王室集权过程的继续。

不过，换一个角度看，柏克的观点仍足以引起世人的警觉。托克维尔等人强调的是王权扩张给传统的社会治理体系造成的破坏，而柏克面对的最紧迫问题，是法国革命中"民权"的无节制膨胀，以及各路政客为了一己之私而对"人民"肉麻的谄媚。柏克认为，如果那些政客对社会有最起码的尊重，他们本可以在既有的财产关系和君主制基础上，像英国人那样谨慎地对待既有的利益关系，小心地探索改良之路。

然而法国的革命者却反其道而行之。他们在追求所谓的自由时，不想保留任何未加改变的事物。他们不是以救济冤苦的审慎方式，而是采取了全盘推倒重来的"野蛮尝试"，热衷于"极为邪恶、可怕的创新，使知识变得比无知更有害"。他们"用结帮拉派、不讲原则的人组成的俱乐部和协会取代了所有的合法社团，没有任何异议敢于出现在他们中间，除非是以生命为代价"。他们改变国民的地位，颠覆财产制度，以便让国家符合他们的"宪法理论"（第 69 页），他们用"虚假的多数"炮制出一部宪法，诱惑人民无节制地释放出各种欲望，教唆社会的不同成员相互掠夺，"压制、贬低、没收、消灭绅士和整个国家的土地财产"，其结果是"把人类社会的基础结构破坏殆尽"（第 30 页）。令柏克深感恐惧的，便是法国革命者这种对既有社会秩序的彻底践踏。在如此无节制的创新欲面前，通过自愿的合作关系形成的错综复杂的权利关系，都将荡然无存。

四

柏克从议会退休后，皮特首相为他争取到一笔优厚的王室年金（3700 英镑）。两位立场激进的上院贵族挖苦他曾攻击王室年金的陋习，现在却安心享受这种特权的馈赠。柏克在为自己辩护时表示，这笔年金并非他主动要求，更不是助纣为虐所得，反而是这些贵族的财产的正当性令人生疑，它们的来源甚至更为肮脏，因为其功绩是积极充当一个暴君的贪婪工具，参与过洗劫当时国家的教会。自亨利八世以来用非法判决聚敛的钱财，王室将其赏赐给他们的祖先。

与柏克对"自然贵族"的推崇不同，他并不是特别喜欢世袭贵族制，他看重的是在与君权的对抗中，贵族已经成为让英国政体保持平衡的重要一翼。所以尽管他出语刻薄，却并没有否认贵族的后裔享有其家产的正当性。他很清楚，使一个社会失去秩序最方便的办法，就是破坏它已经稳定的财产关系。这与他的因袭观有着密切的关系。按这种观点，财产之取得，并不需要个人劳动的神圣性这种洛克式的前提，虽然他会接受洛克关于政府的首要功能是私有财产保护者的结论。就像自由一样，财产也只能是漫长的社会关系演化出来的产物，柏克这种来自习惯法传统的财产观，也回答了一个洛克的理论没有回答，却无处不在的问题，即不正当的占有如何变成了"财产"。

与统治权的情况类似，占有物在没有成为财产之前的正当性问题，几乎会发生在任何社会，也是最容易点燃各种政治冲突的原因。一个历史常识是，世界上几乎任何政权都经不起"人民主权论"的追究。如果刨根问底，就会发现它们几乎无一不是来自血腥的篡夺。柏克讽刺地说，那些自称"法兰西民族"的人民，如果追根溯源，其祖先也是"法兰克人、勃艮第人和哥特人的古代匪帮"，这些人曾经烧杀掳掠，无恶不作，现在他们的后代要以所谓人民主权的名义独占美丽的国家，这样的主张又有何道理可言？同理，柏克也并不认为财产会仅仅因其肮脏的来源而失去合法性。从不当的占有变为正当的财产，可以观察到有一个漫长的因袭过程。占有者在这个过程中需要不断地用自己的行为证明，他在正当地使用占有物，直到人们对他的占有不再有异议。如果人们已经忘记了或不想再追究占有的来源，他便可获得法律意义上的财产权。用柏克本人的话说，在数代人的时间里，"在天命的影响之下，他的家族血统已经逐渐变得柔和，他的一代又一代的祖辈，已经逐渐具备了荣誉与美德"。即使最初的占有来自血腥的掠夺，只要它的占有者及其后代能够悉心呵护和使用财产，时间自可洗去原罪。因袭和善意的使用也可使其变得不再血腥而归于正当，即使祖先是头号嫌犯，"他所挑起的叛乱就会被人遗忘……他的许多同胞可以找到某种借口表达他们的感激之情"。切莫以为这种因袭主义的话语只可为篡权和不义之财辩护。对于柏克来说，"伟大的存在之链"从来不是抽象的存在，神意是通过因袭透露它的纠错能力、彰显正义的救济过程。唯有在这个意义上，因袭不仅可以为财产正名，也可以使"无代表不纳税"成为一种自由的遗产，被柏克用来为美洲殖民地辩护。

柏克在谈到英国的混合宪政时，曾把它比喻为国王、贵族和平民拧成的一股无人可以扯断的绳。他们已发出庄严的誓言，结成一个"同舟共济的共同体，相互之间提供坚定的权利保障"，维护着共同的和各自的安全，使各方都各得其所。在这个共同体中，"上等人不会受到嫉妒和贪婪的掠夺，低贱者也不必遭受压迫的铁腕和傲慢的轻蔑"。说到动情处，柏克甚至像他的对手一样，罕见地操起布道家的语言，用宗教化的比喻来描述英国的政体。他说："就我们这片国土、我们这个种族而言，我们的教会和国家是一种良好的合约制度，它如同耶路撒冷的庇护所和古老律法的圣殿……不容侵犯地屹立于不列颠的锡安山上。"（第310页）谈到人的义务，柏克也不再局限于社会习俗和历史的论证，而是直接把它追溯到神意。他相信，我们在万物秩序中的位置，终极地说是由"令人敬畏的造物主"安排的。他按照自己而不是我们的意志，让我们承担起自己的道德角色。我们的家庭和社会义务，不是出于个人的选择，不是任何协议的结果，它们来自人与上帝的关系，这种关系和人的选择完全无关。相反，我们同人类的任何特定的个人或群体缔结的一切协定，其效力都取决于那些前定的义务（第160页）。

柏克相信世俗生活一定具有某种超验的目的性，不然人在利益的追求中只能陷入混乱。但他也确实更多地表现出一种情境主义的倾向，拒绝用任何通用原则生硬地裁剪具体的社会问题，无论这种原则是宗教的还是哲学的。因此从思想风格来看，他常被误解为现代经验主义和实用主义的先驱；在社会理论领域，他很容易被误解为开了历史主义、民族主义和文化相对主义的先河。这些思想取向和柏克唯一的相似之处，就是对抗了普适性的自然法原则和人权学说的革命性。但再明显不过的是，与柏克不同，这些思想取向都缺少对传统、信仰的敬意。

柏克在这里采用超验的宗教语言，可以理解为他在重大危机面前做出的底线式回应。一方面，他深知在复杂的政治世界里，道德困境无可避免，"各种责任有时相互交错，它们之中哪一个处于从属地位，哪一个可以完全放弃，这……需要非常可靠而敏锐的判断力，极大的谦逊、警惕和十分冷静的头脑"。另一方面，他又坚定地主张，"我们对道德责任的看法不应处在飘忽不定的状态，而应该是稳定、可靠而坚定的"（第163页）。

对于柏克这种容易引起误解的思想特点，拉塞尔·柯克（Russell Kirk，1918—1994）有一段很精当的评论。他认为，柏克把原则视为以永恒的形式体现出来的正确理性，他排斥的不是原则，而是对原则的"抽象化"误用。柏克经常主张"便宜行事"，这是明智地将一般性原则运用于具体情境，而机会主义则是对原则的败坏。人们可以通过理解自然和历史获知原则的存在形式，将它们看作神意的体现，通过便宜行事使原则得到落实，但绝不会用它来取代原则，因为"原则体现了我们对上帝旨意的认可"。

正是这种信仰的因素，使柏克的经验主义和功利考虑有了崇高的方向感，使他所看重的政治中的"权宜之计"和"便利"迥异于机会主义的智巧，而表现为一种有节制的理性、一种谦卑而又高贵的远见。

（柏克：《法国革命补论》，冯克利译，南昌：江西人民出版社，即出，译序；也刊于《读书》2020 年第 3 期）